Low-carbon
Operations Management
in Enterprises

企业低碳运营管理

洪兆富 陈继光 编著

机械工业出版社
CHINA MACHINE PRESS

面向国家绿色发展战略,结合企业低碳转型发展需求,本书拓展和创新了传统运营管理的概念、理论与方法,聚焦低碳产品设计、设施选址与设施布置、低碳采购管理、低碳生产、低碳库存管理、低碳物流管理、闭环供应链的运营管理、低碳运营中的质量管理、低碳运营绩效评价等环节,形成一套系统的企业低碳运营管理知识体系和内容。本书旨在揭开低碳运营管理的科学内涵,提供具有系统性和前瞻性的运营管理方法,培养减碳目标下符合社会高质量发展和企业绿色发展的新型运营管理人才。

本书不仅可作为高等院校工商管理、工程管理、经济学等专业的本科生、研究生,以及 MBA、MEM 等学员的教材,也可作为企事业单位管理者、低碳领域从业者的专业培训教材及科研参考资料。

图书在版编目(CIP)数据

企业低碳运营管理 / 洪兆富,陈继光编著. -- 北京:机械工业出版社, 2025.6. -- ISBN 978-7-111-78237-7

I. F279.23

中国国家版本馆 CIP 数据核字第 2025AH7844 号

机械工业出版社(北京市百万庄大街 22 号 邮政编码 100037)

策划编辑:伍 曼	责任编辑:伍 曼
责任校对:卢文迪 杨 霞 景 飞	责任印制:单爱军

保定市中画美凯印刷有限公司印刷

2025 年 6 月第 1 版第 1 次印刷

185mm×260mm・14 印张・324 千字

标准书号:ISBN 978-7-111-78237-7

定价:59.00 元

电话服务	网络服务
客服电话:010-88361066	机 工 官 网:www.cmpbook.com
010-88379833	机 工 官 博:weibo.com/cmp1952
010-68326294	金 书 网:www.golden-book.com
封底无防伪标均为盗版	机工教育服务网:www.cmpedu.com

前言
PREFACE

全球气候变化和环境污染问题日益成为全人类面临的共同挑战。为了应对这些挑战，各国纷纷制定了低碳发展战略，推动低碳经济转型。我国在绿色发展理念的指导下，积极推动低碳发展，已将生态文明建设融入经济、社会发展的各个方面。国民经济在快速增长的同时，也给生态环境带来了巨大压力，特别是能源消耗和碳排放问题，是当前亟须解决的问题。如何在发展经济的同时实现有效的减排目标，已经成为社会关注的核心问题之一。党的二十大报告明确指出，要推动绿色发展，加快发展方式绿色转型，倡导绿色消费，推动形成绿色低碳的生产方式和生活方式。

企业是碳排放的重要责任主体，也是实现碳减排的关键力量。企业的低碳转型已成为无法回避的发展趋势，而低碳逐渐成为衡量新时代企业可持续发展的重要指标。如何通过科学和系统的运营管理实现低碳转型，如何在实际运营中平衡经济效益与环境效益，是当前企业面临的重要课题。因此，企业迫切需要通过科学的运营管理模式和技术手段实现低碳转型。

企业低碳运营管理是在传统运营管理理论的基础上，将碳排放控制融入企业的各项业务流程。本书以企业低碳运营为切入点，系统探讨企业如何通过低碳运营战略的制定与实施，在实现绿色转型的同时确保竞争优势。本书围绕低碳产品、低碳生产、低碳物流、低碳质量与评价四个核心模块，在价值流－碳流的框架下深入探讨各环节的理论、方法与实践。

本书分为10章，涵盖企业低碳运营管理的核心领域。全书聚焦低碳产品设计、设施选址与设施布置、低碳采购管理、低碳生产、低碳库存管理、低碳物流管理、闭环供应链的运营管理、低碳运营中的质量管理、低碳运营绩效评价等环节，从传统运营管理概念出发，并逐步融入低碳元素，讨论低碳运营管理的特点、理论、方法和模式，并通过案例分析帮助读者理解低碳管理在实际运营中的应用与效果。本书试图揭开低碳运营管理的科学内涵，全面构建低碳运营管理的知识体系，提供具有系统性和前瞻性的企业低碳运营管理的理论方法与实践案例。

本书的完成离不开前人理论的支撑，离不开每位合作老师的调查与研究。在本书的编著过程中，洪兆富负责第1、2、5、9、10章的编著工作，陈继光负责第3、4、6、7、8章的编著工作，在此特别感谢张芸荣老师、张鸿萍老师、韩小雅老师、谢京辞老师对编著工作的大力支持。研究生张凯翔、张佰骏、周静、王彬雅、陈璐、舒伯灿等同学在本书的编著、校对和统稿等环节开展了卓越的工作。我们谨向所有参与本书研究、编著和审校的专家、学者及同人表示诚挚的感谢。

  本书的很多理论方法及观点仍具有探索性，也存在诸多需要改进和优化之处。希望各位读者能够给予本书宝贵的意见与建议，在推动低碳绿色的发展道路上携手并进，深入探索低碳运营管理的理论与实践。

洪兆富 陈继光

目录

前言

第1章 企业低碳运营管理概述 /1

学习目标 /1

引例 荣耀：为数亿消费者提供优质产品和服务的同时，减少对环境的影响 /1

1.1 运营管理概述 /2

1.2 新时代运营管理的发展方向：低碳运营管理 /7

1.3 低碳运营管理战略 /11

思考与练习 /13

第2章 低碳产品设计 /14

学习目标 /14

引例 苹果公司的低碳设计之路 /14

2.1 产品设计概述 /15

2.2 低碳产品设计概述 /16

2.3 低碳产品设计方法 /22

2.4 低碳产品设计评价标准 /23

2.5 低碳产品设计内容 /25

2.6 低碳产品设计实践 /29

思考与练习 /32

第3章 设施选址与设施布置 /33

学习目标 /33

引例 麦当劳"零碳餐厅"首店选址首钢园 /33

3.1 设施选址 /34

3.2 设施布置 /40

3.3 低碳设施选址与布置 /50

思考与练习 /54

第4章 低碳采购管理 /55

学习目标 /55

引例 戴尔践行的低碳采购 /55

4.1 采购概述 /56

4.2 低碳采购理论 /65

4.3 实施低碳采购的影响 /68

4.4 低碳采购体系和管理过程 /71

思考与练习 /76

第5章 低碳生产 /77

学习目标 /77

引例 家电企业的绿色生产 /77

5.1 生产概述 /79

5.2 低碳生产概述 /82

5.3　低碳生产方法　/ 86

5.4　再制造生产　/ 91

思考与练习　/ 97

第6章　低碳库存管理　/ 98

学习目标　/ 98

引例　古法与新技的交响：粮仓从历史传承到现代科技的变革　/ 98

6.1　库存管理的基本问题　/ 99

6.2　库存管理的方法　/ 103

6.3　低碳库存管理的技术路径　/ 109

思考与练习　/ 113

第7章　低碳物流管理　/ 114

学习目标　/ 114

引例　电商物流中的绿色革命：包装减碳创新实践　/ 114

7.1　低碳物流概述　/ 116

7.2　低碳包装　/ 119

7.3　低碳运输　/ 122

7.4　低碳物流模式下的逆向物流管理　/ 131

思考与练习　/ 139

第8章　闭环供应链的运营管理　/ 140

学习目标　/ 140

引例　广西贵糖集团：打造甘蔗废弃物循环生态产业链，创新绿色发展模式　/ 140

8.1　闭环供应链概述　/ 142

8.2　旧产品回收和再制造管理　/ 144

8.3　闭环供应链协调与契约设计　/ 145

8.4　闭环供应链的发展与挑战　/ 148

思考与练习　/ 152

第9章　低碳运营中的质量管理　/ 154

学习目标　/ 154

引例　宜家的绿色质量管理方案　/ 154

9.1　绿色质量概述　/ 155

9.2　绿色质量管理概述　/ 157

9.3　绿色全面质量管理　/ 162

9.4　绿色质量认证　/ 177

9.5　六西格玛管理　/ 181

思考与练习　/ 184

第10章　低碳运营绩效评价　/ 185

学习目标　/ 185

引例　希尔顿、中国中车与国家电网的绿色转型之路　/ 185

10.1　传统绩效评价简介　/ 186

10.2　低碳运营绩效评估的概述　/ 188

10.3　低碳运营绩效评价的指标设计　/ 193

10.4　低碳运营绩效评价的模型与方法　/ 199

思考与练习　/ 209

附录10.1　/ 209

参考文献　/ 212

第 1 章

企业低碳运营管理概述

🍃 学习目标

1. 了解运营管理的整体内容与目标
2. 掌握低碳运营管理产生的背景、涉及的核心概念与特征
3. 理解低碳运营下战略管理的重要性

🍃 引例

荣耀：为数亿消费者提供优质产品和服务的同时，减少对环境的影响

目前绿色低碳转型已成为全球共识，并逐渐发展为中国乃至世界经济的新方向。绿色低碳发展对于企业来说既是新挑战，又是新机遇。在这样的大背景下，如何实现绿色低碳转型，成为每家企业都必须回答的问题。随着理论与实践的不断发展，运营管理在企业低碳发展方面的作用不断显现。下面让我们一起来看一看荣耀的低碳运营实践。

更绿色的包装

荣耀产品的彩盒包装及产品说明书均由大豆油墨印制。采用大豆油墨印制除了可以降低对人体健康的危害及对石油资源的依赖，还有利于包装材料的回收利用。自 2014 年起，荣耀使用大豆油墨印制，截至 2022 年，此举对比传统油墨印制相当于减少约 80t 二氧化碳排放量。

更耐用的产品

耐用性是荣耀产品设计的重要标准之一。荣耀开展整机与零部件的可靠性测试，通过全面的耐用性评估，延长产品使用寿命。产品使用越长久，资源的消耗越少，进而碳排放量也会减少。在中国，荣耀手机的换机周期达 26.4 个月，高于平均换机时长。

负责任的电子废弃物管理

荣耀相关产品在设计之初即从绿色设计角度出发，从原材料的选取到废弃物的回收处理，进行产品全生命周期的管控，竭尽所能减少对环境的影响和破坏。截至 2022 年，荣耀通过自有渠道收集并处理电子废弃物约 1 785t。荣耀通过以旧换新服务，将废旧手机交由有资质的专业回收商进行环保处理。目前荣耀官方的回收渠道包括线上及线下，用户可到服务门店或荣耀商城估价及下单，符合条件的设备可享受以旧换新服务。

多维度的企业管理设计

荣耀从组织运行和员工出行等方面出发，从企业管理角度进行降碳减排。荣耀鼓励员工通过语音及视频在线会议开展工作，减少交通出行，2021—2022年通过远程办公会议替代现场差旅减少69 435t碳排放量。在中国，荣耀开通了146条员工通勤班车服务。相比员工自驾出行，通勤班车服务相当于减少约1 317t碳排放量。

绿色园区创造良好办公环境

荣耀致力于为员工提供绿色环保的办公环境，并将绿色环保融入办公地点选择、室内装修、办公家私选型、日常运营等各个环节。同时荣耀也在积极探索加大清洁能源的使用，持续降低园区的碳排放量。

（1）办公选址。荣耀将绿色环保设计纳入办公场地选择的要素。例如，荣耀北京办公场地万科翠湖国际获得了LEED金级认证；深圳办公场地新一代产业园获得了绿色建筑设计二星标识。

（2）办公家私。荣耀对办公家私的选择有严格的环保标准，要求使用E0级环保材料。在办公室投入使用前，荣耀还会请第三方专业公司进行空气治理和环境检测。办公室空气质量检测合格后，才能投入使用。

（3）能源使用。荣耀在园区规划之初就将节能要求融入建设设计。例如，荣耀在坪山智能制造产业园区建设了先进的楼宇自控系统、冷机群控系统、空压机群控系统、能源管理系统等多种能源监测及管理系统，实现各类设备设施高效运行。

资料来源：《荣耀ESG绿色环保》，荣耀官方网站。

1.1 运营管理概述

运营管理（Operation Management）是企业管理的重要组成部分。在产品制造、服务提供等环节中，我们总能看到运营管理的身影。从实践的角度来看，良好的运营管理有助于企业提高生产效率、获得竞争优势；从低碳经济的角度来看，掌握运营管理的基础知识，更是我们探索低碳运营的基础。

1.1.1 企业管理中的运营管理

任何企业都需要围绕一定的目标开展活动，为了实现这一特定目标，企业内部通常需要财务、运营、营销三大基本职能通力协作，并以单独部门的形式开展活动，如图1-1所示。财务部门主要负责资金的筹备、运作和审计，比如账务信息登记和报表编制；营销部门主要负责顾客需求的对接，比如市场竞争分析、产品服务推广。不同于以上两个部门，运营部门是掌握产品制造与服务质量提升的关键环节，涉及企业外部资源投入与对外产品及价值输出，是企业管理的核心环节。

```
                    ┌──────────────┐
                    │  企业具体目标  │
                    └──────┬───────┘
            ┌──────────────┼──────────────┐
            ▼              ▼              ▼
        ┌───────┐      ┌───────┐      ┌───────┐
        │财务部门│      │运营部门│      │营销部门│
        └───────┘      └───────┘      └───────┘
```

图 1-1　企业三大基本职能部门

具体而言，运营管理是企业在商品生产、制造和提供服务过程中对设计、控制生产过程、商业运作再规划等流程的管理，涉及计划、组织、实施和控制等环节，是与产品生产和服务创造密切相关的各项管理工作的总称。

运营是运营管理的核心内涵，从本质上讲，运营是一个资源输入、产品输出的转换过程。在运营过程中，以土地、资金、人力、原材料、设备为代表的各种资源输入组织，通过加工、包装、运输等环节完成转换，最终创造出特定的产品和服务，实现增值。除此之外，控制环节是必不可少的一环，客户的意见汇入控制环节并基于此优化转换过程和资源输入，最终使企业获得满意的产品并逐步提高生产效率。具体内容如图 1-2 所示。

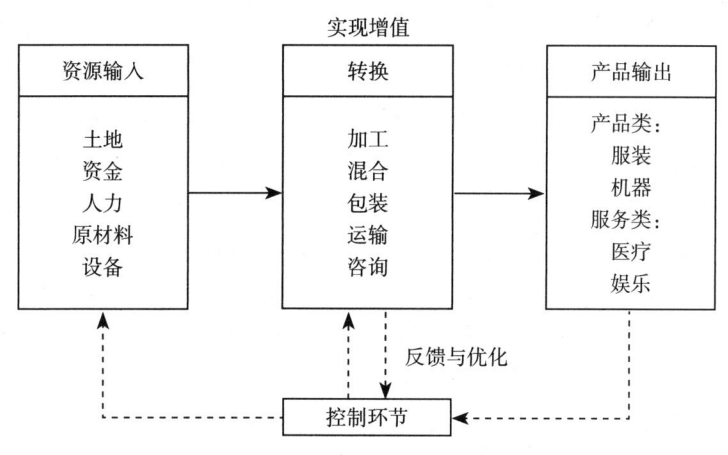

```
                           实现增值
    ┌─────────┐         ┌─────────┐         ┌─────────┐
    │ 资源输入 │         │  转换   │         │ 产品输出 │
    ├─────────┤         ├─────────┤         ├─────────┤
    │  土地   │         │  加工   │         │ 产品类： │
    │  资金   │  ──→    │  混合   │  ──→    │  服装   │
    │  人力   │         │  包装   │         │  机器   │
    │ 原材料  │         │  运输   │         │ 服务类： │
    │  设备   │         │  咨询   │         │  医疗   │
    │         │         │         │         │  娱乐   │
    └────┬────┘         └────┬────┘         └────┬────┘
         ╎                   ╎   反馈与优化       ╎
         ╰───────────→┌─────────┐←───────────────╯
                      │ 控制环节 │
                      └─────────┘
```

图 1-2　运营管理是价值创造或增值的过程

根据不同的参考标准，运营管理也可以划分为多种不同的类型。对产品的不同理解是运营活动的核心差别。产品有广义和狭义之分，广义上的产品是指能够由人们使用和消费，并能满足人们某种需求的任何东西，包括有形的物品、无形的服务或者它们的组合；狭义上的产品则聚焦于有形的实体产品。根据对产品的狭义理解，一般将运营活动分为有形的制造性生产和无形的服务性生产。

制造性生产是指通过物理或化学作用将各种输入品转换为有形输出的过程，比如制造一部手机、生产特定食品。根据生产工艺的特点，制造性生产可以进一步细分为流程性生产和离散性生产；根据企业组织生产的特点，制造性生产还可以分为备货型生产和订货型生产；根据生产的重复程度，制造性生产又可以划分为单件生产、成批生产和大量生产等。

服务性生产则是为满足消费者和企业需求，所采取的一种无形活动，比如信息咨询、医疗保健。按照服务范围的大小，服务性生产可以分为专业服务、贸易服务、基础设施服务、社会服务、公共服务五类；按照顾客需求的特殊化程度，服务性生产可以分为通用型服务和专用型服务；按照顾客参与程度高低，服务性生产可以分为顾客较多参与的服务和顾客较少参与的服务，前者如教育、医疗，后者如维修、邮递。

制造性生产和服务性生产有诸多不同，如表1-1所示。

表 1-1 制造性生产和服务性生产的差别

特征	制造性生产	服务性生产
产出形式	有形产品	无形服务
顾客联系	较低	较高
产出一致性	较高	较低
生产率测量	相对容易	相对困难
设施规模	规模较大	规模较小
顾客需求响应速度	较长	较短
营销重点	产品介绍	服务内容、理念与环境

1.1.2 运营管理的内容与目标

运营管理可以围绕运营系统展开，包含运营系统设计、运营系统运行、运营系统优化三大部分。运营是一个投入、转换、产出的过程，是一个劳动过程或价值增值过程，其目标是实现产出投入比的最大化。正因如此，运营系统是上述变换过程得以实现的手段。

（1）运营系统设计。运营系统设计（Operation System Design）涉及企业运营战略的制定、企业提供产品或服务的设计、企业设施布局的选择等内容。有效的运营系统设计能够帮助企业在运营之初就减少运营成本、控制系统风险并缩短响应时间，提升企业的竞争力。

（2）运营系统运行。运营系统运行（Operation System Implementation）则具体到各种生产运作行为，包含生产计划与生产控制两个方面，前者决定生产什么、生产多少、何时产出的问题；后者保证计划内容保质保量准时完成。这一部分的具体活动有生产计划的编制、生产工序的确定、库存管理、供应链管理等。

（3）运营系统优化。运营系统优化（Operation System Improvement）包括质量管理、精细化管理、运营管理技术创新等内容。数字技术的快速发展和大数据应用的兴起，促进了企业对运营系统的优化，提升了企业的运营效率。

总的来说，企业运营管理的直接目标是实现价值增值，最终目标是使顾客满意。上述目标在实践过程中通常基于竞争重点（Competitive Priorities）人为地划分为几个具体的维度。竞争重点是运营管理的关键决策变量，其关系到企业如何提高自身在市场上的地位，一般包括成本、质量、时间、柔性等。具体情况如表1-2所示。

运营管理内部也包括产品、项目相关内容，如果从产品过程的角度出发，可以借助"产品－过程矩阵"展开分析。"产品－过程矩阵"是由惠尔赖特（Wheelwright）和克拉克（Clark）提出的分析工具，是沿着两个维度标准绘制的项目组合图。在该组合图中，纵轴表示产品发生各种变化的一系列可能，如产品的较小改进或是更新换代；横轴则表示生产过程中可能会出现的各种变化。

表 1-2　运营管理的目标

维度	概念	构成
成本	监控成本，并将其有效地分配到不同的产品上	低成本运营
质量	确保产品及其工艺运行并符合规范	高性能的设计
		始终如一的质量
		令人满意的服务
时间	保障产品、服务的提供在合适的时间区间内	快速交货时间
		按时交货
		开发速度优良
柔性	能够管理数量和产品组合变化，与设备和劳动力相关	客户定制
		数量柔性

"产品-过程矩阵"表示过程结构和产量要求之间的关系，它表明：随着产量的增加和产品结构变窄（水平方向），专用设备与标准物流（垂直方向）变得经济可行，具体细节如图 1-3 所示。选择对角线上的生产方式则可获得最好的技术经济性。反之，则会偏离对角线，不能获得好的经济性。当需求变化时，不但要调整产品结构，同时要进行生产方式改变。

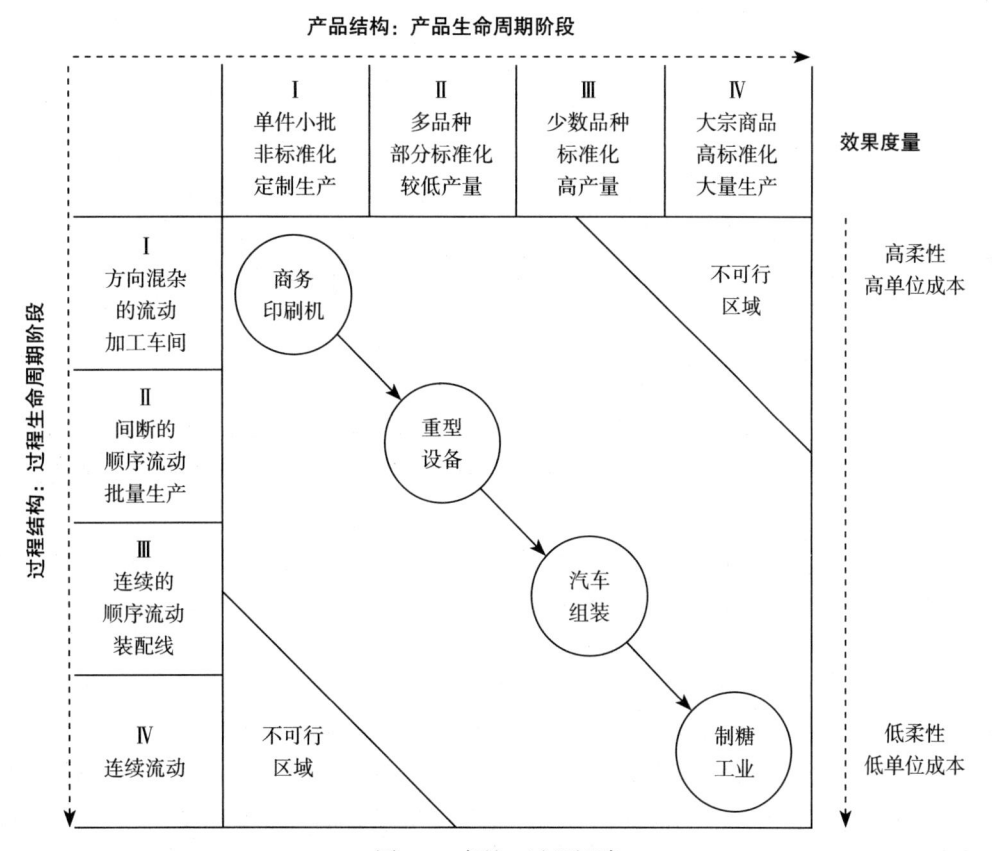

图 1-3　产品-过程矩阵

1.1.3 运营管理的脉络历史

运营管理有着极为悠久的历史,可以追溯到人类早期文明的库存记录、生产分工及组织控制,但其真正成为一门系统化的学科则是近 200 年间的事情。由于篇幅所限,我们首先以表格的形式呈现重要的发展阶段(见表 1-3),其次对目前主流的运营管理要点展开介绍。

表 1-3 运营管理的脉络历史

时间	理论/概念	相关人物或组织
1776 年	劳动分工的提出	亚当·斯密
1790 年	零件间的互换	埃尔·惠特尼
1911 年	科学管理理论	弗里德里克·泰勒
1911 年	动作研究	吉尔布雷斯夫妇
1912 年	活动进度图:甘特图	甘特
1913 年	装配流水线	亨利·福特
1915 年	经济订货批量模型	F. W. 哈里斯
1930 年	霍桑实验	霍桑
1935 年	抽样和质量控制的统计程序	道奇、罗米格
20 世纪 40 年代	运筹学:仿真、排队理论	第二次世界大战期间运筹学研究小组
1947 年	线性规划	丹齐格
1951 年	"尤尼瓦克"(通用电子数字计算机)	莫奇利
20 世纪 50 年代	自动化技术	—
20 世纪 60 年代	定量工具的研发与推广	—
20 世纪 80 年代	全面质量管理(TQM)	戴明等
20 世纪 80 年代	质量、柔性、精益生产	日本企业,如丰田等
20 世纪 90 年代	ISO 9000 系列标准	质量管理和质量保证技术委员会
20 世纪 90 年代	ERP(企业资源计划)	高德纳咨询公司
20 世纪 90 年代	业务流程再造	哈默等
20 世纪 90 年代	供应链管理与互联网技术	—
21 世纪前 10 年	电子商务	—

(1)早期萌芽与探索阶段。亚当·斯密于 1776 年在《国富论》一书中详细阐述了劳动分工的原因及重要性,"加强劳动分工以提高劳动生产率"的观点对生产运作管理的产生意义重大。

劳动分工在第一次工业革命期间由思想逐步转变为现实,在 18 世纪后期,美国枪械制造领域已经出现零件互换性的概念。零件互换、劳动分工及机械产品推动了生产效率和质量的双提升,这也是运营管理最早的萌芽。

(2)第二次工业革命及高速发展阶段。在第二次工业革命的大背景下,工业生产领域涌现出大量的生产管理经验,这些经验涉及微观、中观、宏观的方方面面,有效地支撑起运营管理的学科知识体系。作为科学管理运动的代表人物,弗里德里克·泰勒引入了秒表方法,用于精确测量执行每项复杂工作的时间。与此同时,他提出的"作业管理"原则,从人员选拔、标准作业、工资激励多个维度助力生产效率的提升。亨利·福特开发了第一个汽车装配系统,将流水线生产方式带入以汽车为代表的工业生产运作体系。

与生产运作相关的另一个重大创新是"质量管理"。1931 年，沃尔特·休哈特（Walter Shewhart）出版《制成品质量的经济控制》，对质量控制做出一定的分析。自此，质量管理逐步得到理论界与实践界的关注。在第二次世界大战以后，美国通用电气公司的费根鲍姆和质量管理专家朱兰提出了"全面质量管理"（Total Quality Management，TQM）的概念，认为一个组织应当以质量为中心，以全员参与为基础，一切管理目标与决策活动均需要围绕质量这一核心主题。

在兼顾美国生产经验和日本具体国情的背景下，日本丰田公司开发出了丰田生产系统（Toyota Production System，TPS）和精益生产模式两大运营管理创新。前者强调准时制生产和人性化的自动化生产，后者旨在减少生产系统内的时间及供应商和客户的响应时间。

（3）计算机与互联网时代下的全新探索阶段。信息技术的迅速发展为运营管理带来了新的机遇与挑战。约瑟夫·奥列基（Joseph Orlicky）率先提出了材料需求计划（Material Requirement Planning，MRP），强调"确保原材料可用于生产且产品可用于交付给客户""保持店内尽可能低的材料和产品水平""计划制造活动、交货计划和采购活动"三大目标。1990 年，美国高德纳咨询公司在 MRP Ⅱ 的基础上开发了企业资源计划（Enterprise Resource Planning，ERP）。

互联网技术从生产、消费、协作多个维度改变了既有的运营管理模式。亚马逊在 1994 年设计了一个在线零售和分销的服务系统，这使得顾客能够更为方便地了解产品信息并完成消费。网络使得信息流通速度加快，供应链之间的在线合作、顾客导向的定制化设计、无人车间等新兴技术的涌现，使生产运作层面的效率、质量、灵活性不断增强。

1.2 新时代运营管理的发展方向：低碳运营管理

经过理论界、实践界 200 余年的探索，运营管理已经发展出多方面的知识体系。尽管如此，在低碳循环、绿色发展的大背景下，传统运营管理也显现出诸多不足，这使得低碳运营管理作为运营管理新的发展方向逐步进入各方视野。

1.2.1 传统运营管理存在的问题

对于传统运营管理存在的问题，可以从"利益相关主体"和"生态环境保护"两个维度出发进行阐述。

（1）视野相对狭窄，忽视企业外的利益主体。企业在发展过程中受到外部主体的影响越来越大，以往只关注企业内部，片面强调自身优化的运营管理路线已然无法奏效。企业需要掌握外部环境的变动，拓宽外部视野，一方面掌握自身运营管理对外部的影响，另一方面了解外部利益主体对企业的评价与态度。单一向内的"闭门造车"，既可能错失企业转型机遇，也会招致民众的对立与矛盾。

（2）片面追求经济效应，忽视生态环境保护。传统运营管理强调节约成本，降低风险，提升效率，并最终达到稳定有效的生产状态。而这背后均是单一的经济效应导向，运营管理领域长期缺乏对能源消耗、环境保护、循环经济的关注，高排放、高污染导致一系列问题。自绿色低碳发展成为全球共识以来，各行业亟须实施供应链的低碳化转型升级。同时，民众对于环境污染愈发敏感，高污染、高消耗的生产模式已经难以延续，需要调整或重建。政府的政策倾斜、民众的环保观念转变使得企业有必要从长远的角度出发，规划低碳化的生产运作模式，并最终实现低碳运营管理。

总的来看，现有的运营研究和实践，大多数都集中在成本最小化、质量保证、流程优化和客户满意度提升等目标上。碳排放和能源效率从来都不是运营优化的关键因素。但时代在发展、理念在转变，运营管理领域以往所忽视的内容正成为后续发展的主流方向。

1.2.2　低碳运营管理的提出

低碳经济最早见于英国贸易工业部于 2003 年发表的能源白皮书《我们能源的未来：创建低碳经济》，是指通过技术创新、制度变革、产业转型、新能源开发等，提高能源利用效率，减少温室气体排放，从而实现可持续发展理念。在低碳经济提出以后，逐步发展出了许多新的低碳概念，如低碳战略、低碳产品、低碳采购、低碳运输、低碳库存、低碳物流、低碳包装等。

低碳经济从理念走向实践，在这一过程中，首先要回答的问题便是"企业如何发展低碳经济"。当前这一问题主要有以下 3 个维度的答案。

（1）生产制造维度：坚持"3R"原则，即减量化（Reduce）、再使用（Reuse）和再循环（Recycle）。减量化侧重于减少废弃物的产生和控制污染排放的过程；再利用是指尽可能多次及尽可能以多种方式使用物品；再循环是把废弃物品返回工厂，作为原材料融入新产品生产之中。

（2）价值链重塑维度：根据企业低碳管理涉及的主要领域，重构企业低碳管理再造的主要内容（包括企业的内部后勤、外部后勤、市场和销售、售后服务等），并对企业外部的供应商和其他合作伙伴开展低碳协同管理。

（3）企业文化与战略变革维度：低碳企业文化就是要把低碳、绿色等理念融入企业文化中，在企业内部形成低碳意识、低碳行为和低碳价值观；低碳企业战略涉及可持续发展的战略目标、环境友好的战略理念、低碳社会和低碳生活的企业使命。

可以看到，企业端发展低碳经济常常聚焦于生产、运输、装卸等环节的能耗控制、污染处理。随着实践的不断发展，运营管理与低碳经济的联系日渐加深，"企业如何发展低碳经济"这一问题也逐步转换为"企业如何实现低碳运营管理"，低碳运营管理也正式成为一个独立的研究和实践方向。

1.2.3　低碳运营管理的概念与特征

低碳运营管理包含低碳产品、低碳生产、低碳物流、低碳质量与评价四个核心模块，如图 1-4 所示。碳绩效是指企业在一定时期内对碳减排所做出的努力及取得的结果，常见的碳活动包括但不限于低碳或零碳技术应用、能源节约或能源结构改变、碳项目投资、碳交易参与、碳信息披露。

```
低碳运营管理
├── 模块一：低碳产品 ──→ 低碳产品设计
├── 模块二：低碳生产 ──┬─→ 设施选址与设施布置
│                     ├─→ 低碳采购管理
│                     └─→ 低碳生产与管理
├── 模块三：低碳物流 ──┬─→ 低碳库存管理
│                     ├─→ 低碳运输管理
│                     └─→ 闭环供应链的运营管理
└── 模块四：低碳质量与评价 ──┬─→ 低碳运营质量管理
                            └─→ 低碳运营绩效评价
```

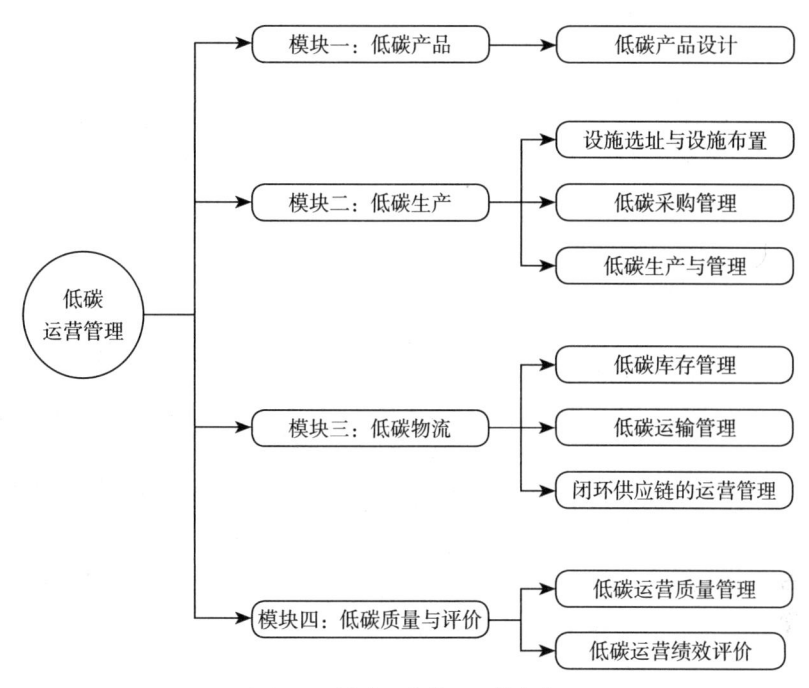

图 1-4 低碳运营管理整体框架

（1）模块一：低碳产品。低碳产品是指具有能效高、碳足迹低等低碳特征的产品。低碳产品包括三个维度，即生命周期评估的使用（碳足迹）、可再生和（或）回收原材料的使用、在利用阶段减少碳排放。产品设计是企业能够提供低碳产品的关键，因此在产品设计时需要遵循系统性、价值性、关联性等原则。

（2）模块二：低碳生产。所谓的低碳生产是指对产品和产品的生产过程采用预防污染的策略来减少污染物的产生。低碳生产的一般措施包括使用更节能的设备和使用低碳或无碳能源，还可以安装或改进碳密集型材料报废的回收装置。从具体的知识体系上看，低碳生产包含设施选址与设施布置、低碳采购管理、低碳生产与管理等内容。

（3）模块三：低碳物流。低碳物流是指运用先进物流技术开展低碳物流活动，在物流活动中通过减少温室气体排放量和能源消耗，从而实现物流活动过程中的低能耗、低排放、低污染，实现社会经济发展与生态环境保护的协同。低碳物流可以从低碳库存管理、低碳运输管理、闭环供应链的运营管理等角度出发，其中低碳库存管理可以考虑优化仓库现有布局，而低碳运输可以考虑路径优化、货物运输配置以减少运输总量或选择更具碳效率的运输方式。

（4）模块四：低碳质量与评价。低碳运营不是一劳永逸的，在实践过程中需要进行质量管理和绩效评价。其中低碳质量管理是在传统全面质量内涵的基础上，注入节约、和谐和环保的"绿色""低碳"观念，在满足消费者绿色低碳需求的基础上，综合考虑社会、资源和环境的需求。低碳运营绩效则是指企业以低碳运营战略为指导，以资源整合、技术革新为手段，在各个运营管理环节中取得的发展成效，包括环境、经济、社会等多个维度。

1.2.4 低碳运营管理的驱动因素与作用

低碳运营管理涉及产品设计、管理模式、转型流程和设备的改进，目的是减少碳排放量和能源消耗，低碳运营的实践离不开企业内外部多种因素的影响。从利益相关者的角度出发，客户、政府、竞争对手、员工、供应商、媒体这些主体都会影响企业的运营决策。

目前来看，实行低碳运营的动力主要包括提升企业形象、获取市场机会、降低成本、与竞争对手进行差异化竞争。一般来讲，低碳运营是企业提升运营效率、优化自身品牌形象的有效手段，同时还能实现降低环境损害、保护环境的目标。而低碳运营同样面临挑战，常见的阻碍因素包括：存在不鼓励公司减少二氧化碳排放量的社会和消费者环境、内部组织文化、政治环境及难以将减少二氧化碳排放量纳入工作场所等。对于驱动和阻碍因素，可以进一步按照经济维度、技术维度、企业治理维度、市场维度和监管维度五大维度进行归类，如图 1-5 所示。

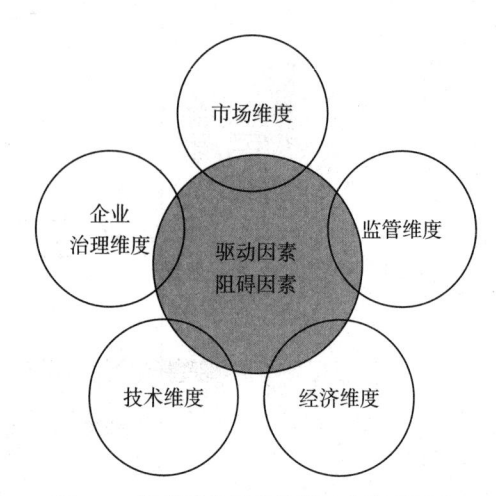

图 1-5 低碳运营管理的驱动和阻碍因素

低碳运营的主要目的是减少与公司核心流程相关的碳排放量，主要涉及以碳绩效为核心的环境绩效和以效率为核心的经济绩效两方面（见图 1-6）。首先，企业常见的碳管理活动有减排承诺、产品改进、工艺和供应改进、新市场和业务发展、组织参与、外部关系发展等。尤其对于产品生产改进而言，企业可以用替代输入材料的方式及在制造过程中设计需要更少能源或更少材料的产品来影响其碳足迹。碳排放量的减少、能源使用量的控制均有助于其环境绩效的提升。其次，低碳运营与经济效率之间并不完全冲突，提高碳绩效可以提升客户满意度，增加获得新客户的机会，从而推动销售量上升；大力发展绿色循环经济，也有助于企业获取新的资本来源，比如投资和财政捐赠；涉及提供与气候变化有关的新技术或服务，也会为企业确定新市场机遇。

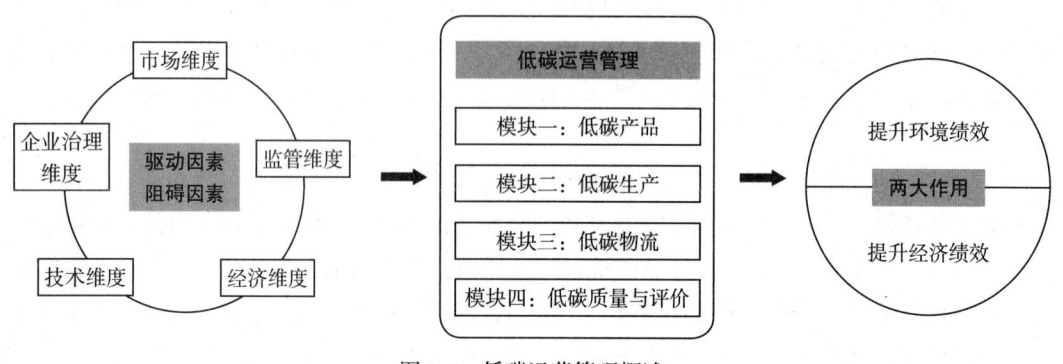

图 1-6 低碳运营管理概述

1.2.5 低碳运营管理的特征

低碳运营管理需要在生产管理制造过程中具备较低的碳排放强度，并高效地利用能源和资源。因此，低碳运营管理不仅可以涵盖环境方面，还可以涵盖生产过程中的能源节约及能源和资源利用的有效性和效率。其具有以下四大特征。

（1）生产及运营过程中的低二氧化碳排放量。现代制造业中几乎所有的设备和机器都以电力为主要驱动能源。这个过程中不可避免地存在二氧化碳的排放。正因如此，如果能够调整或改进机器或设备以减少不必要的资源浪费，其碳排放量将会得到明显的控制，这也是低碳运营管理的重要一环。

（2）较高的能源效率。能源效率是指一定规模产出量所需消耗能源投入量的目标值与实际能源消耗量的比值，能源效率高意味着消耗同等数量的能源获得的有效产出更多、能源浪费更少。对于低碳运营来说，其能源效率应该高于传统生产运营模式。

（3）废弃物最小化。低碳运营面临的"废物"除了常见的工业生产废弃物以外，还包含影响潜在总碳排放量的物品。低碳运营管理可以对废弃物进行转移或最小化生产。转移可以交由其他领域处理，最小化生产则主要依靠生产技术的革新。

（4）较高的资源利用率。学界普遍认为，当资源利用率提高时，碳含量的百分比可以降低，因为不必要的二氧化碳排放也会减少。不同于能源利用率，资源利用率的范围更加广泛，后者的提升有助于企业的全面绿色转型。当今，资源利用率通常可以从工艺中的原材料使用、排队等待时间及生产链条中的优先级规则中了解到。

1.3 低碳运营管理战略

1.3.1 企业管理中的运营与战略

战略是关于企业如何实现其使命的指导思想。战略管理需要串联起整个组织，保障决策的一致性，使得企业作为一个整体朝着正确的方向前进。因此，战略管理是对组织全局发展的统筹和谋略，反映的是重大问题的决策结果，以及组织将采取的重要行动方案。在制定战略时，一般遵循明确首要任务、评价核心竞争力、确定订单赢得标准和订单资格标准、对公司进行定位和部署战略五个基本步骤。而企业战略按对应层次，一般可以分为公司层战略、业务层战略、职能层战略三类，如图1-7所示。

运营战略属于企业职能层战略，因此，运营战略通常被理解为，根据对企业各种资源要素和内外部环境的分析，对与运营管理、运营系统有关的基本问题进行分析与判断，确定总的指导思想及一系列决策原则，从而实现企业的总体目标。

组织战略与运营战略是相辅相成的关系，前者为组织提供了整体方向，后者如果制定恰当且得到有效执行，则能助力企业的长效发展，为竞争力提升保驾护航。使命、组织战略、运营战略、策略和运营等相关概念比较如表1-4所示。

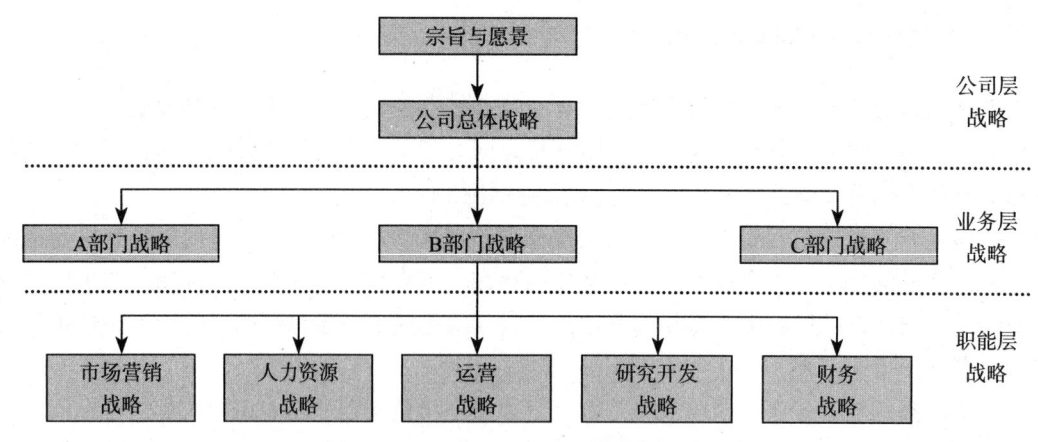

图 1-7　企业战略的层次分类

表 1-4　相关概念比较

	管理层次	时间跨度	范围	详细程度
使命	最高	长	宽	低
组织战略	较高	长	宽	低
运营战略	较高	中－长	宽	低
策略	中	中	中	中
运营	低	短	窄	高

1.3.2　低碳运营管理战略的概念与创新

低碳战略是以低碳作为发展模式、产品标准和无止境目标的宏观架构。低碳战略是一个系统工程，包括企业使命与理念、产业结构与项目规划、科技创新与技术改造、原材料和初级产品及其他上下游供应链采购、生产销售与物流、产品服务与回收、企业文化与品牌传播、人才团队与规模控制、建筑节能与资产管理、资本运作与融资模式等。有实力的大企业可以进行低碳战略的整体规划和实践，实力有限的企业则可以分阶段、分环节逐步推进。低碳发展是指通过采用新的经济发展模式，在减污降碳的同时提高效益和竞争力，实现资源节约、环境友好，在经济效益和社会效益兼具的基础上实现可持续发展。

在传统的运营战略中，企业从自身的资源和计划出发，从而获取竞争优先权。运营战略属于经营战略，因此研究对象较为具体，考虑面较宽，时间跨度较长。低碳运营管理战略是指通过制定企业各项主要政策和计划，利用企业资源最大限度地支持企业的长期低碳竞争战略。在低碳运营管理战略中，我们在企业传统经营战略的基础上添加低能耗、低污染、低排放等作为战略要点，实施节能减排，使用新能源，研发与采用碳捕获技术等，从而承担一定的企业社会责任。

低碳运营管理战略较之传统运营管理战略多了一项权衡要素——低碳环保。低碳环保主要考虑人与环境的关系，以可持续发展作为目标。企业在实现环保要素时，需要节能减排，使用新能源和碳捕获等创新技术。

（1）节能减排。节能减排的实现需要企业减少物质资源和能量资源的消耗，减少废弃物和环境有害物的排放量。控制能源消费增量和调整产能结构的发展趋势要求企业积极寻找改良途径，通过激励约束机制降低能源消耗，将废弃物和有害物的排放量控制在要求的标准范围内。

（2）新能源。新能源是指非常规能源，目前常指太阳能、风能等。相较传统使用的化石能源，新能源的污染排放更少，可以有效地替代传统能源，解决能源使用效率低、污染大的问题。国家鼓励产业调整，为企业使用新能源提供了良好的政策基础。

（3）碳捕获技术。碳捕获技术是指通过化学反应捕获煤燃烧过程中产生的二氧化碳的技术。企业应强化技术、工艺创新，从而降低有害物质对环境的影响。从社会维度看，低碳意识已渗透世界各国，低碳运营战略的有效落实能有效解决企业面对的环境要求、成本约束等问题，也能推动企业技术进步，更好地促进企业发展。

1.3.3 低碳运营管理的战略目标

低碳运营管理的战略目标对于企业日常运营生产、企业整体发展具有不可忽视的重要意义，从思想来源上，它是低碳经济、运营管理、战略管理多种要素相结合的产物。正因如此，面向低碳运营管理的战略设计至少应包括以下三个方面的内容。

（1）持续创新，提升运营效率，保持核心竞争力。运营管理本身主要解决运营管理职能领域内如何支持和配合企业在市场中获得竞争优势等方面的问题。无论是传统运营管理还是低碳运营管理，帮助企业获取竞争优势是最基本也是最核心的战略目标。为了达到这一目标，企业可以通过降低成本、提高产品质量、加强供应链管理等多种方式来优化运营管理过程。

（2）强调低碳经济发展导向，推动实现可持续性发展。不同于传统的运营管理，低碳运营管理在诞生之初就有很明显的低碳经济导向，忽视了对低碳经济的追寻和对可持续性发展的坚持，低碳运营管理便无从谈起。而要想真正实现低碳排放，在运营管理领域，企业首先要把"碳管理"纳入生产运输、产品设计、绩效评价等日常经营管理的范畴内，以此让低碳行动脱离纸面，融入企业运营生产的日常活动中。

（3）积极承担社会责任，实现企业–社会–环境的有机互动。推进低碳运营管理，企业不仅要向内做好自身建设，还需要积极承担社会责任。此处的社会责任既包括就业、纳税等传统责任，还包括以低碳发展、环境保护为代表的一些环境方面的社会责任。具体来说，企业环境社会责任是指企业在追求自身利润最大化和股东利益最大化的过程中，对生态环境保护和社会可持续发展所承担的社会责任，这里需要凸显出低碳经济、绿色发展可持续等重要价值导向。进一步来说，企业环境责任包括企业在保护环境方面所承担的法律责任和道德责任。

🌐 思考与练习

1. 传统运营管理包括哪些主要内容？
2. 运营管理经历了怎样的发展历程？
3. 低碳运营管理是如何产生的？
4. 低碳运营管理包括哪些核心要素？
5. 低碳运营管理战略在哪些方面有所创新？

第 2 章
CHAPTER 2

低碳产品设计

学习目标

1. 了解什么是产品设计和典型产品设计
2. 掌握低碳产品设计的基本知识
3. 掌握低碳产品设计的基本方法
4. 了解低碳产品设计的评价指标
5. 了解低碳产品设计需要从哪些方面进行
6. 掌握低碳产品设计在实践中的运用

引例

苹果公司的低碳设计之路

苹果公司是一家以电子产品闻名的跨国公司，它所推出的创新性和革命性的产品受到许多科技爱好者的追捧。作为一家典型的高科技公司，苹果几乎没有自己的制造工厂，但是其供应链中的碳排放量却很大，苹果早早地就发现并重视起这一问题。作为关注全球气候变化和致力于碳减排的领头企业，苹果制定了一系列方案来减少公司运营中的碳排放量，这里主要讲述其在低碳产品设计中的表现。

（1）材料选择：苹果在产品材料设计中使用了大量可回收和可再生材料。例如，iPad、Apple Watch、MacBook 等在机身外壳上均使用了 100% 已回收的铝材料，这种材料的制造过程比传统铝材料的碳排放量要低得多。

（2）能效提升：MacBook、iPhone 和 iPad 等产品，都经过优化以提升耐用性、提高能效。这不仅减少了产品在使用过程中的能源消耗，也降低了整个产品生命周期的碳足迹。

（3）减少包装：苹果通过设计更小巧、更轻便的包装来减少材料使用和运输过程中的碳排放量。这种包装设计减少了物料的使用，同时也降低了物流过程中的能源消耗。

（4）产品生命周期管理：苹果鼓励消费者通过其回收计划回收旧设备，并在其产品的设计中考虑拆卸和回收环节。这有助于减少废物并促进资源的循环利用。

（5）可再生能源的使用：苹果公司在全球运营中大量使用可再生能源，包括其零售店、办公室和数据中心。这减少了公司整体的碳排放量，尤其是在制造和运营阶段。

通过这些措施，苹果公司不仅实现了低碳设计目标，也展现了其对环境保护和可持续发展的长期承诺。

资料来源：探索名企——苹果公司的双碳之路，https://zhuanlan.zhihu.com/p/579324730。

2.1 产品设计概述

2.1.1 产品设计的内涵

传统的产品设计是将客户需求与企业对于产品的构想转化为具体、明确的产品结构或服务方案的过程，包括设计全新产品、升级旧产品等活动。设计过程需遵循以下原则：设计客户真正需要的产品、可制造性的产品、环保的产品、鲁棒性强的产品。

产品设计是产品价值链的起始环节，是公司价值创造活动的重要一环。产品设计作为产品引入期的核心工作，在产品开发中的作用巨大，并且几乎占据60%的开发时间。产品的基本功能、结构、外观、成本等将在产品设计阶段确定，产品设计阶段的成果对产品整个生命周期都会产生影响。因此，该阶段基本决定了产品的市场竞争力。波音公司的数据显示，一般产品制造成本的80%都会在产品设计阶段被确定下来。

2.1.2 产品设计的意义

传统产品设计是依据用户对产品的功能、性能、质量要求及企业自身的成本支出要求来进行的。其通常对于企业具有以下意义。

（1）产品设计可以降低成本。产品设计的目的是在满足市场需求的基础上，提高企业的盈利能力。在整个产品设计过程中，通过简化产品内部结构、减少原材料的使用、对旧产品系列进行升级设计等方式，可以帮助企业有效地降低成本。

（2）产品设计可以帮助企业获得优势化差异。传统设计的主要目的是满足市场需求。为了提升企业的市场占有率，企业应根据消费者的需求变化迅速进行更新迭代升级，或开发新产品系列以使得自身提供的产品明显区别于其他产品，最终获得不同于其他竞争对手的独特优势。

（3）产品设计可以帮助企业满足细分市场需求。随着经济发展和人民生活水平的提高，消费者需求不再是统一和固定的。为了满足不同客户群体的特殊需求和爱好，企业需要根据细分市场的特定需求进行产品设计活动。

产品设计对于企业运营具有重要的意义：首先，产品设计可以为公司的价值链带来增值，帮助企业获得利润和竞争优势；其次，产品设计可以满足消费者的现实需求；最后，企业还可以挖掘消费者的潜在需求，并通过产品升级设计满足消费者的新需求，进而开拓新的市场。

2.1.3 产品设计的分类

产品设计作为产品引入期的核心工作，通过优化产品或系统的功能、外观和价值从功能效用、成本效益及可持续发展绩效三个方面提高产品的市场竞争力和后续价值。现有的产品设计原则包括面向顾客的设计、面向制造与协调的设计及面向环境的设计三大类。

（1）面向顾客的设计。企业利用有效的设计向市场提供具有吸引力的产品、提高产品的盈利能力、降低售后维护成本，进而全面提升市场竞争力。以苹果公司为例，iPhone 手机于 2007 年 6 月 29 日发布后，便因在设计方面的独特性和新颖性迅速获得市场青睐，并使苹果公司获得全球手机市场超过一半的利润。类似的设计主导型企业还包括家用电器制造商戴森、玩具制造商乐高、电子产品制造商索尼等。上述公司在进行产品设计时，以向客户提供实用且具有吸引力和创造性的产品为导向，对产品的外观和功能进行升级与创新，进而在市场上提高竞争力。

（2）面向制造与协调的设计。产品设计阶段的相关决策除了会影响产品的市场竞争力，同样会对产品生命周期产生影响。因此，企业在进行产品设计时，需要综合考虑产品需求、生产制造、产品使用、产品维护、报废回收、资源再利用及产品的废料处理各个阶段的问题。在过去的几百年里，随着生产技术、全球贸易的迅速发展，企业的产品设计策略主要关注产品的可制造性和供应链协调问题，并形成面向制造与协调的设计思想。在面向制造的设计原则下，产品设计要明确所选择的零件、材料、产品形式及制造该产品所需的技术。因此，需充分考虑与原料的可获得性以及制造工艺的可靠性相关的风险。

以三星公司为例，其在 2016 年 8 月推出了由离子电池进行供电的 Galaxy Note 7 手机，然而由于该手机电池设计存在缺陷，使得电池在充电过程中易发热进而可能导致爆炸，因此，三星公司在 2016 年 10 月 10 日被迫停止销售 Galaxy Note 7 手机。为了降低产品设计风险，企业在进行创新设计的同时应避免选择超越现实经验和内部制造能力的制造技术。在面向协调的设计原则下，企业应更关注与供应链相关的风险，这就要求在产品设计阶段除了要考虑产品的功能性，还需要充分协调以保证设计决策可以获得供应链部门与外部供应商的支持。例如，通用汽车引入产品生命周期技术以促进设计和开发流程之间的沟通与协调，从而使得新车型推向市场的周期从 48 个月缩短为 12 个月左右。

（3）面向环境的设计。在传统工业文明背景下，经济增长主要依赖对自然资源的开发与利用。自 20 世纪 60 年代以来，随着经济学家和政治学家认识到人类正在以惊人的速度消耗化石燃料并将产生的温室气体排放到大气中，人类开始重新审视经济发展与环境保护之间的关系。面对资源约束趋紧、环境污染加剧、生态系统退化的严峻形势，企业同样需要树立基于可持续发展思想的新型经济发展理念。"绿色设计""生态设计"等众多具有环保思想的设计理念应运而生。2000 年以后，面向环境的设计逐渐成为主流，它主张在产品设计阶段充分考虑产品对资源利用与环境的影响因素，优化产品的环境影响进而提升产品的可持续发展绩效。

2.2 低碳产品设计概述

2.2.1 低碳产品设计的概念

低碳产品设计是一种面向环境的产品设计概念，通常在原材料选取、生产、销售、使用、回收、处理等各个环节控制能源消耗、资源消耗及有害气体的排放，以降低对资源环境带来的影响。这就要求企业践行可持续发展的设计方法和理念，在产品生命周期各个阶段中减少温室气体排放量和资源消耗，进而使得企业在保证产品质量和性能的同时，能积极响应环境保护和可持续发展的要求。

随着民众环保意识的增强，提升产品的可持续发展绩效已经成为许多企业获得竞争优势的一种有效方式。因此，从企业经营的角度来看，提供低碳产品在商业中日益重要。此外，由于低碳产品要求企业在生产过程中减少物料投入及能源消耗，企业可以通过提供低碳产品，在经济和环境维度上同时获得额外的利益，这也促使越来越多的企业聚焦于低碳产品开发以实现可持续发展目标。产品生产所选择的材料、制造流程、能源效率及包装等在很大程度上决定了产品对环境的影响。由此可见，在产品设计阶段考虑环境影响，对企业来说，正变得越来越重要。

例如，陶氏公司作为全球第一家提出环保可持续发展规划的企业，在1995—2005年共投入10亿美元以支持产品生产流程的环保型设计，并在2019年中国国际橡塑展（CHINAPLAS）上针对绿色包装设计提出了创新性的解决方案以提升包装材料的可回收性，进而提高资源利用效率，实现可持续发展。松下电器在设计屏幕显示器时，通过使用新的荧光粉和电池设计技术改善放电情况，并利用新的电路和启动技术降低功率损耗，从而使屏幕在具有更薄外形的同时，将能耗减半并保持相同的亮度。通用电气于2021年6月4日在法国巴黎启动了一项针对可持续航空发动机设计和开发的创新性项目，旨在通过重新设计风扇结构使发动机的油耗和二氧化碳排放量比现役最高效的发动机降低20%以上，并确保与可持续航空燃油和氢能等替代能源完全兼容。

与传统产品设计不同，低碳产品设计过程中不仅关注产品的功能、性能、质量及成本，同时还需充分考虑生产生命周期过程中产生的环境效益及生态影响，这就要求设计人员在产品设计阶段充分考虑产品的可持续发展绩效。

2.2.2 低碳产品设计的环境背景

（1）可持续发展理念。可持续发展理念起源于20世纪60年代。蕾切尔·卡森（Rachel Carson）在1962年出版的著作《寂静的春天》被认为是可持续发展理念的萌芽。在此后的20多年里，科学家和政策制定者对环境问题的理解不断加深，全球各国对坚持可持续发展的重要性达成了共识。1992年在里约热内卢召开的联合国地球峰会开启了可持续发展跨国、跨界合作，同时有154个国家签署了《联合国气候变化框架公约》。该公约提出"为实现可持续发展，环境保护理应成为发展过程中不可分割的一部分，且原则上来讲污染治理成本理应由污染者承担"，这迫使企业不仅需要考虑生产过程对环境带来的影响，同时需要考虑淘汰过时产品对环境的影响。

毋庸置疑，可持续发展理念和目标的提出驱使企业从整个产品生命周期视角出发，考虑产品设计决策，以最大限度地减少制造业对环境的不利影响。

（2）环保政策激励驱动。环境问题通常伴随企业的生产运营活动，但不会在短期内影响企业的经济活动，这在粗放的工业化发展化背景下很容易被企业忽视。基于此，政府机构相继出台各种环境保护激励政策以促使企业提高环境责任意识。

- 1993 年，美国颁布了一项行政命令，指示联邦机构购买对环境有利的产品，并发布了覆盖发动机冷却剂、建筑材料和办公用品等产品的采购指南。这种政府的购买影响力为制造商生产绿色产品提供了重要驱动力。
- 1994 年，欧盟出台《包装和包装废弃物指令》，要求制造商回收或循环利用产品相关的包装，使得包装物材料的整体回收率达到 60%，并要求制造商在产品的包装上明确标记包装所用材料的性质。这一指令促使企业重新设计产品包装以满足可持续发展的目标要求。
- 2003 年，欧盟颁发《电气和电子产品废弃物》指令，该指令要求每个国家为电视、计算机和手机在内的电子产品设定回收目标，并认定产品的原始制造商为回收和处置的直接责任人。在该指令的激励下，企业在产品设计阶段开始考虑产品的可拆卸性。
- 2013 年 1 月，中国发布了《关于开展工业产品生态设计的指导意见》，该意见要求企业以产品全生命周期资料科学利用和环境保护为目标，采用合理的结构和功能设计，选择绿色环保材料和易于拆解、利用的部件，全面开展产品绿色设计。随后，国务院办公厅又在 2016 年发布了《关于建立统一的绿色产品标准、认证、标识体系的意见》以加强绿色产品标准研制、支持企业生产绿色产品、发展绿色产品市场份额。
- 2019 年 12 月，欧盟委员会发布《欧洲绿色新政》，旨在推动欧盟经济实现资源有效利用和环境保护。随后在 2020 年 3 月，欧盟委员会相继推出了《欧盟工业战略》《循环经济行动计划》，制定了可持续产品的政策框架，并要求在产品设计层面提升产品耐用性、重复使用性、可升级性和可修复性，并限制一次性产品和过早淘汰产品的使用。该计划的提出对低碳产品设计产生了积极的影响，使企业在产品设计阶段更加注重低碳和环保性能。
- 2020 年 9 月，中国政府宣布将努力实现碳达峰和碳中和目标。该目标的提出将进一步提升企业的社会责任，推动企业更加重视产品设计的环保性和可持续性，以实现企业可持续发展的目标。

除本书列举的典型的政策外，全球各个国家还根据各自的发展情况制定了各种以保护环境为目的的管制政策，主要包括环境标准、产品环境性能标准及产品能源消耗定额等。例如，欧盟和中国分别在 2019 年 3 月及 2020 年 1 月推出了一系列禁止或限制使用一次性塑料制品的指令，如禁止超市免费提供塑料袋、鼓励使用纸袋和可降解塑料袋等。这促使企业积极开发替代性材料和产品，推动低碳产品设计的创新。此外，政府还通过税收和财政补贴促使企业进行绿色产品生产。例如，芬兰、荷兰、瑞典、丹麦、美国等国家均对生产过程中产生的二氧化碳排放进行征税，以促使企业减少碳排放量，这将使得企业在产品设计阶段优先考虑使用碳排放量较少或能源消耗较少的方案。除了环境税这类管制性监管政策，各国政府同样出台了财政补贴或生态补偿等激励性政策以激励企业进行绿色产品设计。2022 年，上海市徐汇区印发《徐汇区节能减排降碳专项资金管理办法》，确定了开展节能技改、清洁生产、发展循环经济项目企业的补贴标准。

（3）消费者环保意识驱动。20世纪80年代后半期，"绿色消费运动"在英国拉开序幕，随后席卷全球。"绿色消费运动"作为非政府组织的活动，号召公众形成环保意识，选购对环境影响小的产品，进而促使企业调整产品结构，生产符合消费者绿色环保偏好的产品。

随着人民生活水平的不断提高，民众的消费行为开始发生相应的变化，绿色消费具有巨大的发展空间。普华永道发布的《2021年全球消费者洞察调研中国报告》显示，高达74%的中国受访者具有低碳消费意识，且企业提供并披露低碳产品信息、量化消费环节碳减、重视资源循环、构建更透明可行的回收体系等做法，都将增加具有低碳消费意识的消费者的消费行为。图2-1描述了中国消费者与全球消费者在购买绿色产品意识方面的信息。由图2-1可知，中国消费者的绿色消费意识高于全球的平均水平。此外，调查显示，在面对具有较好低碳表现的耐用消费品时，越来越多的消费者愿意接受更高的溢价，支付更高的价格。消费者绿色消费理念将成为促进企业进行绿色产品设计的又一重要驱动因素。

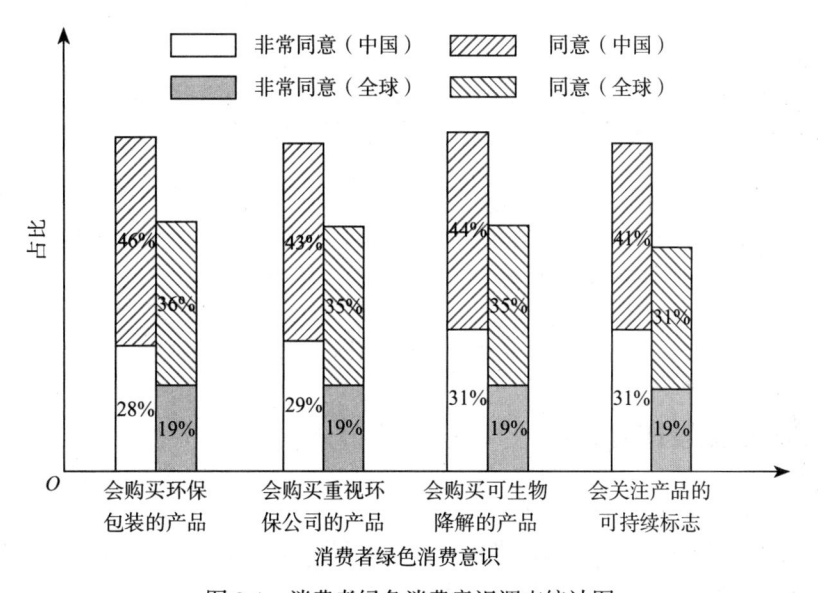

图 2-1　消费者绿色消费意识调查统计图

资料来源：普华永道发布的《2021年全球消费者洞察调研中国报告》。

（4）商业价值驱动。面对日益增强的消费者绿色环保意识及不断增加的环保政策压力，可持续性发展逐渐成为企业管理层的关注焦点。从20世纪60年代开始，公众对可持续发展的关注预示着企业在环境和社会方面的责任转变，然而在此阶段，企业的绿色行为多表现为对法律法规的被动反应，即企业仅在危机发生时才考虑环保问题。

在此后的10年间，更多的环境法律法规政策被颁布，企业开始系统地考虑环境风险管理，采取预防措施，并意识到在产品设计阶段考虑环境影响的重要性。值得注意的是，此阶段企业的绿色设计处于过程后干预阶段，即仅在设计阶段考虑可拆卸设计及持久性设计等产品对环境产生后续影响的方面。进入20世纪80年代，许多企业开始关注清洁生产与运营效率之间的联系并主动开展产品生命周期设计，即在产品设计环节全面考虑各个阶段将产生的环境问题，并通过过程干预减少产品在整个生命周期中的环境负面影响。

直到 21 世纪初期，企业开始意识到低碳产品设计不仅是一种社会责任，也是提升市场竞争力、增加利润和开拓市场的重要战略之一。因此，大多数企业开始采取措施以减少其生产过程中的碳足迹；如今，随着全球绿色产业的迅速发展，绿色产品市场呈现出巨大的增长潜力。为了增加产品在绿色产品市场上的竞争机会，企业通常将可持续发展计划的范围扩展至整个完整的价值链，这要求企业不仅要在产品设计阶段考虑产品生命周期的环境影响，同时需要确保生产产品所合作的供应商同样采用可持续发展战略。图 2-2 描述了企业环保责任范围的演化过程。

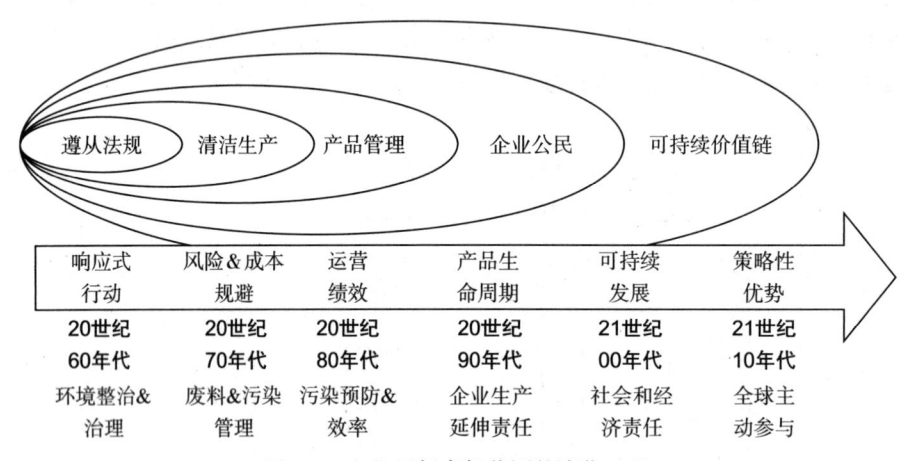

遵从法规	清洁生产	产品管理	企业公民	可持续价值链
响应式行动	风险&成本规避	运营绩效	产品生命周期	可持续发展	策略性优势
20世纪60年代	20世纪70年代	20世纪80年代	20世纪90年代	21世纪00年代	21世纪10年代
环境整治&治理	废料&污染管理	污染预防&效率	企业生产延伸责任	社会和经济责任	全球主动参与

图 2-2　企业环保责任范围的演化过程

2.2.3　低碳产品设计的原则

低碳产品设计的原则主要表现在以下几个方面。

（1）系统性原则。系统性原则是指在设计阶段需要基于产品生命周期，系统地评估设计决策可能对环境带来的影响。以实体产品为例，企业需要系统考虑材料来源、制造工艺、交付流程、后期支持及废料回收阶段，进而确定整个产品产业链的能源消耗和能源效率。因此，在系统性原则的指导下，企业在设计阶段应考虑产品在后续的生产、运输、销售等阶段的能源消耗，使其做到高效、低碳、节能、环保；同样需要考虑在产品生产过程中与供应链运营、维护及设备建设和拆除过程相关的固体或液体废弃物。

（2）价值性原则。企业的生产运营依赖材料、能源、设备及技术等，因此在衡量绿色产品设计的价值性时，企业不仅需要从市场经济价值出发，还需考虑与产品相关联的整个增值过程（包括生产部件、原材料、能源等上游过程及参与产品销售、使用和处置的下游过程），关注这些过程中的环保价值和社会价值。此外，企业还需要考虑生产过程中产生的副产品和排放物，关注其对整个生态环境的影响，以此来确定企业绿色产品设计决策的价值。世界可持续发展工商理事会在其 1992 年的宣言中引入了生态效率的概念，以此帮助企业衡量产品设计对提升可持续发展的绩效表现。这里的生态效率是指企业通过提供具有价格竞争力的商品和服务，在满足人类需求的基础上逐步减少商品对环境的影响并降低资源使用强度。衡量生态效率的通用方法是计算生产所得价值与生产能源消耗的比率。企业进行绿色产品设计的基本原则就是通过设计提升产品的生态效率，即以更少的不利生态影响产生更多价值。

（3）关联性原则。关联性原则是指企业需要确定与不断变化的客户需求和企业可持续发展目标相一致的产品设计方案。企业所生产的产品最终将流向客户。因此，企业要实现可持续发展目标，必须将绿色产品设计与客户需求相联系。此外，由于产品对于环境所产生的影响与产品生命周期相关，企业须将产品设计与整个生命周期关联起来。基于以上关联性原则，企业在环境污染的控制环节，比如产品方案设计、产品材料选择及产品结构等阶段，需提供基于环境友好的设计方案、绿色材料选择指南、结构设计等，并在环境污染的主要环节，通过提供环境友好的装配方案、使用方法及回收利用方法等，将产品设计与制造装配、使用维护及报废回收联系起来。

（4）双赢性原则。双赢性原则表明，企业进行绿色产品设计的基本前提是产品可持续绩效表现与成本效益共同增长。因此，绿色产品设计最基本的原则就是让产品设计在能够确保成本、质量和进度符合要求的同时，创造出具有生态效益的产品。

2.2.4 低碳产品设计的挑战

实现可持续发展意义重大，这促使许多企业决定开展绿色产品设计。然而，对于大多数企业来说，真正将环保理念融入整个产品生命周期的过程相对复杂。企业开展绿色产品设计所面临的挑战主要来自以下几个方面。

（1）创新难。为满足可持续发展的要求，企业在绿色产品设计的重要性方面已达成共识。这同样对产品设计提出了更高的要求，使设计成为一种跨学科、跨专业的综合性活动。绿色产品设计的基本原则要求企业系统考虑整个生产与使用过程中的碳排放，并提高生产过程中所用资源的可回收性。企业通常需要开发新的技术，以帮助提高产品的能源利用效率。新技术开发的周期通常相对较长且成本较高，对企业来讲具有一定的挑战性。例如，在家用电器行业，如何通过技术创新推动企业的低碳产品设计是企业在实现其可持续发展目标过程中需要解决的关键问题。格力电器公司作为空调产业中的领军品牌及产能转型升级的典范，自1993年就成立了节能技术小组，开展节能技术的研究。经过多年的潜心钻研，格力电器公司攻克了众多技术难点，在2009年3月推出拥有100%自主知识产权的新一代直流变频技术。该技术能有效提高空调整机的节能性，可省电50%～80%。此后，格力电器公司持续深耕低碳、环保空调的研发，通过对第一代G-Matrik变频技术进行升级，开发了G10变频引擎技术。根据测算，使用G10变频引擎技术的空调比普通的空调省电60%以上。

（2）成本高。资金是支持企业生产运营的基本条件。在绿色产品设计的过程中，企业在承担产品功能开发成本的同时还需要考虑绿色产品设计方案优化成本、清洁生产装配分析成本及绿色包装设计分析成本等。因此，相对于传统产品来说，企业进行绿色产品设计的成本通常都相对高昂。以新能源汽车制造企业为例，其提供的产品以环保和高性能而闻名，但也面临高昂的研发成本。2020年，特斯拉每辆车的平均研发成本高达2 984美元，是其他传统汽车制造商的 3 倍。同样，2019—2021 年，理想汽车每年的研发支出也高达 11.7 亿元、11 亿元及 32.9 亿元。由此可见，高昂的成本投入同样是企业进行绿色产品设计面临的挑战之一。

（3）协同难。当企业期望通过降低过时产品对环境的影响来提高可持续发展绩效时，最有效且直接的方法之一就是延长产品的使用寿命。然而，产品使用寿命的延长，会导致产品的更换次数降低，进而会导致市场需求降低，这在很大程度上会影响企业的盈利能力。在此背景下，企业如何通过协同合作，在延长产品寿命的同时保证自身的利润不会受到伤害，是企业在开展绿色产品设计时需要面临的另一个重要挑战。

2.3 低碳产品设计方法

低碳产品设计应充分考虑产品全生命周期，包括设计、生产、销售、使用及报废回收过程中产生的环境影响。通常而言，实现产品绿色设计的方法包括以下六种。

2.3.1 产品减量化设计

产品减量化设计注重生产过程对自然资源的消耗量，要求企业用尽量少的原料和能源生产产品，从源头上控制产品生产对环境产生的负面影响，进而大大改善对环境的负面影响。据统计，产品对资源需求量的 80% 取决于产品结构设计决策。将减量化思想融入产品结构设计过程可以使能源消耗量降低 65% 左右，使污染排放量降低 25% 左右。减量化设计不仅包括减少产品重量、材料使用量和能源消耗量，还包括包装阶段、使用阶段、维修阶段直至产品报废处理阶段的结构简化和节能省材。

2.3.2 产品模块化设计

产品模块化设计是传统产品设计开发过程中常用的技术手段，本意是通过设计标准组件帮助企业利用较少种类的组件设计出品类范围较广的产品。在可持续发展理念的引领下，通过将绿色设计概念和模块化设计方法结合起来，使得模块化成为一种成熟的绿色设计方法。考虑环保问题的模块化设计可以在扩大产品功能效用范围的基础上使产品易于保养维护、拆卸和处理，进而帮助企业减少能源消耗。产品模块化设计的核心是在保持功能结构独立性和完整性的基础上构建功能模块系统，进而延长产品的使用寿命，以提升产品的环境绩效表现。

2.3.3 产品可拆卸设计

产品可拆卸性决定了产品发生故障时的维修难度及产品报废之后的分解难度，进而决定了产品的可回收性和可利用性。将降低产品拆卸难度的技术融入产品结构设计中，能保证产品的零部件可以被完整地拆卸下来，进而作为企业再制造的可用零部件，重新进入产品生命周期中，帮助企业实现低碳产品设计，达到减少环境负面影响的目的。

2.3.4 产品可回收设计

可回收性设计的目的同样是实现零部件资源利用最大化，以降低能源消耗和环境污染。然而，与产品可拆卸设计不同的是，产品的可回收性更侧重于考虑产品零部件材料回收的可能性、价值、处理工艺等一系列问题。

2.3.5 产品设计引导用户

低碳设计理念要求设计师能够通过产品的外观形态、内部结构及功能特征引导用户，达到用低碳环保的方式引导生产制造者、消费者减少对资源的浪费，增加低碳行为，降低对环境影响等目的。每件产品都包含了设计师对用户需求和实际使用行为的思考。人在接触产品时，产品就通过形态及细节传递其使用方式。好的产品设计能够根据用户的使用习惯，通过形状、大小、材料等，引导使用者减少对资源的浪费。

2.3.6 产品的数字化设计

产品的数字化设计是指通过计算机辅助设计及计算机辅助工程软件等帮助企业在虚拟环境中进行产品设计和模拟分析。因此，通过融入数字化设计，企业可以对产品的结构、材料和生产工艺进行模拟分析，进而更加精确地设计和制造产品，降低产品生产过程中的能源消耗。此外，通过数字化设计，企业能进行全面的生命周期评估和环境影响分析，识别并预测产品生产、运输、使用和废弃等各个环节的碳排放及其影响，从而根据预测的碳排放水平快速调整设计方案，有针对性地优化产品设计和生产流程以降低产品的碳足迹，进而提供符合低碳和可持续发展目标要求的产品。

2.4 低碳产品设计评价标准

2.4.1 碳排放与碳足迹

碳足迹是指由人、事件、组织、服务或产品造成的温室气体，常被用来衡量人类活动和生产制造对生态环境的影响。产品的碳足迹统计了产品在生命周期各个阶段所产生的所有温室气体排放量，包括从资源开采、生产制造到产品报废过程中产生的所有碳排放量。图2-3刻画了产品制造过程中的碳足迹来源。实现绿色产品设计，企业首先应识别产品碳足迹贡献的重要环节，进而应用绿色产品设计方法以降低产品的碳足迹。碳标签是企业将其碳足迹告知消费者的一种重要方式。通过对产品生命周期碳排放量进行评估，企业可以为产品贴上碳标签，以量化数值展示产品的碳足迹，影响消费者的消费决策，并最终完善产品生产与设计。

图 2-3　产品制造过程中的碳足迹来源

2.4.2　碳足迹计算方法

计算碳足迹是评价温室气体排放方面重要且有效的途径之一，目前碳足迹计算主要有两种方法：一是以过程分析为基础的"自下而上"模型；二是以投入产出分析为基础的"自上而下"模型。这两种方法都依据生命周期评价的基本原理。

（1）过程分析法。过程分析法以过程分析为基本出发点，通过生命周期清单分析得到具体对象的输入和输出数据清单，进而计算该对象全生命周期的碳排放量，即碳足迹。基于生命周期评价理论提出的产品碳足迹计算方法的基本公式为

$$E = \sum_{i=1}^{n} Q_i \times C_i$$

式中，E 为产品的碳足迹；Q_i 为 i 物质或活动的数量或强度数据（质量、体积、千米、千瓦时）；C_i 为单位碳排放因子（CO_2e/单位）。

过程分析法适用于产品、个人、家庭、组织机构、城市、区域乃至国家等不同层级的碳足迹核算，但是在计算时使用的次级数据可能会使计算结果具有一定的不确定性。另外，碳足迹分析中没有对原材料生产及产品供应链中的非重要环节进行更深入的思考，无法准确获取产品零售过程中的碳排放量。综上，过程分析法具有一定的局限性。

（2）投入产出法。马修斯（Matthews）等根据 WRI/WBCSD 对于碳足迹的定义，结合投入产出模型和生命周期评价方法建立了"经济投入产出 – 生命周期评价模型"（EIO-LCA），用于评估工业部门、企业、家庭、政府组织等的碳足迹。该方法将碳足迹的计算分为三个层面，以工业部门为例：第一层面是来自工业部门生产及运输过程中的直接碳排放；第二层面将第一层面的碳排放边界扩大到工业部门所消耗的能源，如电力等，具体是指各能源生产的全生命周期碳排放；第三层面涵盖以上两个层面，是指所有涉及工业部门生产链的直接和间接碳排放，也就是从"摇篮到坟墓"的整个过程。计算过程如下。

①根据投入产出分析，建立矩阵，计算总产出：

$$x = (I + A + A \times A + A \times A \times A + \cdots) y = (I - A)^{-1} y$$

式中，x 为总产出；I 为单位矩阵；A 为直接消耗矩阵；y 为最终需求；$A \times y$ 为部门的直接产出；$A \times A \times y$ 为部门的间接产出，依此类推。

②根据研究需要，计算各层面碳足迹：

$$第一层面：b_i = R_i I(y) = R_i y$$

$$第二层面：b_i = R_i (I + A') y$$

$$第三层面：b_i = R_i x = R_i (I - A)^{-1} y$$

式中，b_i 为碳足迹；R_i 为二氧化碳排放矩阵，该矩阵的对角线值分别代表各子部门单位产值的二氧化碳排放量（由该子部门的总二氧化碳排放量除以该子部门的生产总值得到）；A' 为能源提供部门的直接消耗矩阵。

投入产出分析的一个突出的优点是，它能利用投入产出表所提供的信息，计算经济变化对环境产生的直接和间接影响。利用投入产出分析方法核算结果只能得到行业数据，无法获悉产品的情况，因此只能用于评价某个部门或产业的碳足迹，而不能计算单一产品的碳足迹。

2.4.3 产品生命周期评估方法

产品生命周期评估方法用于估计与产品生命周期相关的净能量或物质流及相关的环境影响。产品生命周期方法于1990年被首次提出，用于评价产品全生命周期过程对环境的负荷和影响，主要包括以下四个步骤。

- 确定目标和范围。定义要评估的产品、过程及评估的目标、范围和边界。
- 识别生命周期排放环节。通过量化使用过程中的能源、材料及在生命周期每个阶段释放到环境中的有害气体，确定产品生产过程的环境负担清单。
- 评估生命周期环境影响。评估能源和材料使用对环境与人类健康的影响。
- 确定产品绿色设计方案。考察环境污染排放的关键环节，对产品设计方案进行分析，从而确定改进措施，从源头把控产品生命周期的环境影响，减少排放量，提高产品的可持续发展绩效表现。

2.5 低碳产品设计内容

2.5.1 低碳创新产品设计

在绿色产品设计原则的指导下，在产品生产和消耗的过程中，能源效率逐渐成为企业新的关注点。要使绿色产品设计获得真正的成功，企业必须对生产流程进行重新设计。现有的低碳创新设计可以分为以下三种。

（1）面向能源效率提升的产品设计。传统的产品设计主要包括技术驱动型和市场驱动型，在设计阶段未考虑产品的能源效率问题。随着工业生产水平的提高，大量消耗不可再生资源的产品生产方式不再适应时代的可持续发展目标。此时，提升能源效率、减少化石原料的利用已成为设计绿色、环保产品的重要手段之一。法国拉法基集团开发的水泥、石膏等低碳设计产品，通过调整制造过程中所用物质的比例，提高能源的利用效率，使得产品的环保表现显著提高。据统计，使用上述绿色建筑材料修建的桥梁与普通桥梁相比，原材料和一次能源的节约量分别能达到35%和45%以上，二氧化碳排放量降低50%以上。

（2）面向资源消耗减量化的产品设计。面向资源消耗减量化的产品设计是指在设计过程中遵循减量原则，在满足产品使用功能的前提下通过尽量缩减产品的体积、选用能降解和轻量化的材料，或采用尽量简单的结构和模块化设计的方式降低产品生产过程中对资源的消耗。以铝制饮料罐为例，20世纪50年代初期饮料罐的重量约为80g，经过历代创新设计，如今一个330ml饮料罐的重量只有13g，该减量化设计可大幅度降低饮料行业对铝的需求。此外，全球汽车企业在进行产品零件设计时利用更轻的镁合金材料来替代钢铁以降低汽车的重量，使得汽车的油耗大大降低。

（3）面向使用寿命延长的产品设计。面向使用寿命延长的产品设计旨在利用先进的设计理念和工具使产品在保证功能稳定的情况下延长使用寿命，以降低对制造能源的二次需求。这种设计理念不仅可以有效减少资源消耗和环境污染，同时还可以提高产品的经济效益和用户体验。为了延长使用寿命，企业在进行设计时应在产品生命周期的各个阶段，通过选用高质量且耐用的材料、使用模块化设计方法、提供可升级和可扩展功能等措施对产品设计进行优化和升级。以ThinkPad系列笔记本为例，其作为著名的商务笔记本品牌，一直致力于延长产品的使用寿命。其中ThinkPad X1 Carbon在产品设计过程中选用了具有极高抗压性和耐用性的碳纤维材质外壳，能有效减少外部冲击对设备的影响，提高了产品的使用寿命。此外，ThinkPad设计产品时考虑产品部件之间的独立性，使得用户可以方便地更换电池、扩展内存，从而延长了产品的寿命、降低了用户对产品的更换频率，进而帮助企业实现了降低资源消耗和环境污染的目标。

2.5.2 产品生命周期设计

产品生命周期设计是最常用的绿色产品设计方法之一。对于产品制造而言，其产品生命周期是指从产品设计、原料采购、生产阶段、物流运输、销售和使用到报废与再利用及回收阶段的全部过程。

（1）产品生命周期设计内涵。产品生命周期设计旨在实现产品功能性、环保性及成本效益之间的协调性。因此，企业应以产品生命周期为突破口，从全局对各个阶段的绿色特征进行综合考量，进而得到一个综合全面的产品绿色设计方案。图2-4为制造企业产品生命周期设计方法。

（2）产品生命周期设计阶段。制造企业进行产品生命周期设计的主要任务是对产品进行全面考量，对其从诞生到退出市场过程中可能发生的环境污染进行改进，这要求企业在进行产品设计时覆盖所有产品生产过程。

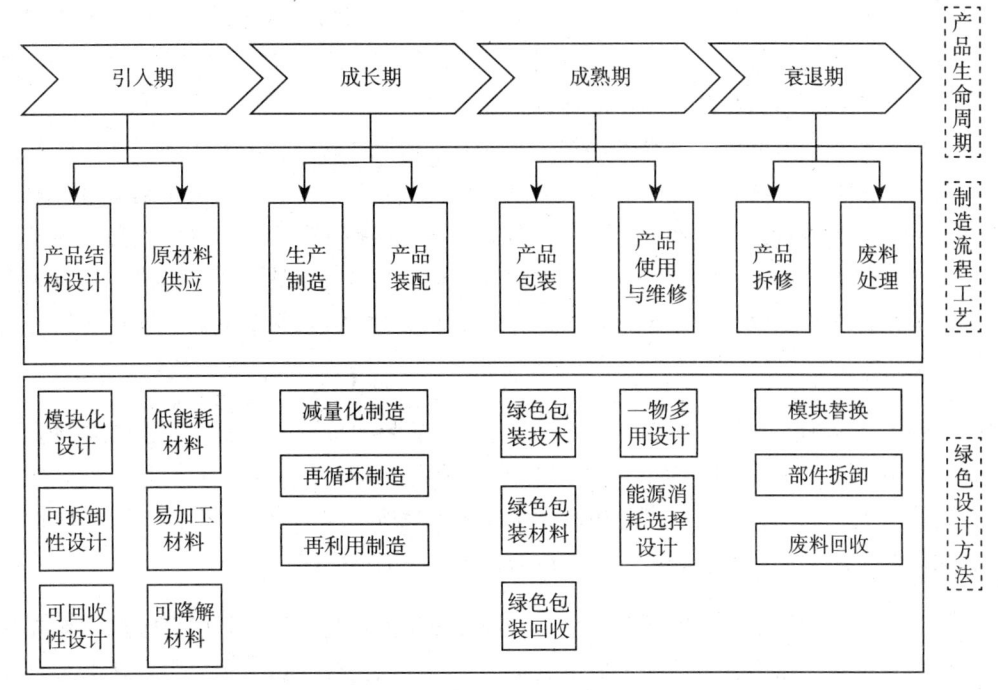

图 2-4 制造企业产品生命周期设计方法

1) 产品结构设计阶段。在产品结构设计阶段，企业应充分考虑环保概念，从源头控制生产过程中的资源消耗，主要方法包括模块化设计、可拆卸性设计及可回收性设计。

- 模块化设计在性能分析和功能分析的基础上，通过功能模块划分，使得用户可以通过模块组合，构成不同的产品以满足不同的需求，以此来降低企业为满足不同客户需求而发生的能源消耗。
- 可拆卸性设计以降低产品保养和回收难度为目的，在设计产品时尽量保证选用国际标准化的连接尺寸、可拆卸的连接手段及连接点位置，以提高产品的保养维修和回收利用效率。
- 可回收性设计则有助于零部件参与产品的再制造过程，进而降低环境污染可能性，这就要求企业在进行产品设计时充分考虑零部件材料回收的可能性及处理方法、处理结构工艺等问题。

2) 原材料供应阶段。材料性能在产品的全生命周期中始终影响着周围环境，因此，企业在原材料供应阶段应充分考虑材料的环保性，通过采用环境影响低的绿色材料提升产品的可持续发展绩效。常用的绿色材料包括低能耗材料、易加工材料，以及可降解材料三大类。

- 以太阳能、水能和风能为代表的可再生能源作为低能耗材料在环保效率和成本效率方面均有良好的表现，因此逐渐受到制造企业的青睐。LG 公司为实现可持续发展目标，积极推出气候变化应对策略，并承诺在 2025 年实现生产基地 100% 使用可再生能源、2030 年实现所有经营场地 100% 使用可再生能源。

- 易加工材料的选择以降低产品生产过程产生的环境影响为目标。以汽车行业为例,采用超塑铝合金时所需的变形应力很小,并且可以通过一次冲压形成形状复杂的零件,因此可大幅度节省生产过程中的能源消耗。
- 可降解材料能有效降低产品使用报废之后对环境的影响。在塑料工业、纺织业、医药行业、农业、机械制造业中,以聚乳酸、聚羟基脂肪酸酯为代表的生物基可降解材料具有良好的发展前景。例如,以聚乳酸为基础材料制成的生物全降解产品可用于制造电子产品外壳及零部件、体内医用材料、农业生物可降解地膜等。可降解材料的使用可有效减少产品使用带来的白色污染,进而帮助企业开发性能达标、绿色环保的低碳产品。

3)生产制造与产品装配阶段。在生产制造与产品装配阶段,企业须着重考虑制造工艺所产生的环境影响,进而在产品设计时尽量选择对环境影响小的制造工艺。制造工艺对环境产生的影响通常包括资源的过度使用及系统资源消耗所产生的废弃物问题。减量化制造系统、再循环制造系统及再利用制造系统可帮助企业解决上述问题。

- 减量化制造系统从提升资源利用率、降低废弃率的视角出发,可以有效降低制造系统的能源消耗。以中国石油化工股份有限公司西北油田分公司为例,为处理塔河油田勘探开发作业过程中产生的废液、完成含有污泥的减量化任务,该分公司设计开发了新的系统以提高系统含油泥污的处理能力。
- 再循环制造系统旨在通过设计闭环的制造系统使得制造产生的废弃物全部进入再循环,为企业生产"反哺""供能"。以农牧科技产业为例,通过设计闭环的制造系统,将产品加工过程中产生的固体废弃物经过发酵处理产生沼气、有机肥等能源,在大幅度降低废弃物污染的同时对企业生产经营提供新能源。
- 再利用制造系统能够对报废产品中有剩余寿命的废旧零部件进行再加工,使其具备与新产品同等的工作性能。再利用制造系统与再循环制造系统都涉及对制造环节所产生的废弃物进行再利用。然而与再循环制造系统不同的是,再利用制造系统通常是对已进入市场的报废整机产品、零部件进行再加工。因此,再利用制造系统是通过为制造系统提供可修复的零部件以实现循环,而再循环制造系统则特指在闭环制造系统内部通过循环为系统提供原材料、能源的制造工艺。

4)产品包装阶段。产品包装阶段对环境带来的负面影响主要体现为对自然资源的消耗及处理产品包装残留物可能产生的污染等。以消费产品包装为例,随着电商行业的迅速发展,快递包装材料的需求剧增,而我国快递物品使用的包装填充物多为塑料、泡沫等不可降解的材料,对生态系统会带来不可逆转的破坏。因此,在产品包装设计阶段采用绿色包装材料与技术,并大力推广绿色包装回收成为企业在包装阶段降低碳排放,促进可持续发展的重要手段。

- 在保证包装功能的条件下,可以利用新的技术减少物料的使用、做到简化包装。同时,对于包装材料的选择,应尽可能选择环境影响小且便于回收再利用的材料。

- 以海尔集团为例，其在包装工艺方面开发了针对环保包装材料的使用工艺，在材料选择方面大力推进产品护衬向蜂窝纸板等环保材料转化；在包装材料回收方面，为了实现包装材料的可重复使用，充分提升产品包装材料的质量，使其能经得起多次市场周转。通过采用上述绿色包装设计方案，海尔集团产品环保材料的应用比例已由原来的40%提升到86.5%。

5）产品使用与维修阶段。消费者的需求通常是通过使用产品来满足的，然而，这可能对环境产生一定的负面作用。因此，产品使用阶段的环境影响也应该成为企业在进行绿色产品设计时需要考虑的一点。在可持续发展理念的引领下，企业可以通过合理整合系统中各个产品的功能，让一个产品可以满足消费者的多种需求，进而减少资源、能源的消耗；此外，企业还可以通过添加能源选择功能以通过最小的能源消耗满足消费者的使用目的。

6）产品拆修及废料处理阶段。产品在产生功能性障碍之后，通常需要通过有效的绿色处理手段进行维修。为了提高产品维修的便利性，企业应在产品设计过程中对易发生磨损的零部件进行模块化设计，从而方便障碍发生时企业通过简易的模块替换完成拆修工作，延长产品的使用寿命、降低报废率以减少对资源的消耗；此外，在产品报废之后，企业需利用拆卸及废料回收技术对产品使用结束后产生的废弃物进行处理，使其可以参与产品的下一个生命周期。

2.6 低碳产品设计实践

2.6.1 数字化在低碳产品设计中的应用

当前，数字化技术广泛渗透于生产生活之中。随着数字经济的蓬勃发展，以数字化转型整体驱动生产方式、生活方式和污染治理方式的变革，成为推动工业低碳绿色发展的重要途径。数字化赋能使制造业低碳转型具有精确性、时效性及全流程系统性的优势，并帮助企业实现准确、高效的碳排放关键数据采集、处理、分析和专业应用，实现"源头－过程－末端"的系统性流程控碳。当前，数字化技术主要从以下三个方面帮助制造业实现低碳转型。

（1）低碳制造体系设计。将绿色环保思想贯穿工业生产全过程是制造企业实现生产流程低碳设计的基本途径。应充分利用工业互联网、大数据、人工智能技术，推动工业领域的绿色低碳技术的发展，使能源管控实现可视化、可控化，进而实现节能减排和绿色生产、完成产业结构优化的任务；并通过加强数据分析和挖掘，建立绿色采购、制造及营销等活动的绿色制造公共服务平台，以支持工业企业的绿色转型升级。以通用电气公司为例，它利用其独特的数字化工业优势，依靠强大的大数据分析团队及制造能源管理系统高级数据分析平台，推进工业经济数字化，提升节能管理成效。

（2）能源结构优化设计。传统能源行业，包括石油、化工、建材、采矿等流程制造行业以智能化水平较低的生产工艺为主，普遍存在能源消耗量大的问题。运用人工智能、工业机器人等技术，对工艺流程和物料调度进行智能化升级，可以实现生产过程的优化控制，提高设备的利用率，降低能源消耗及生产成本，从而达到制造能源结构优化的目的。以冶金业为例，它利用辨识模型和深度学习技术对矿浆品位检测及粒度检测等技术进行升级，以提高控制的精确度。据统计，辽宁排山楼金矿在引入上述数字化技术后使得原有设备的物料消耗减少了20%。

（3）碳排放检测管理设计。企业生产过程中所涉及的碳排放环节通常较多且涉及的能源消耗种类丰富，导致能量消耗效率统计颇具挑战。引入基于工业互联网的数字化碳能管理系统，可准确采集各个生产环节产生的碳排放量数据，进而为企业进行低碳管理提供有效的分析工具。以超威电源集团有限公司为例，该公司开发了电池全生命周期物联网管理系统，对电池生产过程中涉及的供应商和产品生产销售数据信息进行采集，从而实现电池生产过程的碳排放全面管理。

2.6.2 家电产品低碳设计实践

家用电器产品主要包括黑色家电、白色家电及新兴智能家电。黑色家电是指为消费者提供娱乐和休闲体验的家电产品，主要包括彩电、音响、照相机等；白色家电是指可以代替消费者进行家务劳动、提高消费者生活质量的家电产品，包括洗衣机、空调及冰箱等；智能家电则是指具有自学习、自适应、自协调特征的家用电器产品。

（1）黑色家电绿色设计。黑色家电通过电路板和电子元器件将电能转化为声音、图像等，其可持续发展表现在很大程度上取决于产品材料、制造工艺及废料回收对环境的影响程度。因此，企业可通过选择绿色材料、优化制造工艺、完善产品废物回收等方式实现绿色设计。以索尼彩电为例，其在产品的设计过程中采用先进的OLED技术。采用该技术生产的电视相较于传统液晶电视而言可以节省约30%的能源消耗。Bose耳机在绿色产品设计方面，不仅通过采用节能电路和低功耗设计等方式延长电池的续航时间、减少能源消耗，还提出了一项具有严格标准的产品翻新和认证退换货计划，以消除废旧产品对环境带来的影响；同时，Bose耳机在产品包装设计方面，尽量缩小包装尺寸，并使用环保材料，以减少材料的使用。同样地，佳能相机在产品设计过程中积极推动数字存储媒体，以减少废弃胶片和化学药品的使用，进而减少产品对环境产生的影响，从而更好地服务于可持续发展的要求。

（2）白色家电绿色设计。白色家电主要通过电机将电能转化为动能、势能支持产品进行工作，其绿色设计的核心是通过技术创新全面提升产品的能效水平。以冰箱为例，通常可以通过减少冰箱保护壳体漏热、优化压缩机设计、改进蒸发器和冷凝器的性能等方式提升产品的效能水平。长虹美菱公司开发的"0.1度变频技术"将变频一体化压缩机驱动技术和冰箱主控技术相结合。与普通冰箱相比，采用新变频技术的冰箱能耗可降低30%左右。

（3）智能家电绿色设计。智能家电通过一体化的自动控制系统根据消费者习惯主动调整家电相关参数。相对于传统家电，智能家电通过搭载自动节能控制系统降低产品的能源消耗，包括通过控制系统使家电设备根据天气因素调整适宜的温度、使热水器检测燃气安全并适时自动断电等。以空调为例，在产品设计阶段加入光感智能系统后，空调可以根据光源强度自动降低风速并开启无光感睡眠模式，进而与消费者的习惯相匹配，避免过度使用造成的能源消耗。

2.6.3 家具产品低碳设计实践

家具产业是我国经济发展的重要产业。长期以来，其以满足市场需求为主要目标，很少考虑对自然环境产生的影响，因而成为工业排放的主要行业之一。家具产业生产过程造成的污染排放主要来自生产过程、产品包装及运输等环节。统计数据显示，2016年全国家具制造业挥发性有机物的排放量占工业涂料行业挥发性有机物的25%。伴随着全球消费者对绿色产品的需求及相关环保政策的出台，践行绿色可持续发展目标成为家具企业发展的必经之路。在可持续发展目标指引下，家具产业通常从以下三个方面开展绿色产品设计。

（1）材料绿色化设计。家具产品的材料需求以木材、钢铁、有色金属和塑料为主。为提高材料的绿色属性，家具企业在考虑产品的功能需求和使用寿命的基础上，对材料的经济效益和环境效益进行分析，进而选择低能耗、低成本和污染少的材料。作为衡量材料的指标，经济效益包括原材料的成本、加工费及回收成本等；而环境效益包括资源利用率、有害气体释放量等。曲美家居在原材料方面研发了零甲醛添加的原木结构板，使原材料在更接近天然木材的同时，大幅度降低挥发性有害气体的排放量。据统计，新型材料的排放量仅为国际规定释放量标准的18%。

（2）结构模块化设计。结构模块化设计可以有效地简化产品结构、提高产品可拆卸能力并方便产品维修。家具产品通常体型较大，采用模块化设计方法可将产品分解为易于运输的不同模块的组合，大幅度减少家具产品在运输过程中占用的装载空间，进而降低运输过程中产品的碳排放量。此外，模块化家具使家具可以通过结构模块的自由组合具有多种功能，在满足消费者个性化需求的同时延长产品的寿命，实现绿色环保的目的。瑞典的宜家公司采用模块化设计方法将家具拆分为可以组装的组合产品，充分利用材料，提高材料的利用价值并减少碳排放量。

（3）包装减量化设计。从家具产业的整体情况来看，原材料优势往往会对家具产业的发展产生重要的影响。由于自然资源优势具有区域性，家具产业同样具有区域聚集性，这使得家具产品的销售往往要依赖物流运输。因此，在家具的整个销售过程中，家具包装有着十分重要的地位。为了减少运输对家具产生的不利影响，家具包装对缓冲材料的需求量较大，通常存在过度包装的问题。采用结构模块化设计方法后，家具产品由不同的模块组成，为减量包装提供了可能性。例如，企业不再需要大量的缓冲材料来包裹整个家具产品以实现保护的目的，只需在模块之间增加一小块缓冲材料就可防止运输过程中因摩擦而导致的刮痕，进而减少对包装材料的需求以实现环保目的。

2.6.4 交通运输产品低碳设计实践

随着经济的持续发展，人们对于出行的刚性需求不断增加，如何在满足人们出行需求的同时避免对环境造成不利影响，成为"双碳"目标下交通运输行业必须解决的问题之一。据统计，目前我国交通运输产生的碳排放量占全国碳排放总量的10.4%，且主要来自运输过程中交通运输工具燃料燃烧产生的二氧化碳排放。因此，降低运输过程中的能源消耗是交通运输产品低碳设计需要解决的关键问题。为实现以上目标，交通运输产品主要从以下三个方面入手。

（1）制造材料轻量化设计。交通运输产品在运输过程中所耗能源与产品重量之间有紧密的联系，因此使用轻量化材料是帮助车辆降低使用过程中能源消耗量的最直接的方法之一。例如，梅赛德斯-奔驰 GLC 级车型采用的铝制混合车身大约会比传统钢制车身轻 50kg，从而降低其在运输过程中的能源消耗量。据统计，每利用 1kg 铝替代低碳钢、铸铁或高强度钢材可帮助汽车行业在使用阶段减少 13～20kg 的温室气体排放量。

（2）能源消耗清洁化设计。交通运输产品生命周期中大部分的排放都是在使用阶段产生的。交通运输产品行业据此开展了产业转型升级，推出新能源汽车，以降低产品能源消耗量并实现可持续发展目标。据统计，与传统燃油车相比，新能源汽车二氧化碳排放量将减少约 32%。如今，新能源汽车已经成为我国绿色经济的重要支柱产业。作为新能源汽车的头部企业，比亚迪公司积极推进新能源汽车在公交、城市卡车及私家车等领域的应用，并开发了一系列核心技术以支持汽车行业转型发展。以 DM-i 超级混动技术为例，该技术改变了传统混动技术以油为主的设计架构，加速了私家车电动化进程，减少了汽车使用过程中产生的尾气排放量。截至目前，比亚迪新能源汽车累计销量超 100 万辆，累计减少二氧化碳排放量超 548t。

（3）报废产品回收化设计。随着社会经济的蓬勃发展，我国汽车保有量不断提升，汽车报废问题也愈加严重。据统计，2021 年年底，我国机动车保有量达 3.95 亿辆，按照国际报废比例水平推算，潜在汽车报废规模极大。我国传统的汽车报废处理方式主要涉及车辆拆解压扁后的废钢处理，其中汽车价值占比最大的发动机、方向机、变速器等必须作为非金属强制回炉。在该方式下，回收公司往往根据车辆重量及废钢价格来对报废车辆进行估值，导致参与报废回收的车主所获收益不超过千元。因此，相较于程序烦琐的车辆报废回收，车主通常倾向于选择将报废车辆直接丢弃，这间接导致我国报废车辆的回收率仅为 0.75%，与国际 3%～5% 的汽车报废回收率相差甚远。

为了规范报废汽车回收行业发展，我国出台了《报废机动车回收管理办法》，将报废机动车的收购价格由按废金属计价改为由市场主体自主协商定价，并允许报废拆解企业将汽车价值占比较大的零部件销售给具有再制造、再利用资格的企业，以激发车主、拆解企业及制造企业参与报废汽车回收利用的积极性。在此背景下，如何在设计阶段提高产品的可拆卸性成为交通运输企业需要解决的关键问题。以发动机为例，汽车发动机进行回收利用首先需要将废旧发动机进行拆卸和分类。因此，以潍柴再制造有限公司、广州花都全球自动变速箱公司为代表的汽车零部件制造公司不断增强发动机、自动变速器、发电机、起动机、转向器等零部件的可拆卸性，从而助力报废汽车的回收再制造。

思考与练习

1. 什么是低碳产品设计？
2. 低碳产品设计的方法有哪些？
3. 如何计算产品和生产过程中产生的碳足迹？
4. 低碳产品设计如何反映企业的社会责任和可持续发展理念？
5. 如何通过低碳产品设计降低产品生命周期内的环境影响和碳排放量？

第 3 章

设施选址与设施布置

📖 学习目标

1. 了解设施选址的概念、影响因素
2. 熟悉各类设施选址的基本步骤、方法
3. 了解设施布置的基本内容、目的和基本原则
4. 掌握设施布置的常见形式
5. 熟悉低碳设施选址的影响因素和方法
6. 熟悉低碳设施选址的目的、方法和低碳设施布置

📖 引例

麦当劳"零碳餐厅"首店选址首钢园

近年来,越来越多的消费者追求绿色低碳的生活方式,零售餐饮等生活服务业的诸多品牌也陆续将绿色低碳纳入品牌理念并付诸实践,比如鼓励消费者自带餐具等。麦当劳作为国际知名连锁餐饮品牌,在绿色经营方面一直走在同业前列。

2022年9月20日,北京麦当劳首钢园得来速餐厅正式开业。与众多麦当劳连锁餐厅不同的是,首钢园餐厅按照国际权威绿色建筑认证"能源与环境设计先锋评级"(Leadership in Energy & Environmental Design Building, LEED)的零碳排放和零能耗标准设计与建造,将成为中国首家"零碳餐厅"。该餐厅从建设到经营处处秉持"零碳理念"。比如,餐厅屋顶有面积超2 000m^{2}的光伏发电系统,其发电量可满足餐厅日常用电,并为餐厅每年减少200t碳排放量。餐厅餐椅的制造材料是可回收的海洋塑料,包装袋、吸管等耗材由100%可持续森林认证原纸(FSC)等环保材料制作而成。而餐食原材料都是本土采购或者可持续采购的新鲜食材。餐厅内还设置了"网红打卡处"亲子单车,顾客可以在娱乐的同时为手机无线充电。简而言之,顾客在此可以全方位感受未来餐饮店发展的绿色模式。那么,第一家"零碳餐厅"为何要选址在首钢园呢?

从地域上看,一线城市消费者的低碳意识会略高于二、三线城市,所以一线城市是企业打造自身绿色环保形象的最优选择。首钢园位于北京西部,占地面积8.63km^2。100多年

前,这里曾是一片热火朝天的生产景象。时至今日,透过这里保留着的老旧工业建筑和生产设施,还能看到曾经钢铁巨人的身影。如何在保留特色的基础上焕发新的生机,成为首钢园改造的难点。最新的北京市城市规划中将首钢园定位为传统工业绿色转型升级示范区,"绿色"成为首钢园的新标签,是首钢园成为城市新标杆的基础。首钢集团党委常委、副总经理梁捷说:"麦当劳'零碳餐厅'落户首钢园,是城市、社区和企业绿色发展的深度融合。"他表示低碳零碳模式的探索对于首钢园和麦当劳来说都具有重要的意义。其中整合能源供给的探索,实现了碳排运营平衡及反哺社区的目标,是园区绿色发展的重要一步。首钢园将继续致力于为所有入驻商户提供高品质的配套服务,驱动实现新的绿色价值创造,共建可持续发展的跨界融合的都市型产业社区。

资料来源:《麦当劳中国首家"零碳餐厅"亮相首钢园,点面结合探索餐饮减碳创新之路》,https://baijiahao.baidu.com/s?id=1744477863579158568&wfr=spider&for=pc。

思考: 麦当劳"零碳餐厅"为何要选址在首钢园?

3.1 设施选址

选址问题的研究内容十分广泛,从城市、产业带、经济技术开发区、跨国经济集团分公司到机场、水利设施、人类居住区、销售网点及仓库、配送中心等的区位决策都属于选址问题的范畴,涉及经济、政治、社会、管理、心理及工程地质等多门学科。设施选址是众多选址问题的一个重要领域。本书所涉及的设施是与生产、商业流通及人类生活有关的用地规模相对较小的具体网点、场所,如工厂(或生产中心)、仓库、消防站、变电站、污水处理中心、加油(气)站、铁路货运编组站、交通枢纽、产品销售网点等。

此外,设施选址中应用的方法主要依靠运筹学、拓扑学、经济学等量化分析,这也是设施选址与其他选址问题的重要区别。设施选址是一个十分古老而又经典的领域,侧重于解决生产、生活中的各种实际问题。早在1909年德国经济学家阿尔弗雷德·韦伯(Alfred Weber)在其工业区位论文中就曾研究过如何使单个仓库不同客户间的总距离最短。这篇论文是设施选址领域的里程碑,它的发表标志着设施选址问题进入科学研究的时代。1929年,另一位早期设施选址研究学者哈罗德·霍特林(Harold Hotelling)在其发表的论文中考虑了两个竞争供应商在一条直线上的区位选择并构建选址模型。随着市场变化日趋复杂,实际生产、生活中运输时间、需求量、需求分布及设施建造成本等不确定性增加,低碳设施选址变得更为重要。

3.1.1 设施选址的概念和重要性

设施是车间、设备、仓库、营业厅等开展生产、加工、办公及附属服务所需的物理实体或赖以进行的硬件手段。设施选址(Facility Location)是指运用科学的方法决定设施的地理位置,使之与企业的整体生产运作系统有机结合,以便经济、有效地达到企业的经营目标。

设施选址不仅仅是新建企业所面临的问题，也是老企业在谋求发展时，如改建、扩建、兼并与联合时必须做出的一项重要决策。对于企业来说，地址一旦选定，除非不动资产完全租赁，否则企业的大部分不动资产也就固定下来了，而且在很大程度上限制了企业的经营费用，从而影响企业的生产运作管理活动和经济效益。虽然选址问题由来已久，但将它作为一门科学来研究则是进入20世纪以后的事情，尤其是21世纪以后，伴随着经济全球化的发展，全球化范围的选址问题逐渐引起广泛重视。

首先，设施选址影响企业的竞争力。选位与定址的地点对初始投资额及投产后产品和服务的成本会产生很大的影响，比如与原材料产地的距离、与客户的距离、所选地区劳动力资源丰富程度、当地消费水平（尤其是区域性消费品）、生产协作条件等。企业的投资成本和运行成本是企业经营成本的重要组成部分，它们的大小直接影响企业价值和企业竞争力。

其次，设施选址影响企业的运营管理，这是由于不同的选址会影响企业生产运作过程的结构状况。如新建工厂所在地的基础设施情况决定了企业的生产系统是否需要自备动力或热力等生产运作附属设施，从而影响工厂新建速度和生产运作系统的结构；供应来源的可靠性和便利性决定了企业所建仓库面积大小和运输工具的类型与规模等。同时，不同地方的风俗习惯、生活标准、教育水平不同，要求采取相应的管理方式，否则会影响职工的积极性，产生不同的生产运作经营效果。

选址建厂是一项巨大的永久性投资，一旦工厂建成，若发现厂址选择错误，则为时已晚，难以补救，除非选择提高当期运行费用、采取租赁设施的方式。而选址本身又是一项比较困难的决策，影响因素很多且矛盾重重。因此，必须权衡利弊，选出总体上效益最好的方案。

3.1.2 设施选址的影响因素

生产运作活动是整个企业经营活动的一个重要组成部分，应该用系统的观点来考虑选址问题。在这里，我们将其总结为：经济成本因素、市场因素、政治因素、生态环境因素及社会文化因素。

1. 经济成本因素

不同企业在选址问题上有不同的偏好，制造型企业选址追求的是成本最小化，服务型企业一般追求收益最大化。所以，企业选址的最终目的实际上就是为企业带来最大的收益。追求收益的最大化，必须努力使总成本最低。设施选址的目标之一就是降低成本，成本主要包含运营成本、原材料采购成本、运输成本和人力成本等。

（1）运营成本。拟选厂址所在地的基础设施状况对于企业正常的经营活动至关重要，直接影响企业运营成本。基础建设主要是指能源供应是否充足、通信设施是否完善、交通运输是否便捷等。此外，当地政府是否愿意投资建设一流的配套设施对企业选址也会产生重要的影响。

近年来，各大城市大力发展工业或高新园区的原因之一就是建设完善的园区能够大幅降低入驻企业的运营成本，从而吸引优质企业入驻，最终达到促进当地经济、科技、文化发展的目的。园区一般包含完善的能源、运输等生产配套设施，商超、餐饮、交通等生活设施，这些设施的存在都会极大地降低企业的运营成本。美国的硅谷、中国的苏州工业园区等知名园区不断发展壮大，已经成为当地的一张经济名片。

（2）原材料采购成本。产品类设施选址必须考虑所需原材料和其他物资的采购难易程度。对于原材料成本较高或者运输困难的产品类设施，比如矿石加工厂，接近原材料产地能够保证原材料质量、降低采购成本。对于原材料容易腐烂的肉、蛋、奶等食品相关产业，选址还需要考虑新鲜原材料的易得性和储存条件。随着物流的快速发展，采购成本对服务类设施选址的限制越来越小，比如发达的生鲜包装技术和较低的空运成本使得一些地方特色菜肴能够做到足不出省。

（3）运输成本。现代化大生产或服务运作，各企业之间存在密切的联系，形成一条条彼此关联的供应链。所以，必须在选址时考虑素质高和竞争力强的供应商的所在地。就制造业而言，距离主要供应商的工厂近一些，也是精益生产方式的需要。对于处于供应链下游的企业，设施选址接近市场也是降低运输成本的方法之一，比如将生鲜仓储建立在生鲜销售区域内等。

（4）人力成本。人力成本是生产产品和提供服务的企业都不可忽视的重要成本。选址所在地的人力资源充沛程度、与企业需求匹配程度都会直接影响企业的人力成本和生产效率。劳动密集型企业更倾向于选址在工资水平较低的地区，比如东南亚一些国家借助自身劳动力优势成为许多国际品牌的代工厂选择地。我国一些企业从"北上广"超一线城市撤退到成都、武汉等新一线城市也是出于对人力成本的考虑。技术密集型企业则重视选址地区劳动力的专业知识水平。通常而言，地区内的高校数量及相关专业每年的毕业人数能够代表当地劳动力的专业知识水平，企业在进行选址时可用这一数据进行衡量。

2. 市场因素

在降低成本的同时，企业还需要考虑增加收入，所以设施选址需要将市场因素纳入考量。

（1）接近顾客。对于处在供应链下游的企业而言，设施选址接近顾客能够降低产品的运输成本，增加产品投放市场的时效性，有助于保持存量顾客，吸引流量顾客，增加销售收入。

对于服务类企业，接近市场显得尤为重要，以便及时了解需求信息并随时听取顾客的反馈意见，并将产品尽快地送达顾客手中，提高服务水平，同时也可以确保产品的生产与顾客的需求保持一致。零售业或生活服务业与目标消费者的距离直接决定了服务类设施的绩效，所以该类企业一般选址在人流量较大的区域。但一些服务类行业，比如金融或者咨询类企业则会选择在明确功能性的区域比如繁华的CBD中，以此打造相匹配的企业形象。

（2）竞争程度。选址周边的竞争激烈程度是设施选址的一个重要市场因素。通常认为，一个地区总的消费能力是有限的，所以设施选址尤其是设立新址要考虑周边区域内已有的同质产品或服务的丰富程度，比如单个社区内一般只能存活一个大型生活超市。但是当市场容量较大时，一定的市场竞争会形成良性循环，给各个竞争方都带来更多的客流量，形成浓厚的商业氛围，比如知名快餐店肯德基和麦当劳经常比邻而立。这一规律不仅仅适用于服务类设施，产品类设施扎根在同一工业园区时，共享完善的基础资源和基础建设，还能够吸引更多的劳动力资源，获得更加完善的生活配套设施。

3. 政治因素

政治因素包括政局是否稳定、法制是否健全、税赋是否公平等。比如，20世纪90年代的海湾战争就使得在此地区设厂变得极具风险，所以一些跨国公司改变了其在此地区的选址战略。同时，虽然世界经济一体化的进程越来越快，生产运作全球化使得世界竞争更趋激烈，但有一些地区的地方保护仍然很严重，这也会影响企业的选址。

此外，政府的经济政策对企业选择尤为关键。比如，国际贸易区或自由贸易区是典型的封闭式工厂（在海关的监督下），货物可不必按照海关的规定运进来。自由贸易区内的制造商可先在其最终装配中使用进口元件，允许延期支付相应关税，直至产品运抵使用国。设施选址在自由贸易区的企业能够享受便利的配套基础建设和公共服务，以及较大力度的政策支持。

除了国家的经济政策、政府的法律法规等较为宏观的政治因素，地方政府制定的吸引投资的优惠政策和措施也是考虑因素之一。这一点对于低碳企业尤为重要，因为低碳企业在发展初期离不开相关政策的帮扶。设施选址在帮扶力度较大的地区，企业的发展会更加顺利。

对于当今的企业来说，跨地区、跨国家进行生产协作，在全球范围内寻找市场已经是不得不为之的事情之一。因此，企业应该根据促使生产运作全球化的原因，具体分析本企业的产品特点、资源需求和市场，在进行设施选址时慎重考虑政治因素的影响。

4. 生态环境因素

不少国家出台了关于环境保护或可持续发展的法案或政策，我国提出了"绿水青山就是金山银山"的理念，并且在各类政策下采取了强有力的环境保护措施并取得了突出成效。再加上近年来全球变暖等环境问题导致的极端天气频发，使得人们对环境保护的重要性有了切身感受。从国家政策到个人认知，环境保护已经成为社会层面的共同意识。

环境保护不仅影响某一企业的选址，还会影响某些行业的选址，因为它既影响可测量的潜在成本，还会影响与社区的关系。社会环保意识对选址的影响主要体现在两个方面：一方面，因为社会层面环保意识的增强，很多社区甚至地区抬高企业在环境保护方面的准入门槛，导致高污染或者高能耗的企业设施选址范围缩小。另一方面，政府政策的激励、消费市场的需求及企业对社会责任的重视等诸多因素都促使很多企业开始向"绿色低碳"转型，新建或者购入低碳设施。

5. 社会文化因素

社会文化因素包含区域内人们的意识形态、宗教信仰、传统习俗、消费观念等方面。企业在选址时还必须考虑国家（或当地）的社会文化背景的影响。

3.1.3 设施选址的步骤

影响选址的因素不仅多，而且还相互冲突，比如究竟要接近原材料还是接近顾客等问题。所以，企业在分清主次、综合权衡各类因素后，还需要遵循科学的步骤来开展选址工作。具体而言，设施选址一般包含以下步骤。

（1）明确选址目标。设施选址的第一步是明确选址的目标，设施选址的目标应该与企业发展战略相匹配，服从全局设施布局。比如，新建厂房和搬迁旧厂的选址目标肯定不同。明确选址目标后，企业还需要将目标细化到具体的物、料、财的准备和计划中，比如列出设施的建设和生产规模、制定设施运作的作业流程、制定与之匹配的财务预算等。之后，根据目标和细化的准备工作，企业需列出影响选址的因素，并选取合适的计算方法形成对比备选地点的依据。

（2）选择地区。这一步也被称为"选位"，即选择什么地区（区域）设置设施，沿海还是内地、南方还是北方、国内还是国外等。地区的选择更加侧重于考量一个地区的宏观因素，比如各地区工商税务方面的政策等。这一步需要通过实地走访等方式尽可能地收集当地政策、经济发展现状、风土人情等信息，并进一步通过分析这些信息，列出各备选地区的优缺点并进行排序。

（3）选择地点。这一步骤是在已经确定好的地区中选择具体的地址，也被称为"定址"。设施定址包括这样两类问题：一是选择一个单一的设施位置；二是在现有的设施网络中布置新点。相比于选择地区，选择具体的地点难度更高，因为同一地区内各地点往往难分伯仲，这时就要借助下面的定性或者定量方法进行地点的选择。

3.1.4 设施选址的方法

1. 单一设施选址

单一设施选址是指独立地选择一个新的设施地点，其运营不受企业现有设施网络的影响。在有些情况下，所要选择位置的新设施是现有设施网络中的一部分，如某餐饮公司要新开一家餐馆，但餐馆是与现有的其他餐馆分开独立运营的，这种情况也可看作单一设施选址。单一设施选址又分以下四种方法。

（1）负荷距离法。负荷距离法的目标是在若干个候选方案中，选定一个目标方案，使总负荷（货物、人或其他）移动的距离最小。例如，快餐行业追求与终端零售市场尽可能接近时，使用这一方法可从众多候选方案中快速筛选出最有吸引力的方案。这一方法也可被用于设施布置中。

（2）因素评分法。因素评分法可能是使用得最广泛的一种选址方法，因为它能将定性的因素定量化，并以简单易懂的方式综合对比各种不同因素。但是这一方法具有很强的主观性，因为因素评分法的权数和等级通常依靠人的主观判断，只要判断有误差就会影响评分数值，最后影响设施选址决策。

具体步骤如下所述：

- 列出影响企业选址的主要因素，形成一份可比较处理的因素清单；
- 赋予这些主要影响因素以权重，如权重系数以 0.05 为级差反映它在选址中的相对重要程度，其总和为 1；
- 确定每个影响因素评分的取值范围，如以 10 为级差从 10 到 50 表示由低到高的评分；

- 请相关专家和领导对每个候选企业选址方案进行评价和打分，计算各方案总分；
- 再组成企业选址决策组进行定性分析，通常选择总分数最高者为最优推荐方案。

目前关于确定权数的方法很多，比较客观、准确的方法是层次分析法。该方法操作并不复杂，有较为严密的科学依据，所以我们推荐在做多方案多因素评价时尽可能采用层次分析法。

（3）盈亏分析法。盈亏分析法是厂房选址时采用的一种基本方法，亦称生产成本比较分析法。这种方法基于以下假设：可供选择的各个方案均能满足厂址选择的基本要求，但各方案的投资额不同；投产以后，原材料、燃料、动力等变动成本不同，但在一定范围内与产量成正比；只生产一种产品。这时，可利用损益平衡分析法的原理，以投产后生产成本的高低作为比较的标准。

主要步骤如下所述：

- 确定每一备选地址的固定成本（F）、变动成本（C_v）和单位产品售价（p）；
- 绘制出各地点的固定成本、总成本线与销售收入线；
- 寻找总成本最低或者总利润最高的地点。

在图 3-1 中，F 代表固定成本；C 代表总成本，（固定成本与变动成本的总和）；S 代表销售收入，即产量与单位产品售价的乘积；Q_0 点即为盈亏平衡点。

（4）重心法。重心法是一种布置单个设施的方法，这种方法通过考虑现有设施之间的距离和运输的货物量来追求最低物流成本。它经常用于中央仓库等的选址。这一方法的主要思路是建立坐标系，并标出相关地点（主要销售点等）的坐标，然后利用以下公式确定重心，选择最接近重心的备选地址。

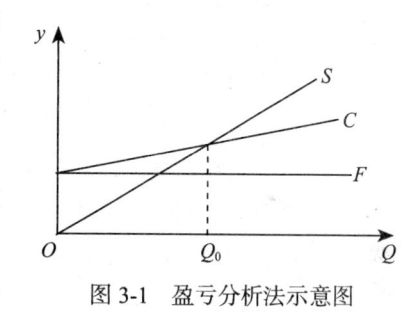

图 3-1 盈亏分析法示意图

$$C_x = \frac{\sum d_{ix} V_i}{\sum V_i}$$

$$C_y = \frac{\sum d_{iy} V_i}{\sum V_i}$$

式中，C_x 为重心的 x 轴坐标；C_y 为重心的 y 轴坐标；d_{ix} 为地址 i 的 x 轴坐标；d_{iy} 为地址 i 的 y 轴坐标；V_i 为第 i 点的货流量。

2. 设施网络选址

设施网络的新址选择比上述的单一设施选择问题更复杂，因为在这种情况下决定新设施的地点位置时，还必须同时考虑新设施与其他现有设施之间的相互影响和作用。如果规划得合理，各个设施之间会相互促进，否则就会起到负面作用。设施网络选址包括以下五种方法。

（1）中线模式法（Midline Method）。简单的中线模式法是一种厂址选择的方法。这种方法只假设坐标上最优的点（即使总的运输距离最短的点）是一个可行的建厂点，并不考虑在那里现在是否有道路，也不考虑自然地形、人口密度，以及其他许多在布点时应考虑的重要事项。

（2）德尔菲法（Delphi Method）。典型的布置分析考虑的是单一设施的选址，其目标有供需之间的运输时间或距离极小化、成本极小化、平均反应时间极小化等。但是，有些选址分析涉及多个设施和多个目标，其决策目标相对模糊。解决这类选址问题的一种方法是使用德尔菲分析模型，该模型在决策过程中考虑了各种影响因素。为降低权威对群体决策的影响，德尔菲法采用匿名方式收集专家小组成员的意见。小组成员只能单向填写问卷，不得横向讨论，如此经过几轮征询后，最终能够得到趋于一致的判断。除了匿名开展和反馈及时，德尔菲法还在统计中具有优势。群体决策的最终结果一般只反映多数人的意见，忽略少数人的想法，而德尔菲法的统计结果还报告了四分位数和中位数。

（3）启发式方法（Heuristics Method）。启发式方法只寻找可行解，而不是最优解。负荷距离法中的重心法就是一种启发式方法。当前，有许多计算机化了的启发式方法，可解决规模较大的问题。早在20世纪60年代，就有人提出了用启发式方法解决大型设施选址问题。目前，启发式方法已经被广泛应用在很多场合。

模拟退火算法（SA）基于蒙特卡洛（Monte Carlo）迭代求解策略的随机搜索，在最优解搜索策略中引入了适当的随机因素，对目标函数一般不需要特殊的限制条件，在大型设施选址中被普遍应用。

（4）模拟方法（Simulation Method）。模拟方法试图通过模型重现某一系统的行为或活动。这样不必实地建造并运转一个系统，避免潜在的巨大浪费，或根本没有可能实地进行运转实验。模拟方法有许多种应用，在选址问题中，模拟可以使分析者通过反复改变和组合各种参数，多次试行来评价不同的选址方案，模拟方法可描述多个方面的影响因素，因此比运输表法有更大的实用意义。

（5）运输表法，也称运输模型（Transportation Model）。运输表法实际上就是一种优化方法，虽然只是对某一方位问题求最优解。这种方法求出的不是可行解、满意解，而是最优解，即在所有可能的方案中，不会有比它更好的了。

但是由于这种方法要从理论上证明是最优的，所以它在使用上有两大局限性：第一，它要求模型必须较抽象、较简单，否则求不出解，但由此使模型的描述距实际较远；第二，很多定性因素被忽略了，因此不可能在考虑定性条件的情境下得出很多结论。

3.2 设施布置

3.2.1 设施布置的基本内容

设施布置是在给定的设施范围内对多个工作单元进行合理的布置安排，确定各部分的平面或立体位置，以及物料运输、人员流动的方式和路线，为该空间及企业高效的生产运作奠定基础。这里的给定设施范围可以是一家工厂、一个车间、一家超市等。工作单元包括企业的各种物质设施，比如机床、器械、休息室等。设施布置是在设施选址后进行的一项工作。

企业生产运作过程的运行最终要落实到具体的生产运作单位，由制造工艺要求或服务流程组成的众多生产运作单位来完成，所以明确运作单位是设施布置的第一步。由于企业生产运作的产品品种或服务项目众多，生产过程运作差别很大，生产运作方法各不相同，因此，不同企业生产运作单位的具体构成也不尽相同，没有固定模式。一般情况下，基本的生产运作单位类型有以下四类。

（1）基本生产运作单位。基本生产运作单位是指直接把劳动对象变为企业基本产品的生产运作单位。就制造业而言，基本生产运作单位可分成三种不同的类型：准备车间，其主要任务是为加工零部件准备毛坯料，机械制造业中的铸造车间、锻压车间、下料车间都属于这一类型；加工车间，其主要任务是把零件加工成形或使零件具有某些特定功能，如机加工车间、铆焊车间、热处理车间、电镀车间等；装配车间，其主要任务是把零件装配成部件和成品，一般可分为部件装配车间、总装车间等。

（2）辅助生产运作单位。辅助生产运作单位是指为保证基本生产运作单位的正常运行，提供各种辅助产品或劳务的生产运作单位。相对于加工产品而言，它属于间接生产。就制造业而言，辅助生产运作单位可分成两类：辅助车间（如工具车间、模具车间、机修车间等）与动力部门（如蒸汽室、锅炉房、压缩空气站等）。

（3）生产运作服务部门。生产运作服务部门是指为基本生产和辅助生产提供服务的生产运作单位。它又分成三种类型：运输部门（如汽车队、装卸队、起重队等），仓库（如原材料库、半成品库、成品库等），以及检验与计量部门。

（4）生产运作技术准备部门。生产运作技术准备部门是指为生产运作提供技术服务的部门，如研究所、工艺科、试制车间等。

明确基本生产运作单位后，首先需要考虑布置空间内包含的生产运作单位的内容和数量。这一问题取决于企业类型、设施功能、企业整体规划、企业运营管理水平等多种因素。例如，规模较小的企业进行设施布置时可以将多个生产运作单位放置在同一空间内，而规模较大的企业则一般进行严格的分区规划。

其次需要考虑每个生产运作单位所需的空间大小及其自身的面积和形状。空间太小会影响员工的生产效率，甚至威胁其人身安全。而过大的空间则是一种不必要的浪费，会增加成本。考虑生产运作单位对空间的利用，就必须考虑组成生产运作单位的设备机器的形状和排列方式。比如固定空间内，机器一字排开和三角形排列对空间的占用程度完全不同。

最后需要考虑设施布置的相对位置和绝对位置。相对位置决定了物料、人员的移动路线，比如辅助车间与加工车间之间的位置等。绝对位置则更多地考虑与外部环境的适应性，比如仓库与主干道的距离等。

3.2.2 设施布置的目的与基本原则

生产和服务的设施布置是一项非常重要的工作，合理的设施布置能够配合各工作单元之间的分工协作，提升设施工作效率，有效地服务于企业的生产经营目标。设施布置一般需要遵循以下六项原则。

（1）符合制造工艺或服务流程的要求。设施布置首先应该以基本生产为中心，满足生产工艺过程的要求，符合制造工艺或服务流程，保证全空间的工艺流程顺畅，方便生产或者服务活动的开展，提高生产效率。

（2）能够适应生产变化。设施布置在设计时不能是完全固定不变的，要考虑以后可能的生产变动及优化，尤其是后勤资源（水、电、暖等）的供应方面，要留有一定余地，方便未来的改造与调整。

（3）高效利用空间范围。高效利用内部空间，比如利用空间高度架设不同的管道等，能够节约用地，减少建筑工作量，缩短物流运输距离，降低企业成本，提高生产效率。高效利用空间范围还包含充分利用外部环境资源，比如生产类设施布局要考虑接入外部水、电、暖、网的便利性，以及道路规划时考虑与铁路、公路等运输系统的连接。

（4）满足安全环保要求。厂区布置还要有利于安全生产运作，有利于职工的身心健康，注意厂区及服务区的环境绿化和美化，并适当建有休息场所。同时，各生产运作部门的布置要符合环保要求，制造业厂区要有三废处理措施等。

（5）整体布局美观和谐。设施布局要考虑到空间内生产设施的整体性，使各生产运作单位之间协调运作，整体做到美观和谐，便于管理。

（6）方便扩建。为了适应企业未来发展的需要，在进行设施布置时，就必须考虑预先留出必要的扩展空间，在将来扩大生产运作规模时无须再重新选址和布置。当然，留有一定的发展空间不应是盲目的，而是在科学的战略和规划的指导下进行。

3.2.3 设施布置的基本形式

企业内部生产运作单位的设置有很多种形式，下面我们将介绍应用最为广泛的四种基本类型。

1. 工艺专业化组织形式

工艺专业化（Process Focus）又叫工艺原则，是按照生产工艺性质的不同来划分生产单位。在制造业工艺专业化的生产单位里，布置着同种类型的工艺设备，配备着同工种的工人，采用相同的工艺对企业的各种产品（零部件）进行加工。多品种、单件小批量生产如车工、磨工、镗工等小组（或工段、车间）适合用这一形式进行布置，如图 3-2 所示。

工艺专业化原则既有优点，又有缺点。其优点是：设备相同，空间布局相对来说容易，在生产任务饱满的情况下便于充分利用生产设备和生产面积；生产单位内只有一种或少数几种设备，便于对工艺进行专业化的管理，如工人技术培训、设备维修、技术指导等；设备按照相同的工艺配置，比较灵活，能较好地适应改变品种的要求。其缺点是：产品在生产过程中，经过的路线长，甚至有往返运输现象，运送材料和半成品的劳动消耗量较大；在生产单位之间运输时增加了产品的停放时间，容易造成在制品积压，生产周期长，占用流动资金多；生产单位之间的联系较多，使各生产单位的计划管理、在制品管理、质量管理等工作复杂化。

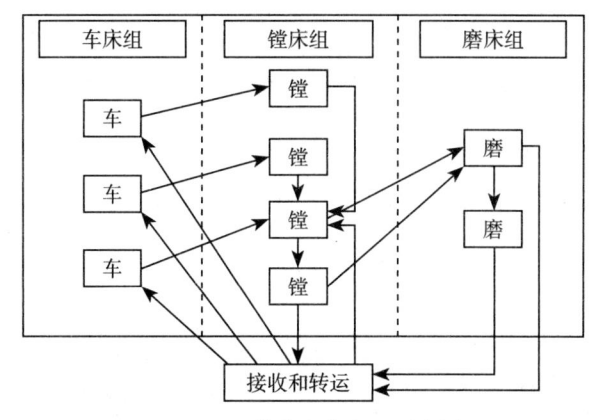

```
┌─────────────────────────────────────────────────┐
│  车床组      │    镗床组    │    磨床组         │
│              │              │                   │
│   ┌─┐        │    ┌─┐       │                   │
│   │车│←─────→│───→│镗│       │                   │
│   └─┘        │    └─┘       │                   │
│              │     ↓         │    ┌─┐           │
│   ┌─┐        │    ┌─┐       │    │磨│           │
│   │车│←─────→│───→│镗│←──────│───→└─┘           │
│   └─┘        │    └─┘       │     ↓             │
│              │     ↓         │    ┌─┐           │
│   ┌─┐        │    ┌─┐       │    │磨│           │
│   │车│←─────→│───→│镗│       │    └─┘           │
│   └─┘        │    └─┘       │                   │
│              │              │                   │
└─────────┬────┴──────┬───────┴──────┬────────────┘
          │           │              │
          └───────┬───┴──────────────┘
                ┌─────────┐
                │接收和转运│
                └─────────┘
```

图 3-2　工艺专业化布置示意图

工艺专业化布置的基本方法是"从至表法"（From-To Diagramming）。从至表法是一种寻找逐步最优解的方法，适用于设备数量较少的情况，其基本假设是相邻设施之间的距离相等且不考虑零件的数量和重量。从至表法的核心思想是列出不同生产运作单位之间的相对位置，以对角线元素为基准计算各工作点之间的相对距离，从而找到整个单位或生产单元物料总运量最小的布置方案。

表中的列为起始工序，行为终止工序，表中的对角线上方表示前进方向的移动次数，对角线下方表示后退方向的移动次数。从至表法就是以从至表为基础，在确定设备位置的前提下，以表中对角线元素为基准计算物料在工作地之间的移动距离。

采用从至表法来确定设备布置方案的基本步骤如下所述。

第一步：编制零件综合工艺路线图；

第二步：按照工艺路线图编制零件从至表；

第三步：调整从至表，使移动次数多的靠近对角线；

第四步：绘制改进后的从至表；

第五步：计算改进后的零件移动距离以验证方案。

从至表法是一种在产品品种较多、工艺顺序又不一致时，布置单行设备的试验方法。值得注意的是，对于简单的设备布置方案，可以用手工方式；如果设备数量较多，所加工的零部件品种和数量也较多，单是用试排的办法是不能解决这类复杂问题的，必须辅之计算机手段。

2. 对象专业化组织形式

对象专业化（Product Focus）又叫对象原则，是按照产品（部件、零件）的不同划分车间（或工段、小组）的布置形式。在制造业对象专业化的生产单位里，集中了为制造某种产品所需要的各种设备，配备相应的各种工种的工人，且工艺过程是封闭的，不用跨其他生产单位就能独立地生产产品，如发动机车间、底盘车间、齿轮车间、标准件车间等，如图 3-3 所示。对象专业化形式有利于大批量产品按照规定的路线迅速通过系统，适合大批量、需求稳定的产品。

材料库	① 钻床	② 焊接	③ 热处理	④ 磨床	⑤ 电镀	⑥ 检验	成品库
	① 锻压	② 车床	③ 钻床	④ 焊接	⑤ 铣床	⑥ 检验	

图 3-3 对象专业化布置示意

同样，对象专业化原则布置生产单位也有其优缺点。其优点是：可以极大地缩短产品生产过程中的运输路线，节约运输人力和运输设备；便于采用先进的生产组织形式，减少生产过程中的中断时间，缩短生产周期，减少在制品和占用的流动资金；减少生产单位之间的联系，简化计划、调度、核算等管理工作，还可使用技术熟练程度较低的工人。其缺点是：难以充分利用生产设备和生产面积（在产品产量不够的情况下）；由于工艺复杂，难以对工艺进行专业化的管理；一旦生产情况改变，则很难做出相应的调整。

鉴于制造业对象专业化和工艺专业化各有其优缺点，如表 3-1 所示，在实际工作中，往往可结合应用。也就是说，在一家企业内部，有些车间可能是按对象布置的，而另一些车间又可能是按工艺布置的。

表 3-1 对象专业化与工艺专业化对比

指标	对象专业化布置	工艺专业化布置
核心	同一产品	同一工艺
适用性	连续、大批量的组装产品	批量生产的制造产品
需求	稳定	变动
设备	专有设备	通用设备
库存	低在制品，高产成品	高在制品，低产成品
柔性	低	高
生产周期	短	长

究竟按哪种形式来进行生产过程的布置，必须从企业的具体条件出发，全面分析不同布置形式的技术经济效果，考虑企业长远的战略决策和当前生产经营的需要后再加以决定。一般来说，工艺专业化原则适用于品种多、批量小、生产过程变化大的生产单位和市场需要变化大、产品更新快的环境；对象专业化适用于品种少、批量大、专业方向明确的生产单位和市场需要量很大又比较稳定的环境。

3. 固定式布置

固定式布置（Fixed Position Layout）是指加工对象位置固定不变，作业人员和设备都随着加工产品或服务对象所在的位置转移的一种布置方式，如内燃机车、大型船舶等。固定式布置适合于体积庞大笨重、不容易移动的大型建筑项目或者产品，如图 3-4 所示。固定式布置需要注意错开各作业的时间，加强协调管理，避免阻塞工作现场。

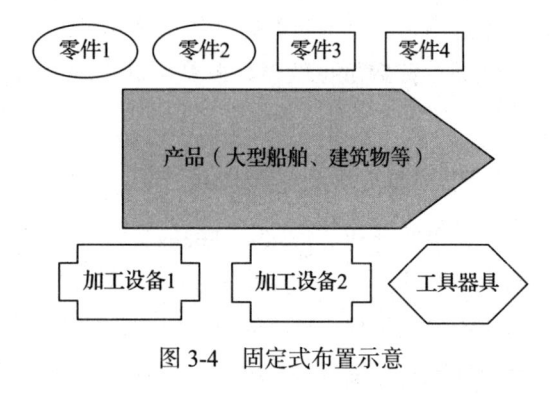

图 3-4 固定式布置示意

4. 成组单元组织形式与布置

成组技术（GT-group Technology），就是建立在工艺相似性原理的基础上，合理组织生产技术准备和生产过程的方法。自 20 世纪 50 年代成组技术在机械制造业中推广应用以来，其应用范围已由单纯的成组加工延伸到产品设计、制造工艺及生产管理等整个生产系统。成组技术已不再是单纯的工艺组织方法问题，涉及产品设计、工艺设计、标准化工作、生产管理、计划管理等许多方面。从实际上讲，成组技术是一种生产组织管理技术，与此对应的成组生产单元和成组流水线等先进的生产组织形式在设施布置中得到广泛应用。图 3-5 是成组单元布置示意。

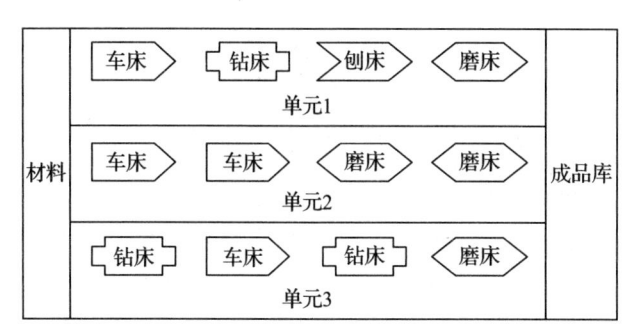

图 3-5 成组单元布置示意

由于工艺相似性和被加工零件的几何形状、尺寸大小、精度要求、材料或毛坯种类等密切相关，所以成组技术包含以下主要内容。

（1）对企业生产的所有零件，按照几何形状、尺寸大小、加工方法、精度要求、材料或毛坯种类的相似性，依据一定的分类系统进行零件的编码归类分组，达到"以码代形"的作用。

（2）根据划分的零件组，将同类型的零件组建为成组生产单元、成组生产线或成组流水线。成组生产单元是按完成一组零件全部工艺过程配置设备和工艺装备，同时也会按典型的工艺过程布置设备。成组生产单元形式上与流水线相似，但它不受节拍时间的限制。

（3）按照零件的分类编号，为设计新产品选用类似零件，并把零件的分类编号同标准化、通用化工作结合起来。工艺技术人员按照成组工艺的要求使用典型的工艺规程和相应的工艺装备。在生产管理上，按成组零件组织生产。

（4）成批生产单元将成为多品种、中小批生产的理想组织形式。它兼有工艺专业化与产品专业化两者的优点，既富有柔性，适应多品种生产的要求，又按一定的零件分类后形成的零件组进行布置，具有对象专业化的特征。

3.2.4 设施布置的方法

1. 基于工艺专业化的布置方法

基于工艺专业化的布置方法有物料流向图法、作业相关图法、线性规划法等，这里主要介绍前两种。

（1）物料流向图法。这种方法是根据生产过程中各单位和部门之间的物流量大小，确定各部门之间的相互位置。这种方法有利于降低运输费用，适合于运量较大的企业如制造业和商贸流通业企业。图 3-6 为某机械厂的物料流向图。

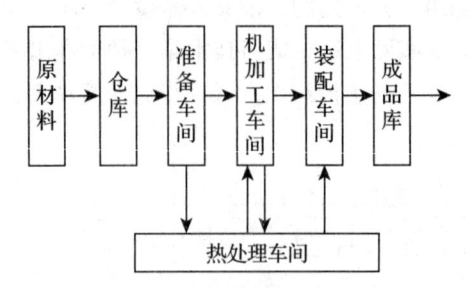

```
原材料 → 仓库 → 准备车间 → 机加工车间 → 装配车间 → 成品库
                        ↕            ↕
                        热处理车间
```

图 3-6　某机械厂的物料流向图

采用此方法进行布置时，首先要根据各产品的加工要求编制工艺路线图；其次，要绘制物料运量表和运量相关线图，清楚地表明各个单位之间的运量大小；最后，本着总运量最小的原则，把相互间运量大的单位尽量靠在一起，以找到合适的布置方案。

例题 3-1

某企业有 6 个生产单位，各生产单位的运量如表 3-2 所示。

表 3-2　各生产单位运量表

从＼至	01	02	03	04	05	06	合计
01		10					10
02			8	4		2	14
03				2	6		8
04		2			8	10	20
05				8			8
06							
合计		12	8	14	14	12	60

根据表 3-2 可绘出运量相关线图，如图 3-7 所示。

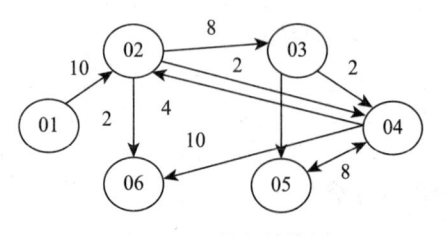

图 3-7　运量相关线图

由图 3-7 可知，04 车间和 05、06 车间，02 车间和 01、03 车间之间的运量最大，因此，在布置时应尽可能靠近，其他车间就可斟酌处理了。

（2）作业相关图法。作业相关图法是由穆德（L. H. Mood）提出的，它根据企业各个部门之间的活动关系密切程度布置其相互位置。其首先将关系密切程度划分为 A、E、I、O、U、X 六个等级（见表3-3）；然后，列出导致关系密切程度不同的原因（见表3-4）。使用这两种资料，将待布置的部门一一确定出相互关系，根据相互关系的重要程度，按重要等级高的部门相邻布置的原则，安排出最合理的布置方案。

表 3-3　关系密切程度分类表

代号	密切程度
A	绝对重要
E	特别重要
I	重要
O	一般
U	不重要
X	不予考虑

表 3-4　关系密切程度不同的原因

代号	关系密切程度不同的原因
1	使用共同的原始记录
2	共用人员
3	共用场地
4	人员接触频繁
5	文件交换频繁

例题 3-2

一家小型企业有8个组成单位，其生产活动相关性如表3-5所示。该表左边第一栏表示该企业的8个组成单位，其他栏用字母和数字表示两个单位之间的联系。英文字母按表3-3给出的意义表示两个单位的密切程度，数字按表3-4给出的意义表示两个单位关系密切程度不同的原因。

表 3-5　生产活动相关性示意

组成单位	1	2	3	4	5	6	7	8
1 原材料库		X	A=1, 3, 4	I=1, 3	X	U	U	O
2 成品库			X	U	A=1, 2, 3	X	U	O
3 毛坯车间				A=1, 2, 3	X	X	U	O
4 机加工车间					A=1, 2, 3	A=1, 2, 3	U	O
5 装配车间						E=1, 3	U	O
6 中间库							U	O
7 餐厅								U
8 办公室								

根据表3-5编制密切程度及总分统计表，如表3-6所示。

表 3-6　各组成单位密切程度及总分统计表

原材料库		成品库		毛坯车间		机加工车间	
与某单位密切程度	总分	与某单位密切程度	总分	与某单位密切程度	总分	与某单位密切程度	总分
A-3	6	A-5	6	A-1, 4	12	A-3, 5, 6	18
I-5	4	O-8	3	O-8	3	I-1	4
O-8	3	U-4, 7	4	U-7	2	O-8	3
U-6, 7	4	X-1, 3, 6	3	X-2, 5, 6	3	U-2, 7	4
X2, 5	2						
合计	19	合计	16	合计	20	合计	29

(续)

装配车间		中间库		餐厅		办公室	
与某单位密切程度	总分	与某单位密切程度	总分	与某单位密切程度	总分	与某单位密切程度	总分
A-2, 4	12	A-4	6	U-1, 2, 3, 4, 5, 6, 8	14	O-1, 2, 3, 4, 5, 6	18
E-6	5	E-5	5				
O-8	3	O-8	3			U-7	2
U-7	2	U-1, 7	4				
X-1, 3	2	X-2, 3	2				
合计	22	合计	20	合计	14	合计	20

由表 3-6 计算可以知道，机加工车间总分最高。所以，进行工厂总平面布置时应首先确定它的位置。毛坯车间、中间零件库、装配车间与机加工车间都是 A 类关系，所以应靠近布置。原材料库与毛坯车间、装配车间与成品库之间也是 A 类关系，应考虑安排在一起。装配车间与中间零件库之间是 E 类关系，也应尽量布置在一起。有了以上分析，就可按各组成单位的面积比例绘制工厂平面布置的草图，如图 3-8 所示。

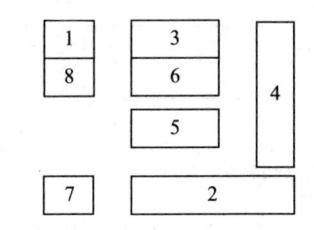

图 3-8 设施（工厂）平面布置草图

2. 基于对象专业化的布置方法

流水生产线是一种典型的专业化原则布置，是按照产品（零部件）生产的工艺顺序布置工作地，劳动对象在工作地做单向移动，使产品（零部件）连续地、协调地、均衡地在各个工作地按统一的节拍进行加工或装配，直到生产出成品的一种先进生产组织形式。

福特汽车在 20 世纪初创建了流水工作线，第一条流水线使每辆 T 型汽车的组装时间由原来的 12h28min 缩短至 90min，生产效率提高了约 8 倍。福特流水线把生产管理工作和生产技术的发展与完善密切结合起来，把管理工作从单纯对人的管理，发展到把人和机器联系起来，在管理学理论和实践中都具有重要的意义。最初的福特流水线采用单一对象流水线的形式，之后出现了多对象的可变流水线和成组流水线。20 世纪 50 年代至今，随着电子计算机和自动控制技术的发展，建立和发展了自动化、半自动化的流水线，出现了自动化的车间和工厂。现在，流水生产线已经是单品种、大批量生产的基本布置方式。

流水生产线具有以下优点：整个生产过程是连续、协调和均衡的；有利于机器设备和人力充分发挥作用；最大限度地缩短生产周期；缩短运输路线，工序间的在制品数量很少；工作地专业化程度高，便于采用专业设备、工具等。建立流水线要求企业生产的产品是大批量、同质的，而且其生产工艺可以被划分为不同作业单元。

在设计流水生产线时，需要计算节拍和工作地数，并且以此计算效率，通过对比效率来确定最佳的流水线设计。在改进流水线设计时，可以从减少最少工作地数或者缩短节拍着手。

$$节拍 = \frac{计划期内有效作业时间}{计划期内产量}$$

$$最少工作地数 = \frac{\sum 单项工作的作业时间}{节拍}$$

$$效率 = \frac{\sum 单项工作的作业时间}{最少工作地数 \times 节拍} \times 100\%$$

例题 3-3

加工 1 个零部件需要 10 项作业（见图 3-9），预计该零部件今年销售量会大增，每日的订单量增加到 50 个。企业准备采用流水线生产这种产品。工作制度为两班制，每班工作 8h，每班有 20min 休息时间。已知生产线的废品率为 2.2%，根据上述条件进行流水生产线的平衡。

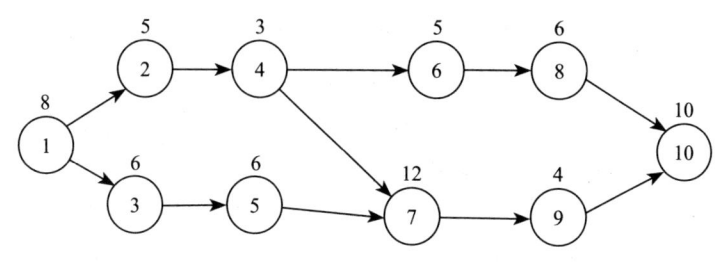

图 3-9　装配线工序关系图

$$节拍 = \frac{\frac{2 \times 8 \times 60 - 2 \times 20}{60}}{1 - 2.2\%} \approx 15$$

$$最少工作地数 = \frac{8+5+6+3+6+5+12+6+4+10}{15} \approx 5$$

图 3-10 给出了装配线工作地分配图。

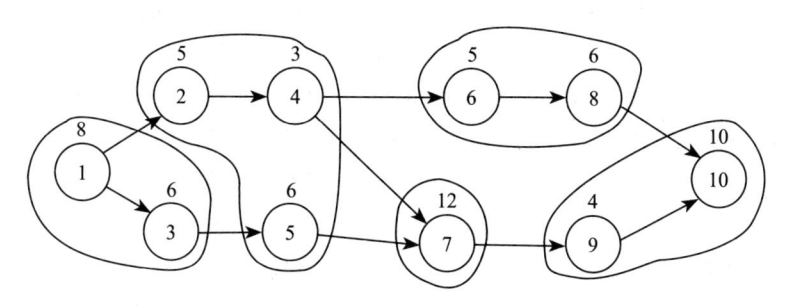

图 3-10　装配线工作地分配图

$$效率 = \frac{14+14+12+11+14}{5 \times 15} \times 100\% = 87\%$$

3.2.5　其他常见场景的布置

（1）仓储布置。仓储是制造业的重要一环，在制造业成本中占有很大比重，合理的仓储布局能缩短货物存取时间，降低仓储费用，进而节省运营成本。相对于其他生产类设施布置，仓储布置更加简单，因为仅涉及货物出入路线的规划，不涉及其他生产流程。

仓储布置的主要目的是寻找让总搬运量最小的布置方案，因此负荷距离法在仓储布置中应用十分广泛。根据货物所需货区面积不同，仓储布置可以分为两种情况：第一种情况是各类货物所需货区面积一致，此时只须把搬运次数最多的物品货区布置在靠近出入口附近，可得到最小总负荷数；第二种情况是各类货物所需货区面积不同，此时需要计算每种货物的搬运次数与所需货区数量之比，取该比值最大者放置在出入口，依次向下排列。

现代仓储布局还要考虑智能仓储管理系统带来的影响，比如计算机仓储信息管理系统能自主设计汇集不同货物的最佳装填和搬运路线；自动分拣运输线可以协助工作人员分区工作，减少人员移动等。

（2）零售布置。零售布置与生产布置有很大的区别，零售布置的目的是最大化每平方米面积的净收益。大型零售店布置的目的是通过功能分区和货架布置规划货物流和顾客流，同时兼顾环境设计，营造出能够激发顾客购买欲望的氛围，达到增加零售额的目的。小型零售门店比如连锁便利店或者干洗店等，设施布置强调便利性、标准化和可识别性。

通道布置是零售布置中很重要的一个环节。通道是指顾客行走路径，通道布置的目的是设计顾客行走路径使得顾客尽可能看到更多的商品或为其安排更多的服务。通道布置首先确定一条或多条主通道；再划分出分流客流量及意外时替补主通道且与主通道方向一致的临时通道；最后在主通道的两侧，以其他角度分叉出多条通道。超市的通道布置一般按照环形进行。

零售商品摆放通常按照商品分类进行，同时兼顾不同种类商品之间的潜在联系及消费心理学中的规律。比如，研究表明超市中将啤酒和纸尿裤陈列在一起能够增加啤酒的销量；离入口最近处和邻近展台的位置最有销售力等。

（3）办公室布置。办公室的布置要考虑功能划分、团队合作及管理层级等因素。其中功能划分是指布置首先要根据职能划分出不同的区域并按照使用频率和人数合理分配面积，比如办公区、会议室、茶水间等。而公用设备（如文件柜、公用复印机、传真机、碎纸机等）应放置在方便使用的地方，同时为文具、易耗品存放留出场地。

团队合作是指布置要考虑到不同团队之间的交流和合作程度，交流频繁、合作密切的团队之间距离不能太远但又要保有一定的私密性。办公信息交流包括如下几种模式：面对面交流；电话或网上交流；邮件、文件交流；小组讨论或开会交流；对讲机交流。若所有工作通过电话或通信设备完成，则办公场所配置就会很简单。管理层级对布置的影响主要体现在，管理较为扁平的企业，办公室布置一般是开放式，而管理层级较多的企业，办公室布置更加封闭。对于不同职级的人员，单个办公室的设计应通过办公室大小、朝向及位置反映出该人的工作地位。

3.3 低碳设施选址与布置

低碳设施的选址与布置须在传统设施布置的基础上增设低碳目标，降低碳排放量。低碳设施选址与布置与传统设施选址的区别在于需要考虑能耗、污染排放、经济激励补贴、消费者环境意识等影响因素。如何定量化碳排放是低碳设施选址与布置在实践中的关键难题。

3.3.1 低碳设施选址的影响因素

相比传统企业，低碳企业因其独有的性质对设施选址有不一样的考虑。首先，低碳企业具有低能耗的特点，在工业设计中注重使用清洁能源和降低能耗，这要求企业在设施选址时必须考察地点的能源类资源的种类、可获得性及稳定性，比如我国西北地区虽然有着丰富的风力资源，但是很难形成稳定输出。光伏发电成为不少低碳企业的主要能源来源，许多工业园区开始进行能源改造项目。例如明水经开区产业园区进行的绿色低碳改造，涵盖济东智造新城、凤凰山工业园和中小企业转型发展示范园 3 个园区，新建屋顶光伏 36 万 m^2，装机容量达 51MW，配套建设储能电站，并网后年均发电量约 6 000 万 kW·h，每年可节约 1.8 万 t 标准煤，减少 4.8 万 t 二氧化碳排放量。

其次，低碳企业具有低污染和低排放的性质，其污染性远低于普通企业，这点扩大了设施选址的范围，使其不仅能够入驻普通企业所在区域，还能够入驻有严格排放要求的区域，比如靠近市区的工业园区等。我国不少地区推出了低碳经济工业园区，从产业类型、绿色低碳管理程度、业务发展潜力、人才储备情况等多方面设置入园门槛。而园区内也会为低碳企业提供绿色清洁能源、完备的温室气体管理体系及绿色交通、数字化园区等生产配套服务业，欢迎低碳企业入驻。

目前，我国对于部分行业的碳排放量有严格的规定，比如工业和信息化部发布的《关于推动钢铁工业高质量发展的指导意见（征求意见稿）》提出，现有城市钢厂应立足于就地改造，达到超低排放要求的企业原则上不搬不关不停不限；对于达不到超低排放要求、竞争力弱的城市钢厂，应立足于就地压减退出。企业在新建设施及旧厂迁址时都必须遵循相关规定。此外，有研究发现在高排放条件下，企业选址呈现小型分散式结构；在低排放条件下，企业选址呈大型集中式结构。

减少排放量还要求低碳企业必须考虑物流产生的碳排放量，选址时考虑备选地点的海、陆、空等运输条件。例如，中德生态园选址于青岛经济技术开发区国际生态智慧城内，远景规划面积 70km^2，启动规划面积 10km^2。园区距中国第三大集装箱港口——青岛前湾港区 6km，距黄岛火车站 10km，距青岛中央商务区 30min 车程，距青岛保税港区 10km，距青岛西海岸出口加工区 1km。

再次，低碳企业还具有高补贴的特点。很多国家和地区都出台了针对低碳企业的帮扶和补贴政策，低碳企业在设施选址时需要横向对比这些政策补贴力度的大小。2022 年 3 月 2 日，《徐汇区节能减排降碳专项资金管理办法》提出：企业实施节能技改及产品应用项目，并实现明显的节能减排降碳效果的，按项目实现的年节能量给予每吨标准煤 1 200 元的扶持，或按项目投资额中用于实现节能减排降碳功能部分给予 20% 的扶持。以上扶持最高不超过 300 万元；企业获市级节能技改、清洁生产、循环经济项目扶持的，根据企业对本区节能减排降碳的贡献，最高按 1:1 比例给予不超过 300 万元的区级资金匹配；采用调适、用能托管等建筑节能创新模式的楼宇节能低碳项目，单位建筑面积能耗下降不低于 10%（按标准煤折算），经认定的，按受益面积每平方米不超过 7.5 元的标准给予补贴，单个项目最高不超过 100 万元。

最后，低碳企业，尤其是服务类企业还要求客户具有高环保意识。与生产类低碳设施选址主要受限于国家政策和地方法规不同，服务类低碳设施选址需要努力寻找真正愿意为环保买单的客群，非常看重是否接近市场。

消费者对于绿色低碳理念的接受程度虽然在逐步提高但仍存在高低之分，低环保意识的消费者不会将低碳视为重要的购买因素，低碳企业的主要消费群体是高环保理念的群体。一般而言，发达地区比欠发达地区更加重视环保，高收入或者高学历人群更接受绿色低碳的生活方式，在选址时要考虑接近这部分客群。

2021年9月，全球最为"绿色"的一家星巴克门店——星巴克向绿工坊（以下简称"向绿工坊"）在上海前滩太古里正式开业。开出首家向绿工坊，这也代表着星巴克"绿色门店"认证体系在中国正式推出。每家通过认证的绿色门店，相较2019年一家同等大小的普通星巴克门店，每年预计将减少约10.57t碳排放量、约301.7t用水量。目前，星巴克绿色门店已陆续在北京、上海、深圳、杭州、苏州等地开出。首家向绿工坊选址上海繁华商业区，其他门店选址一、二线城市，都是出于接近目标消费群体的考虑。

3.3.2 低碳选址方法

企业在选址时可以选择定性、定量多种方法测算，综合各方法测算结果进行决策。低碳企业选址时基本遵循传统企业的选址方法，但是重心法等无法将低碳企业的性质考虑在内的方法将不再适用。因素评价法非常适合低碳企业设施选址，因为它可以将低碳设施独有的因素包含在内并赋予较高的权重。

如何将设施选址中的低碳要素定量化处理，是研究和实践中的一个难题。一般依据碳足迹理论将碳排放水平纳入定量模型，将最小化碳排放设为计算的目标函数之一。碳足迹是某一产品或服务系统在其全生命周期内的碳排放总量，或活动主体（包括个人、组织、部门等）在某一活动过程中直接和间接的碳排放总量，以二氧化碳等价物来表示。碳足迹的主要计算方法有：投入产出法、过程分析法和混合生命周期法等，每种方法各有优劣，应根据使用对象和场景进行选择。

投入产出法用于构建经济系统内各部门及部门之间的投入-产出模型，以完成碳足迹的计算和评估。世界资源研究所（WRI）和世界可持续发展工商理事会（WBCSD）将投入产出法的计算分为三个层面：工业部门生产过程中的直接碳排放量、工业生产部门所消耗的电力等能源及全产业链的碳排放量。这种计算方法将碳足迹层层递进，范围逐渐扩大，将碳排放从直接到间接直至全覆盖。投入产出法适用于对宏观经济和中观经济的碳足迹进行测算。

过程分析法的基本逻辑是基于生命周期清单分析，运用研究对象的输入数据和输出数据清单计算研究对象在整个生命周期的碳排放量。该方法多用来测度某产品或生产活动的碳足迹。过程分析法理论上适用于不同层面、角度和范围的碳足迹核算，如微观个人或家庭、产品生产部门、政府机关等组织机构、城市（群）、区域和国家等，但是非常依赖微观数据的准确性。

混合生命周期法将上述两种方法通过计算公式合并纳入同一个分析框架。混合生命周期法既保留了生命周期具有针对性的优点，又能有效利用已有的投入产出表，减少人工核算、提高数据质量，还扩大了碳足迹核算的适用范围。但由于计算过程较为烦琐、矩阵系数不易确定、评估分析过程复杂等，混合生命周期法对碳足迹相关研究人员的理论和实践水平要求较高，暂时不具备普遍适用性。

还有一部分方法关注碳税政策对企业设施选址的影响，给出最优模型或者算法。碳税政策是指依照化石燃料（如煤炭、天然气等）的碳含量或碳排放量而征收相应税金的一种政策，以达到减少二氧化碳排放量的效果，是通过调控能源价格间接管控温室气体排放的一类重要的政策工具。比如当消费者分布是中心对称时，最优的选址不一定是中心对称；增加碳税可使销售点靠近自己的消费者，增加企业的费用，但不一定能起到减排的作用，研究发现只有通过灵活的碳税政策才有可能达到减排的目的。

3.3.3 低碳设施布置

低碳设施布置须在传统设施布置的基础上增设低碳目标，并应用智能化技术实现该目标。低碳设施布置的低碳目标主要包含以下四点。

第一，低能耗。低能耗要求低碳企业在设施布置时考虑接入绿色能源系统，比如仓库屋顶采用太阳能发电技术（安装太阳能光伏板），采用太阳能加热的墙壁和太阳能嵌板等。低能耗还要求设施建设和运行不影响运行效率、降低对能源的消耗，比如冷链仓储的设计应尽量减小冷库门的面积，采用自动冷库门，并在冷库门处设立空气幕，以降低冷库冷损耗等。

服务类设施布置同样追求低能耗的目标。微软北京园区于2021年10月通过海淀区公共建筑节能绿色化改造项目综合验收，经过近年来的持续优化，实现了27.9%的节能率，室内PM2.5的浓度保持在35以下。微软房地产和设施管理部将其电力监控、楼宇自控、节能建筑、智能管理平台等系统应用和数据存储迁移至Azure云平台，以数字化技术赋能运营节能，助力微软北京园区实现更进一步的高效建筑管理，同时提升用户体验，在日常运营中显著降低能耗。

第二，低污染。低污染要求生产类设施布置时必须留有空间用来安装废弃物的处理系统，比如在流水生产线的末端接入处理系统，方便处理生产产生的废弃物，尽量消除生产活动对环境的影响。例如，日照钢铁集团有限公司某厂配套热闷渣车间处理转炉钢渣，保证处理后热闷环节产生的含尘蒸汽的除尘能够达到低于 10mg/m^3 的放散标准。该车间包含 15 个闷渣池，每处理一批次钢渣须经过 7 道工序。设施布置时要参考流水作业线合理布置。低污染还体现在设施日常运行中的低排放量，比如低碳仓储要考虑照明、恒温和机械作业三个部分的碳排放量，力求最小化总碳排放量。服务类设施布置的低污染主要体现在门店建设、日常运营和低碳产品陈列等方面。其中门店建设方面，企业可以采用环保建筑材料和低排放的设备比如变频空调、LED灯管等，以及加设节水、太阳能等节能设施。服务类设施在日常运营中应减少使用污染较高的材料，比如一次性塑料制品；提升电子化水平，比如采用电子价格标签；配套智能管理技术，比如智能扶梯控制技术等。另外，对于零售业，可以设置专门的绿色产品展示柜或者突出标明绿色产品，以满足顾客需求并助力绿色供应链发展。

第三，低碳物流。低碳物流要求减少作业单位之间的运输距离、提高包装用品的重复使用率、降低箱体空载率等以减轻运输产生的碳排放量。低碳物流的实现可以借助智能技术协助规划物料放置和物流路线，比如RFID技术、智能手机App仓储定位系统、3D打印技术等。例如，深圳蓝胖子机器智能有限公司作为全球唯一自主研发整体解决方案的机器人AI公司，通过运用人工智能、仿真推演、多目标运算等技术，赋能供应链仓储、运输环节，实现经济效益和节能减排双重优化。蓝胖子智能装箱算法充分利用空间资源，大大降低箱体空载率，利用该算法服务的某企业一年减少船运次数的碳排放量相当于14 078 550棵树的二氧化碳吸收量。

第四，循环再制造。低碳设施重视物料的循环利用，需在传统设施布置上增设物料循环线或者单独开设回收产品的再生产线。但因为循环再制造中废旧产品的回收质量、时间、数量等都具有很强的不确定性，再制造生产线设施优化布置颇具挑战。

再制造生产线一般包含回收车间、拆卸清洗车间、再制造车间及配套服务等，其设施选址和布置需要以提高再制造生产率为目的进行全盘规划。随着计算机技术的发展，管理实践和学术研究都普及用算法优化设施布置。比如有研究以再制造物流成本和工艺单元重布置成本最小为目标，建立了再制造车间设施动态布局模型，提出一种基于模拟退火法（SA）算法的再制造车间设施布置优化求解方法。

思考与练习

1. 设施选址的重要性体现在哪些方面？
2. 设施布置的常用方法有哪些？
3. 低碳设施选址的影响因素有哪些？
4. 有哪些常见的低碳选址方法？
5. 低碳设施布置的目标通常有哪些？

第 4 章

低碳采购管理

学习目标

1. 了解采购的定义、分类、功能
2. 了解采购在供应链管理中的特点和流程
3. 熟悉低碳采购理论、体系和流程
4. 了解低碳采购的影响

引例

戴尔践行的低碳采购

自 1998 年戴尔发布第一份《环境进展报告》以来，戴尔一直致力于践行可持续发展的价值观。戴尔最新的 2023 财年 ESG 报表中显示 2023 年戴尔产品和包装中使用的环保材料达 1.555 亿 kg，而且 94.5% 的包装来源于回收材料或可再生材料。报告指出循环经济是戴尔 ESG 的目标之一，其内容包括：到 2030 年，客户每购买 1t 戴尔产品，戴尔会重复或者回收同等重量的产品；到 2030 年，所有包装材料都由回收或可再生材料制造；到 2030 年，一半以上的产品由回收、可再生或者碳排放量较少的材料制造。

为实现上述目标，戴尔在全线产品的技术革新和材料开发方面，尝试新材料、研发新工艺。比如，ALIENWARE（外星人）品牌全包装选择可回收材质，其中内包装由 92% 的可回收再利用材料、25% 的海洋回收塑料制作而成。

在 2022 年北美消费电子展上，戴尔全球高级副总裁 Rahul Tikoo 在接受专访时提到"Concept Luna"概念。这一概念是指通过对产品的模块化设计，简化与加速维修和拆卸流程，使得 PC 内部的组件触手可及、易于更换并可重复利用。戴尔希望通过践行这一概念，使产品元件有更长的生命周期，实现循环经济目标。譬如，因为 PC 元件用螺丝、胶水和各种焊接组件固定在一起，原来回收时合作伙伴可能需要一个多小时才能拆卸一台 PC。而在戴尔采用改进的 Concept Luna 设计后，拆卸时间可以缩短到几分钟。

除了关注产品设计，戴尔也一直推动产业链绿色发展，减少碳排放量。目前，大多数排放量来自戴尔的供应链上下游，戴尔科技的直接及间接排放量仅占其产品整体碳足迹的 2%。2011—2020 年，戴尔将整个产品组合的能源强度降低了 76.7%。2021 年 11 月，戴尔进入国家工业和信息化部发布的工业产品绿色设计示范企业（第三批）名单中。同时，戴尔产品也入选国家工业和信息化部公布的《"能效之星"装备产品目录（2021）》。

在供应商管理方面，戴尔通过风险评估、供应商审核、纠正行动和能力培养四个方面，推动整体供应链的可持续发展。戴尔帮助供应链合作伙伴设定短期及中长期的减排目标，并提供培训等资源来帮助供应商培养关键技能，不遗余力地帮助供应商明确定位及改进环境隐患，践行绿色承诺。戴尔不仅自身使用可再生能源，还帮助合作者建立节能基础设施，帮助客户争取高效的运营和环境成果。在戴尔科技全球所有设施使用的电力中，有 59% 来自可再生能源。戴尔与客户合作，通过先进的冷却和散热技术、电源管理工具及旨在合理调整数据存储规模的即时服务解决方案，协助其过渡到更节能的数据中心。

资料来源：戴尔 2023 财年环境、社会和治理—执行摘要，https://www.dell.com/zh-cn/dt/corporate/social-impact/advancing-sustainability.htm；*Data-Driven Innovation Meets Sustainable PC Design: Concept Luna's Evolution*, https://www.dell.com/en-us/blog/data-driven-innovation-meets-sustainable-pc-design-concept-lunas-evolution/。

思考：戴尔是从哪几个方面践行低碳采购的？

4.1 采购概述

采购的合理管理不仅能够减少采购物资或服务的价格，还能够通过多种方式增加企业的产值，这些方式主要有支持企业的战略、改善库存管理、稳步推进与主要供应商的关系、密切了解供应市场的趋势等。因此，加强采购管理对企业提升核心竞争力具有十分重要的意义。

4.1.1 采购的定义

狭义的采购就是买东西，是企业根据需求提出采购计划、审核计划、选好供应商、经过商务谈判确定价格和交货条件，最终签订合同并按要求收货付款的过程。这种以货币换取物品的方式，是最普通的采购途径。在狭义的采购之下，买方一定要先具备支付能力，才能换取他人的物品来满足自己的需求。

广义的采购是指除了以购买的方式占有物品，主体还可以通过其他途径如租赁、借贷和交换等取得物品的使用权，来达到满足需求的目的。

（1）租赁。租赁是指一方以支付租金的方式取得他人物品的使用权。

（2）借贷。借贷是指一方以无须支付任何代价的方式取得他人物品的使用权，使用完毕仅返还原物品。这种无偿借用他人物品的方式，通常是基于借贷双方的情谊与密切关系，特别是借方的信用。

（3）交换。所谓"交换"，就是用以物易物的方式取得物品的所有权和使用权，但是并没有直接支付物品的全部价款。换言之,当双方交换价值相等时,不需要以金钱补偿对方;当交换价值不等时,则由一方补贴差额给对方。

"采购管理"这一概念是指对采购过程的计划、组织、协调和控制等,包括管理供应商关系所必需的所有活动,并且着眼于企业内部、企业和其供应商之间持续改进采购的过程。

4.1.2 采购的分类

1. 根据采购物品用途的不同,采购可分为工业采购和消费采购

(1)定义。工业采购通常是指企业为了经营或生产所需产品和服务而支付一定费用同外部进行的业务活动。消费采购与工业采购有很大的不同,消费采购活动是个人行为,而工业采购通常是通过机关、企业等组织进行的集体行为。

(2)比较。二者无论在采购的目的、动机,还是在采购决策和特点方面都存在明显的差别。工业采购往往在一次采购以后,便同供应商建立长期合作关系,而消费采购的随意性比较大,主要是为了满足个人需求,采购动机带有个人喜好,采购量比较小。工业采购一般由多人参与,是一个程序化的过程,采购数量通常比较大,价格比较稳定。

2. 根据采购输出的结果,采购可分为有形采购和无形采购

(1)有形采购。采购输出的结果可能是有形的物品(如一瓶水),或是参与某个系统运行的组成部分。有形采购主要采购有形的物品,比如原料、副料、机具及设备、事务用品等。常见的需要进行有形采购的物品有以下四种。

1)原料。原料是指直接用于生产的原材料,它是构成产品的最主要的成分。在产品的制造过程中,即使原材料的形体发生物理或者化学变化,它依然存在于产品里面,不会消失。通常,原材料是产品制造成本中占比最高的项目。在有形采购中,仅用于生产的采购被称为原料采购,比如为生产电视机采购显像管、电阻等原材料,以及织布用的棉纱、生产集成电路所用的晶片、生产水泥用的石灰石等。

2)副料。在产品制造过程中,原材料之外所耗费的材料均属于副料。有些副料与产品的制造有直接关系,但是在产品制成时,副料本身已经消失,比如化学制品所需的催化剂。有些虽然还附着在产品上,但因其价值不高,仍然把它作为副料,如成衣上的纽扣或拉链;或机械制品上的螺丝或填垫材料等。另外,有些副料与产品制造并无直接关系,只是消耗性的材料或工具,比如冷煤、锉刀、钢刷等;或是产生能量所耗用的燃料,比如汽油、瓦斯、煤炭等。此外,包装材料也属于副料,比如纸箱、塑料袋、包装纸、打包带等。

3)机具及设备。机具及设备主要是指制造产品的主要工具或提供生产环境所不可缺少的设施。前者如人造纤维的聚合设备、生产活塞的万能研磨机、生产钢铁制品的炼钢电炉设备及连续铸造机等。后者如生产集体电路的无尘室、生产各种疫苗的无菌室,这类机具设备对产品的产量及品质会产生直接的影响;另外,空调设备、电力设备及水储运设备等仅提供生产所必需的温度、动力及仓储运输效能;其他又如提供产品品质测试或材料检验所需的仪器及塑造产品或零件所需的模具等。

4）事务用品。事务用品主要是指办公室生产线人员在文书作业上所需的设施、纸张及任何其他杂项购置。前者如桌椅板凳、圆珠笔、钢笔、账册、计算机、信封信纸、打字机等；后者如茶壶、扫把、衣架等。

（2）无形采购。无形采购是指采购输出的结果是无形的，比如一项服务、一个软件、一项技术、保险及工程发包等。无形采购主要是咨询服务采购和技术采购，或是采购设备时附带的服务。一般无形采购中的技术、服务和工程发包如下所述。

1）技术。技术主要是指能够正确操作或使用机器、设备、原料等的专业知识。只有取得技术，才能使机器或设备发挥效能、提高产品的产出率或确保有良好的品质、降低材料损耗率、减少机器或设备的故障率，这样才能达到减少投入、增加产出的目的。

2）服务。在无形采购中，出于服务、维护、保养等目的的采购统称为服务采购。企业对生产出的产品一般都会做出一定时间内免费保修的保证，这种保证被称为维修服务。

3）工程发包。工程发包包括厂房、办公室等建筑物的营造与修缮，以及配管工程空调或保温工程、动力配线工程及仪表安装工程。

（3）其他的分类。根据采购数量的多少，采购还可以分为大批量采购和小批量采购。在采购过程中，企业会根据采购数量的大小采取不同的采购方法。

在一个项目设计完成后，首先要选择一个供应商提供几件样品以检查项目的可采购性及供应商或代理商的适应匹配程度，这是"开发采购"。很多采购方案都需要根据实际情况调整设计图纸、技术规范、物料选型等，有时还要根据需要对供应商进行调整。在开发采购通过之后，要进一步验证设计方案的批量生产性，为此需要进行小批量采购，此环节被称为"中试采购"。中试采购通过以后便进入"大批量采购"阶段。同时采购形式还可以分为"设计型采购""组装型采购""包装型采购"。有些组织为了控制某一区域或某家产品的销售权，而将该商品的区域销售权买断，此类采购被称为"代理型采购"。从开发商或代理商那里买来商品，然后卖给往来客户或附近居民，该类采购被称作"零售型采购"。表4-1呈现的便是某汽车销售企业采购品分类情况。

表4-1 某汽车销售企业采购品分类

国内采购品分类	设备类：安放在行政、营业、服务场所的办公家具、事务机器、通信设施、空调、照明设施、器材、技术设备、广告招牌等 用品类：用于事务处理的一般性及事务性用品，如传单、报表纸、文具、清洁品、医疗品、蒸馏水、纸杯、赠品、促销助合品等 物料类：服务工具管理规范中所列的物料项目 工具类：服务工具管理规范中所列的工具项目
国外采购品分类	进口汽车 维修零件及配件 维护手动工具 其他

无论企业还是个人所采购的东西都属于商品（包括产品和服务），在国际制造企业中，通常把它们划分为三类。

1）BOM（Bill of Material）。它是指直接进入产品的生产用原材料、零部件及半成品等。原材料是用于生产产品的基本材料，包括狭义的原材料（是指未经过加工的初级原材料，如矿石、大豆、玉米等）和广义的原材料（金属、合金、矿石、塑料、橡胶、棉麻等）。零部件是指单个零部件和由多个零件组成的部件，具体分为机械零部件、电子元件等。半成品是相对于成品而言的一种产品状态，是由原材料或零部件组装加工后介于原材料、零部件和成品之间的产品。

2）NON-BOM。NON-BOM 又称 NPR（Non-Production Related），是指非产品材料或非生产性材料。它主要包括固定资产、生产辅助性材料、工具、备件、文具、家具、服务（服务一般是指第三方提供的所有技术、行政、后勤等软件产品，如咨询、培训、审核、租赁、委托代理）等。

3）转卖品（Resale Product）。转卖品是指不在本企业生产制造，企业先向选定的生产制造商提供技术或品牌，让生产制造商按本企业的要求来制造，制造出产品之后，企业再从制造商那里购回所有产品，以自己的品牌和名义提供给市场。全球的制造格局正在发生变化，如 CEM（合同制造商）的业务无论在规模和深度上都有所提高。

企业会根据采购物料的数量和物料分布的区域采取不同的采购形式。例如 10 亿元的年采购额所要求的组织结构不同于 100 万元的年采购额，10 亿元的年采购额不仅需要具备采购专业知识的采购人员专职操作，而且需要资深采购专家进行战略定位来把握方向。物料的分布范围遍及全球，要想采购全世界范围内的先进产品，只靠自己企业的能力是不够的，这时可以考虑通过国际采购机构来帮助企业完成采购任务。总之，各个企业应根据自身的实际情况和所采购的内容来确定适合自己的采购形式。

4.1.3 采购的功能

传统的采购只是拿钱买东西，但是随着时间的流逝，采购不再只是买东西那么简单，它发展为一个专业。采购管理是在供应链上下游的企业之间就原材料和半成品生产合作交流方面架起一座桥梁，沟通生产需求与物资供应的联系，是企业经营管理的核心内容，更是企业获取经营利润的重大源泉。

1. 采购的地位

采购已经成为企业经营的一个核心环节，是获取利润的重要来源，在企业的产品开发、质量保证、供应链管理及经营管理中起着极其重要的作用。采购在企业中具有举足轻重的地位，是当今每家企业在全球化、信息化市场经济竞争中赖以生存的一个基本保障。做好采购管理，降低成本、保证及时供应、保障产品质量是现代企业谋求发展壮大的一个必然要求。

（1）降低成本。在企业的生产经营管理中，降低采购成本是其中一项重要的环节，这关系到企业销售的产品或服务价格的高低。同时，控制好采购成本是企业增加利润的另一种重要手段。控制好采购成本是企业抵抗内外压力、求得生存的主要保障之一。

（2）保证及时供应。从整体供应链的角度来看，企业为了获得尽可能多的利润，都会想方设法加快物料和信息的流动，这样就必须依靠采购的力量，充分发挥供应商的作用，因为供应商提高其供应可靠性及灵活性、缩短交货周期、增加送货频率可以极大地改进工业企业的管理水平，如缩短生产总周期、提高生产效率、减少库存、增强对市场需求的应变力等。

此外，随着经济全球化的发展，市场竞争日益激烈，客户需求的提升驱使企业按库存生产，而竞争的要求又迫使企业争取按订单生产。要解决这一矛盾，企业只有将供应商纳入自身的生产经营过程中，将采购及供应商的活动看成自身供应链的一个有机组成部分，才能加快物料及信息在整体供应链中的流动，从而可将客户所希望的库存成品向前推移为半成品，进而推移为原材料。这样既可减少整个供应链的物料及资金负担（降低成本、加快资金周转等），又可及时将原材料、半成品转换成最终产品以满足客户的需要。

（3）保障产品质量。质量是产品的生命。采购物料不只是价格问题，更多的是质量水平、质量保证能力、售后服务、服务水平、综合实力等。有些东西看起来买得很便宜，但经常维修会大大增加使用的总成本。如果企业购买的是假冒伪劣产品，就会蒙受更大的损失。一般企业都将质量控制按时间先后次序划分为采购品质量控制（Incoming Quality Control，IQC）、过程质量控制及产品质量控制。

企业产品"质量"不仅要在企业内部进行控制，也应在供应商的质量管理过程中进行控制。当供应商交付产品时，许多公司都会做进料检查和质量检查。供应商上游质量控制得好，不仅可以为下游质量控制打好基础，同时可以降低质量成本，减少企业来货检验费（降低 IQC 检验频次，甚至免检）等。

2. 采购的任务

无论公共部门还是私有部门，其中每个组织都在不同程度上依赖其他组织所提供的材料和服务。即使是一间小的办公室也需要供热、采光、电力通信和办公设备等各种各样的物资以正常运转。现实生活中不存在自给自足的组织，因此采购就成为各个组织的一项基本的和普遍的职能。根据采购的基本概念和功能，企业采购的首要任务是为本单位提供正常的产品和服务供应，其中最重要的是采购部门所采购的材料、零部件或者服务内容必须满足企业内部所需部门在质量、数量及按时交货等方面的要求，这样才能保证企业正常的生产和其他经营工作顺利展开。若采购部门不能按照相关部门的要求及时且按质按量地完成采购任务的话，企业就不能顺利进行生产，不能及时提供产品完成订单，这样企业的信誉就会遭到破坏，企业的生存就会受到威胁。具体来说，采购的任务主要包含以下六点。

（1）提高质量。企业可以通过不断改进采购过程及加强对供应商的管理提高采购的原材料的质量。

（2）控制成本。采购成本的高低是衡量采购是否成功的重要指标。因此，企业在采购过程中必须控制和减少包括以直接采购成本和间接采购成本为主的采购相关成本。

（3）建立供应配套体系。企业的采购任务还包括建立可靠最优的供应配套体系。企业一方面要减少供应商的数量，使采购活动尽量集中，降低采购成本；另一方面要避免独家供应商，防止供应商借助垄断提高价格和因为突发情况（如自然灾害等"黑天鹅"事件）导致供应短缺。

（4）与供应商建立合作关系。企业的采购还有一项重要任务即利用供应商的专业优势，让其积极参与产品开发或过程开发，这样一来供应商就被纳入企业自身的整体经营中了。

（5）树立企业形象。企业还需通过采购工作建立和维护本企业的良好形象。因为采购是企业的对外工作，同销售工作一样，采购在很大程度上对外代表着企业的形象。因此，采购部必须以公正良好的态度发展企业同供应商的关系，树立企业的形象。

（6）加强信息管理。企业采购管理还涉及管理、控制与采购相关的文件和信息的任务。从采购管理的角度来讲，其他的职责还包括制定并实施采购方针、策略、目标及改进计划并进行采购及供应商绩效衡量，建立供应商审核及认可、考核、评估体系，开展采购体系的自我评估，同其他单位的采购水平进行比较以不断提高整体采购水平，建立稳定、有创造性的专业采购队伍等。

4.1.4 供应链管理下采购的特点

供应链（Supply Chain）是将产品从商家送到消费者手中所涉及的整个链条，是生产及流通过程中将产品或服务提供给最终用户活动的上游与下游企业形成的网链。采购管理是供应链物流管理的重点内容之一，它在供应链中各家企业之间、在原材料和半成品生产合作交流方面架起一座桥梁，沟通生产需求与物资供应的联系。为使供应链系统实现无缝连接，并提高供应链中各家企业的同步化运作效率，就必须加强对采购的管理。在供应链管理模式下，采购工作要做到五个"恰当"：恰当的来源、恰当的时间、恰当的地点、恰当的数量、恰当的价格。

在供应链管理的环境下，企业的采购方式和传统的采购方式有所不同，差异主要体现在如下三个方面。

（1）从内部资源管理向外部资源管理转变。在建筑行业中，当采用工程业务承包时，为了对承包业务的进度与工程质量进行监控，负责工程项目的部门会派出有关人员深入承包工地，对承包工地进行实时监管。这种方法也可以用到制造企业的采购业务活动中，这是将事后把关转变为事中控制的有效途径。传统采购管理的不足之处，就是与供应商之间缺乏合作，缺乏柔性和对需求快速响应的能力。准时制思想出现以后，对企业的物流管理提出了严峻的挑战，需要改变传统的单纯为库存而采购的管理模式，提高采购的柔性和市场响应能力，增加与供应商的信息联系和相互之间的合作，建立新的供需合作模式。

供应链管理的思想就是系统性、协调性、集成性、同步性，外部资源管理——企业集成是实现上述供应链管理思想的一个重要步骤。从供应链间企业集成的过程来看，它是企业从内部集成走向外部供应链集成的重要一步。

（2）从为库存而采购到为订单而采购的转变。在传统的采购模式中，采购的目的很简单，就是补充库存，即为库存而采购。采购部门并不关心企业的生产过程，不了解生产的进度和产品需求的变化，因此，采购过程缺乏主动性，采购部门制订的采购计划很难适应制造需求的变化。在供应链管理模式下，采购活动是以订单驱动方式进行的，制造订单是在用户需求订单的驱动下产生的，然后制造订单驱动采购订单，采购订单再驱动供应商。这种准时制的订单驱动模式，使供应链系统得以准时响应用户的需求，从而降低库存成本，提高物流的速度和库存周转率。

（3）从一般买卖关系向战略合作伙伴关系转变。供应与需求的关系从简单的买卖关系向双方建立战略合作伙伴关系转变。在传统的采购模式中，供应商与需求企业之间是一种简单的买卖关系，因此无法解决下述这些涉及全局性、战略性的供应链问题，而基于战略合作伙伴关系的采购方式为解决这些问题创造了条件。

1）库存问题。在传统的采购模式下，供应链的各节点企业都无法共享库存信息，因此，各节点企业都独立地采用订货点技术进行库存决策，不可避免地产生需求信息的扭曲现象，进而，供应链的整体效率得不到充分的提高。但在供应链管理模式下，通过双方的战略合作伙伴关系，供应与需求双方可以共享库存数据，因此采购的决策过程变得更加透明，减少了需求信息的失真现象。

2）风险问题。供需双方通过战略合作伙伴关系，可以降低因不可预测的需求变化而带来的风险，比如运输风险、信用风险、产品质量风险等。

3）通过战略合作伙伴关系可以为双方共同解决问题提供便利的条件。通过战略合作伙伴关系，双方共同协商制订战略性的采购供应计划，不必为日常琐事消耗时间与精力。

4）采购成本问题。通过战略合作伙伴关系，供需双方避免了许多不必要的手续和谈判过程。同时，双方共享信息避免了因信息不对称造成的效率低下。

5）战略合作伙伴关系消除了供应过程中的组织障碍，为实现准时制采购创造了条件。

4.1.5 传统采购的基本流程

传统采购包含以下8个流程。

（1）制订采购计划。根据企业使用部门的需求计划，在核实采购计划的准确性，并与相关计划员或其他负责人沟通确认无误后，做出最终的采购计划。

（2）询价和还价。此环节主要工作有以下两大块。

1）发询价函：了解好供应商后，需要发询价函，让供应商对价格、交货时间、付款方式、售后服务等内容确认后加盖公章回传。

2）议价：通过综合考虑价格、交货的及时度、付款方式等要素，找出两三家供应商企业进一步商谈，同最能保障公司利益的企业进行合作。

需要注意的是，当要求多家供方报价时，报价单应尽可能细致，能列明细节出处最好，这样能知道所采购物品的来龙去脉，并利用相关途径去验证，这样后面还价容易达到预期。

（3）采购订单、合同。询价议价完成的下一步是制作订单。订单制作后要与各供应商提供的书面报价、比价表及先前做好的采购计划、计划确认单等一起装订。

此外，还需要制作合同。合同版本基本是固定的，但要根据公司的要求、与供方谈判的结果以及不同材料的要求调整。

（4）跟踪货物。在此环节中，要了解整个供应过程是否正常，了解接货人的联系方式、地址，并及时通知供应商；另外，供应商发货后，还要知道承运人的联系方式等必要信息，这样便于随时跟踪货物在途中的状态。

（5）组织仓储接货。这个环节需要注意及时通知库管人员做好接货准备，比如要了解货物何时到达、是否有随货单据等。很多企业的采购部门对此会制定出一个统一的走货单版本，要求发货方抄送到相关部门，以便采购部门实时跟进。

（6）组织质检验货。这个环节主要涉及以下具体工作：合同签订后及时通知检验部门，让其做好验收准备，包括仪器、实验器材、试剂、验收标准（其中入厂标准、国标、合同标准、部分物资按供应商企业标准），以便到货后及时验收并出具验收合格单。

总之，企业要做好前期检验、中期检验、后期检验，避免到货才发现问题影响其他流程的开展。

（7）货物达到要求后仓储入库。产品验收合格后，根据验收合格单，库房开具入库单，采购员需收集入库单、检斤单、质检报告单等，并做好付款准备。这里主要强调各环节资料转接顺畅，并且互通知悉。

（8）结算。付款前一定要把相关单据提前准备好，以便按照合约及时付款。付款准备的资料如下：付款申请单、发票、入库单、质检单、检斤单、合同或订单等。采购员要起到公司财务和供应商之间的桥梁作用，适时提出有利于所在公司的结算方式。

4.1.6 供应链管理下的采购流程

在供应商已经选好、合同到位、产品设计好后，购买者和供应商就进行采购交易，这种交易开始于购买者下订单，结束于履行订单并最终付完所有的货款。在设计采购流程时，有必要考虑该流程用来采购的物品。一般来说，采购的物品有两个主要的类别：直接材料和间接材料。直接材料是用来制造最终产品的零件，而间接材料是用来支持公司运作的物品。

由于与生产的直接联系，直接材料的采购流程设计应该保证在适当的地点、适当的时间提供适当数量的零件。对于直接材料的采购流程而言，其主要目标是协调整条供应链并保证供给与需求相匹配。设计采购流程时应该让供应商看到制造商的生产计划和现有零件库存水平。这种可见性让供应商可以安排零件生产以满足制造商的需求。制造商应该可以看到各供应商的可用产能，以此将订单分配给适当的供应商，最终保证准时交货。采购流程还应该包括警报功能，以警告购买者和供应商之间可能存在的供需不匹配。

由于聚焦于大量低价值交易，间接材料的采购流程应关注减少每次订单的交易成本。传统的间接材料交易成本很高。这是因为公司通常没有处理间接材料的系统，所以在选择物品、审批及制作和发送采购订单等方面费时费力。电子采购流程简化或整合相关的流程，可以使搜索物品更为简单、采购订单的批准和传递实现自动化，同时及时更新参与方的应付账款和应收账款信息，故电子采购流程有助于减少交易成本。

CPFR（Collaborative Planning，Forecasting and Replenishment，合作计划、预测和补货）是一个供应链管理的新模式，其在1995年由沃尔玛主导和提出。它是指应用一系列处理和技术模型，提供覆盖整个供应链的合作过程，通过共同管理业务过程和共享信息来改善零售商与供应商的伙伴关系，提高预测的准确度，最终达到提高供应链效率、减少库存和提高消费者满意度的目的。

CPFR的业务模型在业务活动上可分为计划、预测和补货三个阶段，包括九个主要流程活动，如图4-1所示。

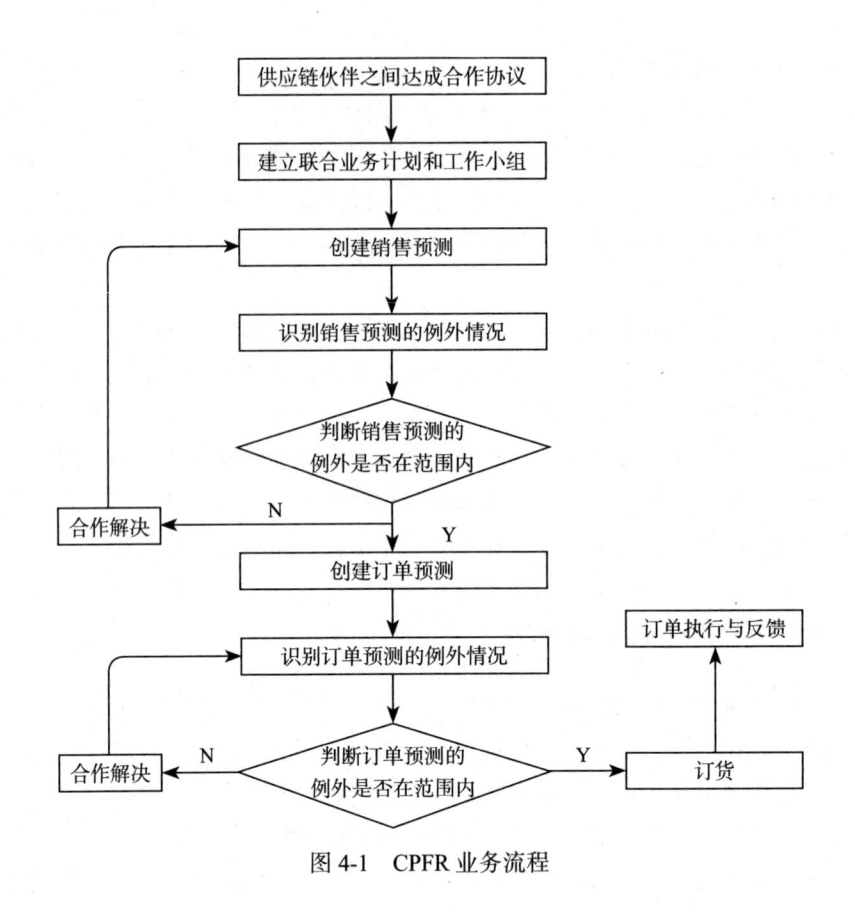

```
                 ┌─────────────────────────┐
                 │ 供应链伙伴之间达成合作协议 │
                 └───────────┬─────────────┘
                             ↓
                 ┌─────────────────────────┐
                 │ 建立联合业务计划和工作小组 │
                 └───────────┬─────────────┘
                             ↓
                 ┌─────────────────────────┐
            ┌──→ │       创建销售预测        │
            │    └───────────┬─────────────┘
            │                ↓
            │    ┌─────────────────────────┐
            │    │    识别销售预测的例外情况   │
            │    └───────────┬─────────────┘
            │                ↓
            │           ◇判断销售预测的◇
   ┌────────┤  ←── N ──  例外是否在范围内
   │合作解决│           ◇              ◇
   └────────┘                │ Y
                             ↓
                 ┌─────────────────────────┐
            ┌──→ │       创建订单预测        │
            │    └───────────┬─────────────┘         ┌──────────────┐
            │                ↓                       │ 订单执行与反馈 │
            │    ┌─────────────────────────┐         └──────↑───────┘
            │    │    识别订单预测的例外情况   │                │
            │    └───────────┬─────────────┘                │
            │                ↓                              │
   ┌────────┤           ◇判断订单预测的◇                   │
   │合作解决│  ←── N ──  例外是否在范围内  ── Y ──→  ┌──────┴──┐
   └────────┘           ◇              ◇            │   订货   │
                                                     └──────────┘
```

图 4-1 CPFR 业务流程

第一步，供应链伙伴之间达成合作协议。这一步也是第一个层次，是供应链合作伙伴之间（零售商、分销商和制造商）为合作伙伴关系建立规则，共同达成通用业务协议，该协议的内容包括对合作的全面认识、合作目标、保密协议、资源授权、合作伙伴的任务和成绩的检测。

第二步，建立联合业务计划和工作小组。这是第二个层次，供应链合作伙伴相互交换战略和业务计划信息，以发展联合业务计划。合作伙伴首先建立基于合作伙伴关系的联合工作组织，然后定义分类任务、目标和策略，并建立合作项目的管理要素，如订单最小批量、交货期、订单间隔等。

第三步，创建销售预测。利用零售商 POS 数据、因果关系信息、已计划事件信息创建一个支持共同业务计划的销售预测。

第四步，识别销售预测的例外情况。识别分布在销售预测约束之外的项目，每个项目的例外准则需要在第一步中得到认同。

第五步，判断销售预测的例外是否在范围内。通过查询共享数据、E-mail、电话、交谈、会议等方式，解决销售预测例外情况，并将产生的变化提交给"创建销售预测"（第三步）。

第三步~第五步构成第三个层次。

第六步，创建订单预测。合并 POS 数据、因果关系信息和库存策略，产生一个支持共享销售预测和统计业务计划的订单预测，提出分时间段实际需求数量，并通过产品及接受地点反映库存目标。订单预测周期内的短期部分用于产生订单,在冻结预测周期外的长期部分用于计划。

第七步,识别订单预测的例外情况。识别分布在订单预测约束之外的项目,例外准则在第一步已建立。

第八步,判断订单预测的例外是否在范围内。通过查询共享数据、E-mail、电话、交谈、会议等调查研究订单预测例外情况,并将产生的变化提交给订单预测(第六步)。

第六步~第八步构成第四个层次。

第九步,订货。将订单预测转换为已承诺的订单,订单产生可由制造厂或分销商根据能力、系统和资源来完成。这是第五个层次。

成功实施 CPFR 需要组织结构做出改变,且为了升级还需要适当的技术。有效的协调要求制造商至少为涉及金额较大的顾客建立跨部门、基于每类顾客的服务团队,其成员包括销售、需求计划和物流人员。对于涉及金额较小的顾客,该服务团队可以通过地理位置或销售渠道聚焦。零售商也应该围绕供应商建立商品计划、购买和补货团队。在零售业,可以按照产品种类组织服务团队,每类产品包括多个供应商。对于有多级库存(如配送中心库存和零售店库存)的零售商来说,合并这两级的补货团队非常重要,以实现两级库存的协作管理,避免重复订货和不必要的库存挤压。

此外,CPFR 过程不依赖技术,但是需要技术来实现升级。当前,已经有 CPFR 技术来帮助共享预测和历史信息、评估例外情况并实现修改。这些解决方案必须与记录所有供应链交易的企业系统相整合。

4.2 低碳采购理论

4.2.1 低碳采购的概念

低碳采购理论最早源于企业经营活动对环境产生的负面影响的研究。20 世纪 70 年代,西方一些学者提出企业的生产经营活动要考虑其社会责任,而不是仅仅追求利益最大化。基思·戴维斯(Keith Davis)提出了企业社会责任(Corporate Social Responsibility,CSR)的概念,企业的社会责任是企业除了狭隘的经济、技术和法律要求之外的对社会应该承担的责任和义务。米尔顿·弗里德曼(Milton Friedman)的研究虽然指出企业最基本的责任固然是求得生存的经济责任,但是这仅仅是企业社会责任最基础的部分,企业应当负担起更多的社会责任。其中,实施"碳中和",通过植树造林、节能减排等形式,抵消自身产生的二氧化碳排放量,实现二氧化碳的"零排放",无疑是企业实现社会责任的重要议题,也是高排放、高污染型企业未来发展的大方向。

低碳采购是低碳管理在采购与供应管理方面的扩展,其目的是通过控制和管理供应商环节的低碳排放,实现企业最终产品的低碳竞争力。当期与低碳采购相关的研究仍较少,理论界对低碳采购还没有形成统一的定义。从采购管理的本质出发,我们不难将低碳采购的概念界定为:在可持续发展理念指导下,通过能源技术和节能减排技术创新、产业结构调整和产业升级等多种手段，企业从制订采购计划开始，在采购流程中有针对性地选择低碳供应商，采购环境友好型产品，直接或间接地减少煤炭、石油等高碳能源消耗和温室气体排放量，最终实现采购流程的低污染、低能耗、低排放，达到经济社会发展与生态环境保护共赢的一种采购模式。

4.2.2 企业低碳采购

企业低碳采购是指企业内部各部门协调决策，在采购行为中充分考虑碳排放对自然环境的影响，通过使用生产过程中碳排放量更少的材料，提高企业声誉，并最终提高企业绩效（同时包括财务绩效和环境绩效）。具体来讲就是，企业通过加大采购部门与设计部门、生产部门和营销部门的沟通与合作，共同决定采用何种原材料和零部件，同时包括与供应商深入合作，减少采购难以处理或高碳排放量的材料，提高材料的再循环和再使用率，减少不必要的包装和更多使用可降解或可回收的包装等措施，控制材料和零部件的购买成本，降低末端环境治理成本，减少碳排放量，提高企业产品质量和企业效益。

沃尔玛在推行低碳采购计划时，一项非常重要的举措就是对商品包装进行改革，以减少商品包装材料。沃尔玛依据其包装的消耗量，测算得到以下结果：如果沃尔玛商品包装一年减少 5%，那么一年将减少数百万吨的包装垃圾，空气中的二氧化碳排放量将因此减少 60 多万 t，这相当于每年在公路上把 21.3 万辆卡车撤下来或相当于每年节约 32.3 万 t 煤炭，而且这个计划将节约 34 亿美元的开支。同时沃尔玛在供应商的选择和评价标准方面进行了大胆的改革，放大了其"低碳过滤器"的作用和效果，以终止订单的方式，逼迫供应商从原料采购、制造、销售等环节打造低碳供应链，履行企业的社会责任。毫无疑问，沃尔玛强制执行低碳采购不但打造了业界优秀企业的典范，提高了自己的品牌美誉度，而且实现了自己的商业目的，得到了消费者的普遍好评。

在企业的实践过程中，低碳采购战略主要通过以下三种途径实现。

（1）低碳原材料和绿色包装物的选取。对大多数制造企业来说，原材料和包装物都是通过外部采购的方式获得，因此企业在采购过程中，选取低碳原材料和绿色包装物就成为实现绿色采购的一个重要途径。

（2）部门与部门之间的紧密合作。企业应加强内部各部门，包括采购、产品设计、生产和营销等部门的沟通与合作，共同做出原材料和零部件的采购决策。在材料的选择、产品的结构功能、产品生产过程、产品包装和运输方式、产品使用及使用后的处理等方面，企业都需要考虑降低碳排放、节省自然资源和降低环境污染程度。

（3）供应商的评估与选择。在对供应商进行评估与选择时，需要考虑的主要因素不仅有产品质量、价格、交货期、批量柔性和品种多样性等，环境因素也成为其着重考虑的因素之一。许多企业在评价供应商时，渐渐引入 ESG（Environment, Social and Governance）评价体系，即从环境、社会和公司治理三个维度评估供应商经营的可持续性和对社会价值观念的影响。在采购过程中，企业应选择对环境友好的低碳原材料，降低工业生产中的碳排放量，减轻对环境造成的污染和破坏。

4.2.3 低碳采购的特点

从前面对于低碳采购的实现途径中可以看出,低碳采购应当着眼于采购行为与整个环境系统的协调与可持续发展。

(1)低碳采购旨在最小化对环境造成的影响。传统采购与供应活动可能更多地关注采购成本,并不注重采购过程中的碳排放对环境造成的负面影响。传统的治理方式是当采购活动对环境的影响形成以后,再采取各种补救和治理措施。低碳采购则是要预见到各种可能的情况,进行源头治理。

1)物品的采购。对大多数采购者而言,采购物品大多是从外部购入,并非自制,所以其可以通过选择绿色原料等方法,加强对采购物品的管理。采购者可以选择已经通过某种环境认证的供应商或者产品。除了重视采购的经济成本,其还要合理评估环境成本。低碳采购可以大大降低中后期的处理成本,不至于出现最终产品达不到碳排放要求而遭受相关部门罚款,或者遭到他国碳排放壁垒的情况,在获得可观的经济效益的同时取得社会效益。

2)包装物的选用。为了保护商品,提高附加值,商品包装日趋多样化、复杂化,甚至出现了过度包装的情况。不同的包装材料会产生不同的影响,如塑料袋、玻璃瓶、易拉罐等会留下长久污染。同时,大量包装仅支持一次性使用,这些包装材料不仅消耗了有限的自然资源,而且所产生的废弃材料本身也会对自然环境造成严重的影响。绿色采购倡导绿色包装,在保护采购商品物资的前提下,应尽量减少包装,并采用绿色包装。

3)采购物资的运输。运输车辆的燃油消耗和排放会造成环境污染,同时车辆本身也会加剧城市交通阻塞。低碳采购倡导通过对货运网点及配送中心进行合理布局,增加运输工具满载率、采用新能源运输工具替代传统运输工具等方法降低货运中的碳排放量,减少环境污染与资源消耗。

(2)低碳采购中成本观念的转变。低碳采购中的采购者不再将关注的重点只放在原材料的价格上,而是重点考虑与采购发生的相关的总成本,即除交付期、质量、库存等传统成本之外还有环境成本的计算。低碳采购不仅仅局限于充分利用供应链内部的资源,还要充分考虑在供应过程中所选择的方案会对周围环境和人员产生何种影响、是否合理利用资源、是否节约能源、如何处理与回收废弃物和排放物、是否对环境影响做出评价等,是一种绿色的总成本观念。

1)低碳采购强调考察产品的整个生命周期。低碳采购的目标,要求在现有的采购体系中引入碳排放政策、环境标准、评估方法和实施程序,确保采购符合碳排放限制和节约资源要求的产品,并且鼓励采购者选择那些具有尽可能多的生命循环阶段的产品和服务。采购者要从产品整个生命周期进行考察,即在资源开发、生产、运输、销售、使用和废旧物品的处理等各个环节都最大限度按照低碳目标的要求进行。在决定有利于环境的采购时,建议采购者在那些同类竞争性的产品和服务中比较它们整个生命周期对环境的影响程度,同时考虑它们的复合环境属性,诸如在产品生命周期每个阶段能源效率增加多少、毒性减弱多少和对生态系统的影响等。不能采购碳排放不合格企业生产的产品,也不能采购不符合碳排放要求的产品。

2）低碳采购强调建立良好的供应商合作关系。在传统的采购模式中，采购只关注采购品的价格、质量等，对供应商的环保表现和其他情况缺少了解。供应商与采购方只是一种简单的买卖关系，因而无法解决一些涉及全局性、战略性的供应链问题。低碳采购倡导与供应商建立一种长期的、互利互惠的合作关系，并通过各种方式对供应商进行评价和激励。

建立长期的合作关系。通过对供应商进行有效的评估，选择合适的供应商，最终建立稳定的供应链关系，是企业发展的必然趋势，也是企业同时获得环境效益和经济效益的重要保障。供应商的选择过程，包括信息收集、筛选、考核等，本身就会耗费大量的成本。在与供应商建立长期的合作关系以后，企业可以逐步减少供应商的数量，对重要供应商进行持续性的考核和评估，以此降低寻找供应商的管理成本。

利用信息系统等方式，与供应商加强交流与沟通。供应商和采购者之间可以通过互联网来实现实时的信息交流，信息数据流动是双向互动的；通过提供反馈信息和教育培训支持，企业可以促进供应商改善质量；在供应商产品设计和产品质量控制过程中可以提出具有针对性的建议，减少生产中高碳排放量的流程，采用更加低碳的生产流程。

采购者不仅要关注自身的环境表现，还要考核供应商的环境绩效。在进行低碳采购的过程中，通过选择合适的供应商并进行有效的供应商管理，不仅可以达到企业的利润预期，还可以满足消费者和政府机构的环境期望，从而提高整个供应链的竞争力。采用低碳采购的企业可以通过选择和评估低碳绿色供应商、与供应商建立战略合作伙伴关系、定期召开供应商会议等方式，在获得较好经济效益的基础上，提升供应链的环境效益。

3）低碳采购更加关注公平和效率。传统采购比较注重经济效率，关注采购成本的压缩，而低碳采购同时关注效率与公平。低碳采购要把企业和政府的采购过程纳入生态环境保护之中，接受生态环境对生产、交换和消费的约束，使之与自然系统协调、和谐。在采购活动中，除了强调要有一定的效率，也要关注公平维度。低碳采购倡导运用更加透明、公正的方式，合理选择供应商和商品，利用现代网络技术全面提高采购的品质和效率。企业可以将传统的采购方式与信息、网络技术相结合，实现更多采购业务和采购环节的在线操作，通过电子化处理，大大提高采购业务处理的速度和准确度，实现采供双方的信息共享，建立完备的供应商库、商品信息库、交易资料库等，全面实现信息共享、资源共用。这样，企业可以通过先进技术的应用最大限度地降低采购管理成本，提高效率，并抑制采购中可能的腐败行为。

4.3 实施低碳采购的影响

气候变化是人类面临的全球性问题。随着全球温室气体猛增，对生命系统形成威胁，世界各国正以全球协约的方式减少温室气体的排放。

2021年7月16日，中国碳排放权交易市场启动上线交易。发电行业成为首个纳入中国碳市场的行业，其中纳入重点排放单位的企业超过2 000家。中国碳市场将成为全球覆盖温室气体排放量规模最大的市场。

与此同时，国际上对绿色低碳经济的呼声也越来越高，欧盟发布的《欧洲绿色新政》提出，到 2030 年温室气体排放量要比 1990 年降低 55%（此前这一目标为 40%），并计划在 2050 年实现碳中和。为了实现上述目标，欧盟制定了许多政策，包括收紧碳排放交易体系、增加可再生能源的使用、更快地推出低排放运输方式及支持相关基础设施等。上海美国商会和博斯公司发布了一项制造业竞争力研究报告，指出跨国公司在中国的战略正在转变。鉴于中国所面临的严峻环境问题，3/4 的受访对象表示在中国业务中采用了绿色技术，六成的受访对象预计可以从环保投资中实现运营成本的节省。

在诸多低碳经济涉及的环节中，低碳采购是企业低碳供应链条中尤为重要的一环。低碳采购并不是对目前采购运作方式的背离，而是一种延续。在考虑如何权衡原料、服务、供应商及其他问题时，采购部门通常以分析交易的经济效益或交易对客户的影响等方式，对各个方面的价值进行衡量。出于同样的考虑，低碳采购将某种特定选择对环境的影响考虑在内，这些影响包括某种产品或服务所涉及的交通运输、原料、能源、包装设计及社会生态的碳足迹。

通过实施低碳采购，企业越来越多地了解到各种选择对自身价值链所造成的影响，能够更好地控制并削减成本。这些自然而然地构成了低碳采购的诸多益处。但其中最显著的益处是，它使得企业能利用社会各界对环保问题的关注度，吸引客户、激励现有员工并招募新人。其次，低碳采购能使企业更有效地应对监管，甚至能对相关措施做出预测。最后，低碳采购使得企业能通过企业社会责任报告来表达它们的承诺。根据调研公司 Eye For Procurement 在 2007 年发布的研究报告《绿色采购报告》，履行企业社会责任是受访企业推行绿色采购倡议的主要原因。在中国，越来越多的企业把企业社会责任纳入未来的发展计划。

4.3.1 低碳采购对企业出口的影响

自从我国加入 WTO 以后，世贸组织对我国出口的部分产品取消了配额限制，这虽然为中国产品走出国门提供了更多的机遇，但与此同时，中国也面临新的贸易壁垒——绿色壁垒。以纺织品服装领域为例，绿色壁垒主要有两类：其一，针对纺织品服装从设计生产到报废回收的全过程对环境的影响，设置相关壁垒；其二，要求纺织品服装不能对消费者的健康和环境产生影响。

纵观各国制定的要求，普遍存在一个共同点，即纺织品服装中不得含有对人体造成损害的有毒有害物质，不得存在潜在的、可能对人体造成伤害的因素。为了能够顺利实现出口，中国的服装企业必须尽量采购对环境影响小、对人体无害的染料或化学助剂，以此保证产品能顺利通过国际检测，获得国家认可，打破进口国设立的绿色壁垒。

4.3.2 低碳采购对企业财务绩效的影响

（1）实施低碳采购可以降低生产成本。将企业的生产容量同生产能力相适的供应商结合起来，把部分生产行为从采购企业转移到供应企业，从而可以提高效率。当然，只有与供应商建立起更密切的联系后，这些情况才能实现。

促进供应企业之间的联合，采购企业直接面对组合后的供应商而非零部件供应者，有助于供应企业和采购企业之间建立更为紧密的关系，减少材料的浪费，从而提高环境效益和经济效益。

（2）实施低碳采购可以有效削减材料流通成本。材料流通成本包括采购成本、运输成本和库存成本，通过与供应商建立起紧密的联系，能够有效减少这方面的成本。

1）由于与供应商的密切联系，企业可以避免采购有毒、有害及劣质的原材料，降低由于材料不合格而导致重新采购的成本。

2）采购企业对供应商进行评估与选择时加入对其碳排放相关的准入指标，直接参与供应商的碳排放管理，有利于形成长期的战略伙伴关系，减少采购过程的减排投入。

3）建立与供应商的联系，在满足运输要求的前提下，采用可循环的包装并减轻包装的重量，选择碳排放量更少的物流路径规划，有助于降低包装和运输的成本。

（3）实施低碳采购可以降低主营业务成本。主营业务成本包括采购成本、运输成本和库存成本。使用再循环、再利用的原材料和包装物，并实现原材料和包装物的再循环、再利用，可以节约资源，降低企业成本。同时，采购企业与供应商建立长期的合作关系，实现采购过程低碳化，通过降低物流运输、包装成本，可以使产品销售价格下调。供应商的产品销售价格下降了，采购企业的原材料成本也会随之下降。

（4）实施低碳采购可以增加企业主营业务收入。随着大部分消费者低碳绿色意识的增强，购买低碳产品已成为一种时尚和必然选择。低碳产品因其具有较高的绿色价值，即使其售价比普通商品高 20%～50%，许多消费者还是愿意为了环保事业而买单。而企业实施低碳采购同样是生产低碳绿色产品的基本环节和重要保障，是获取绿色标志的重要途径，所以生产和销售低碳绿色产品能够在一定程度上提高产品销售价格，扩大产品的市场占有率，从而增加企业的主营业务收入。

（5）实施低碳采购可以减少管理费用。供应商的寻找与选择过程，包括对供应商的信息收集、筛选、评估与考核工作，要耗费企业很多人力、物力和财力，这个过程可能会增加企业管理费用。但基于低碳利益链，与供应商之间建立起稳定的关系后，就会节约大量的管理费用，具体包括节约由于对供应商不信任而产生的监督成本、采购企业与供应企业的信息沟通成本。此外，实施低碳采购，减少使用有毒和有害的原材料，实现污染物的源头控制，可以减少大笔的排污治理费用。从长远来看，综合管理费用会大大降低。

总之，低碳采购会影响企业的主营业务收入、主营业务成本和管理费用等，进而影响企业的各项财务指标。实施低碳采购能从总体上提高企业的财务绩效。

4.3.3 低碳采购对企业经营环境的影响

低碳采购要求采购者实施低碳采购战略，确保采购材料、商品的低碳化，还要确保供应链中与采购活动相关的各物流环节的低碳化。

（1）资源减量使用。低碳采购不但要包括传统采购的成本节约，还要包括生态环境资源的节约。从提出低碳采购的原因上看，温室气体过量排放导致全球气候变暖，并引发诸多生态环境问题。所以，低碳采购要求企业提高自然资源的利用率，降低能源消耗。采购者可以与供应商建立长期合作关系，在采购产品的设计、材料选取阶段就与供应商进行沟通和合作，尽量满足企业生产的需要。企业在生产过程中可以减少对原材料的浪费，建立长期的采购关系，进而使管理成本大大降低。

低碳采购中的绿色材料应当既能满足企业生产使用的要求，又能最大限度地减少废弃物的产生，并具有节能、环境净化功能，有利于人类身心健康。企业应采用合理运输方式，合理规划物流网点、配送中心及配送路线，提倡共同配送，提高往返载货率，有效减少采购活动对资源的消耗和对环境的污染，从而降低采购的经济成本和社会环境成本。

（2）废弃物回收再利用。在低碳采购中，企业应尽量选用可回收再利用的材料、产品和包装，从而减少采购对环境产生的负面影响。在材料的获取，生产加工、使用和再利用过程中，要做到对环境的影响最小，且采用的绿色包装要对生态环境和人体健康无害，能循环复用和再生利用。通过采购和使用低碳材料与商品，对废弃物再循环、再利用，可以节约资源和消除废物，有利于改善企业环境表现。

4.4 低碳采购体系和管理过程

践行低碳采购，核心是构建低碳采购体系，将低碳采购理念贯穿其中的各个管理过程，形成闭环。

4.4.1 低碳采购体系构建

（1）构建企业低碳采购组织。构建企业低碳采购组织首先要建立对社会负责任的企业，承担保护环境的社会责任，提高企业节能减排、防治污染的能力，预防并尽可能限制污染源，不断改进环境状况；实行低碳绿色经营，改进生产工艺，使企业树立长期的良好形象。

（2）通过建立相关环境管理体系实现低碳采购和绿色供应。低碳采购强调遵循3R原则，即避免不必要的采购，提高资源的利用率，提高产品的寿命，使产品使用价值增加；注重产品安全，使产品在成分上不含有对人体有害的物质，尽量使产品具有重复使用性能和可循环再生性能。

ISO 14000体系吸收了发达国家在环境管理上的成功经验和先进管理思想，要求企业在环境业绩方面有持续性的改进，特别有助于经济、社会的可持续发展。我国企业可以通过参照 ISO 14000 环境管理体系，提高企业环境质量，减少污染事故和环境破坏带来的风险。由于 ISO 14000 适用于任何类型的企业，为发展中国家的中、小型企业同发达国家的大型跨国公司进行公平竞争提供了统一的评价准则，可以在一定程度上突破发达国家实施的非关税壁垒，所以，建立相关的环境管理体系有助于我国企业在平等竞争的基础上，在国际贸易中站稳脚跟。

1）制定采购的标准。产品的低碳绿色标准是指参照 ISO 14000 标准和国家有关法律法规及行业规范，并结合本企业的技术条件提出科学合理的产品技术标准，包括产品的设计要求、包装、运输、保管、使用、回收、处置等环节的低碳要素要求。如果企业没有制定可行的采购标准，则很容易使低碳绿色采购的战略目标流于形式。

企业可以依据低碳供应链采购战略和产品的低碳标准，制定出本企业的供应商选择标准，充分考虑供应商的低碳管理战略、现有技术装备水平、实际生产能力、经济实力和长远合作的可行性，将ESG纳入供应商准入考核标准，筛选出适合本企业的供应商。低碳型供应商提供的产品是实现企业低碳采购战略的关键一步，选择好并且管理好低碳供应商至关重要。

采购绩效评价管理标准包括对本企业内部的低碳采购设计和实践的绩效审计与评价，以及对供应商低碳绿色供应绩效的审计与评价。企业依照PDCA循环的标准，考核低碳绿色采购的绩效并进行整改和提高，最终实现企业的低碳采购战略目标。

2）共享信息平台的建设。传统的采购过程具有典型的信息不对称的特点。而在低碳供应链采购管理过程中，要求供应商能够以合适的时间、价格、方式把物资送到合适的地点，甚至采购方会介入供应商的原材料生产过程，因此低碳供应链采购管理必须依赖有效、及时、准确的信息。此外，企业内部的需求分析、部门之间的沟通也需要有效的信息平台。可以说，没有发达的现代信息技术就没有今天的供应链管理模式。构建统一的内外部信息平台能为低碳采购提供重要的技术支持。采购企业与供应企业之间的信息共享是低碳供应链管理成功实施的重要保证。

整体而言，制造企业和供应企业所掌握的环境信息最多，但与采购企业之间的信息交换很匮乏。更进一步讲，通常大企业拥有足够的资源并在市场上占据主要地位，因此其获得供应企业的环境信息相对容易。而充分、有效、及时的环境信息沟通有利于改善绿色供应链的整体绩效。

（3）建立高效的采购和供应物流系统。低碳化的物流系统是低碳采购和绿色供应管理的重要内容，包括运输、仓储的低碳化，包装的绿色化及流通加工的低碳化等。企业运用低碳物流的全新理念，对运输、装卸、管理过程制定相应的碳排放标准，加大对低碳物流新技术的研究和应用，如对运输规划进行研究，积极开发和试验绿色包装材料等。在进行产品运输时，企业应注意环境保护，提高运输工具的装载率，减少运输过程中碳排放带来的环境影响。在选用运输工具时，企业应尽量首先考虑环境影响小的运输工具，从经济性和环境保护两个角度来选择适当的运输方式。在保护货物的前提下，企业应尽量减少包装材料，重复使用包装并使用再生材料或可再生材料包装、可降解包装，允许消费者免用包装等。在加工流通中，从原材料选择、生产、使用、回收直到废弃的整个过程均须符合环境保护的要求，做到既对生态环境和人体健康无害，又可以节约资源。

（4）建立碳壁垒应对机制。碳壁垒又称绿色壁垒，是一些经济体以环保为名义设置的贸易壁垒。碳壁垒的主要表现形式是碳税，即根据产品加工过程所排放的碳的多少收取的一种环境税，如在实际中常常采用能源税的形式。碳税和边境税调整是欧盟和美国的碳壁垒措施之一。碳税是指对高耗能的产品进口，征收特别的二氧化碳排放税。主要针对进口产品中的碳排放密集型产品所进行的关税税收，包括铝、钢铁、水泥、玻璃制品等产品。征收碳税能够提高能源使用成本，从而迫使制造商选择能效更高的生产方法、技术、工艺和产品，降低碳排放量。

发达国家通过绿色技术标准的设置，使我国企业出口产品的成本大大增加，削弱了国际竞争力。在其他国家的企业都采取环保措施的情况下，我国企业需要消除出口产品被征收碳税的潜在风险。为了避免在国际市场中陷入困境，对于企业来说，采取相应措施提高产品的科技含量是突破碳壁垒的根本途径。除了大力引进国外先进的清洁生产技术、污染治理技术外，企业还要逐步培养自主创新能力。同时，企业只有了解、熟悉本行业密切相关的国家和国际上各种碳排放环保规定，才能够建立有效的碳壁垒应对机制。

4.4.2 低碳采购的管理过程

低碳采购不仅保障整个企业物资供应还对企业采购进货活动进行管理，而且贯穿与包含采购计划制订，供应商选择与评价，物流中的运输、仓储、包装等各个采购环节。此外，低碳采购要求企业内部各个部门协商决策，在采购行为中考虑环境因素，通过减少材料生产制造过程中的碳排放、末端处理成本、物流运输中的碳排放等方式提高企业绩效。基于低碳环保的采购管理可以从采购管理的具体环节进行分析。

（1）采购管理中的低碳产品设计。如果企业能采用低碳原材料替代高能耗原材料生产产品，则可以从源头节能减排，对环境带来显著的积极影响。产品的环境影响主要集中在产品的加工设计过程中。如果采购部门能与设计部门互相沟通和交流信息，在设计时对材料进行生命周期分析，则可以减少废物数量，同时也可以降低材料的购买成本和污染治理成本。这主要包括以下三个因素。其一，设计时考虑减少使用材料和能源；其二，设计时考虑零部件的再利用、再循环和恢复；其三，设计时考虑避免或减少使用有害材料。企业进行低碳采购时可借助对供货商材料采购、零件或产品的限制来减少碳排放和有害物的产生。

苹果公司一直走在低碳产品设计的前沿，其在 2019 年发布的所有 iPhone、iPad、Mac 和 Apple Watch 设备产品中均采用了可回收的材料。这其中就包含苹果在智能手机中首创的材料——可回收的稀土元素。为了利用好可回收材料，苹果公司还斥巨资开发了新型回收技术，用智能机器人拆卸手机，收集可回收材料。苹果公司还和一家位于得克萨斯州奥斯汀的材料回收实验室及卡内基梅隆大学合作，研究创新的电子回收技术，进一步开发工程解决方案。通过这些措施，苹果公司在 2019 年的碳排放量减少了 430 万 t。在 2009—2020 年的 11 年间，苹果公司将产品使用所需的平均能耗降低了 73%。

此外，不同企业在供应链上下游中扮演的角色不同，其有不同的低碳采购重点。处于供应链上游的厂商，如美国超威半导体公司（AMD）只对一些办公文具、设备实行低碳采购；而处于供应链下游的厂商，如 IBM，除了对法规所禁止材料进行减量及限制，更积极地建立一个完整的限制材料或产品数据库，通过网络和内部信息系统连接，对供货商采购的材料加以管制。

因此，企业在制订采购计划时，应该基于自家产品设计加工所需要的原料制定相关的减碳标准，同时也要考虑自身在供应链上下游中的角色定位，制定自己的低碳采购重点。

（2）采购管理中的供应商选择。供应商的选择是采购管理的重点，采购部门在收到企业内部采购请求并分析确定需求之后，就要进行供应商选择的工作。传统的采购管理在供应商选择方面有诸多标准，一般认为比较重要的标准有供应商的技术水平、提供产品的质量、产品价格、售后服务、交货准确率等。

基于绿色物流的采购管理在供应商的选择上，除了要考虑传统的选择标准之外，更注重的是供应商在 ESG 领域的评价，以及提供的产品是否低碳环保。在采购过程中，采购人员更加注意原材料、产品的碳足迹问题。Lee 曾在论文中运用案例分析现代汽车公司的碳足迹管理，向关键供应商提供碳排放指南，强调与供应商的协作。选择低碳供应商是实现供应商环节低碳排放的最简捷途径，与供应商协作以降低碳排放成为更好的选择。

1）低碳供应商评价体系应遵循的标准。绿色供应商评价问题不论是从评价指标的建立，还是评价方法的选用上都有其特殊性。供应商评价问题本已经涉及众多因素，而绿色供应商的选择又增加了问题的复杂性。目前已有的评价指标多种多样，既有定性的，又有定量的，而且指标权重不同，因此有必要建立一套针对低碳绿色供应商的、可扩充的评价体系，该指标体系应遵循以下原则。

全面性原则。绿色供应商评价指标体系应当能够全面、准确地反映供应商各方面的情况，并且能够将各个评价指标与系统整体相结合，以便全面反映评价对象的优劣。

简明性原则。在供应商信息充分的前提下，所选指标数目应尽可能少，简洁明了，各指标间不应有强相关性，避免指标内涵重叠。

科学性原则。对于供应商评价和选择步骤、选择过程，应坚持透明化、制度化和科学化。

客观性原则。评估体系应该稳定运作，标准统一，减少主观因素。在指标筛选过程中，应尽可能选用可量化的指标，且指标中的数据来源要真实可靠，以确保评价结果的真实性和可比性。

灵活性原则。不同环境下的供应商评价应是不同的，评价体系应当保持一定的灵活性，可操作性要强。

前瞻性原则。评价指标体系要预见到未来的变化趋势，不仅要有数量上的变化，还要有指标内容上的变化，采购者可以根据每次具体采购活动的不同要求对指标体系进行修改、增加和删除，并根据具体情况将指标进一步具体化。总之，评估的指标、评估的工具与技术都需要不断地更新。

2）低碳供应商评价指标体系构成。面对全球竞争压力，如何管理自己的供货商以提升在产品及服务方面的竞争优势，已成为企业所关注的焦点。大部分企业的做法是利用环境绩效评估、环境保护程度、环境管理程度为供货商评定等级，以此选择自己的绿色供货商，诸如 B&Q、佳能及诺基亚等著名企业即是如此。但也有些企业采用其他的做法，如 AMD 更进一步成立针对不同产业供货商的评估组织，评估不同类型的供货商，而 Xerox 则提供环境教育方案来引导自己的供货商。这些例子都是将网络理由和内部系统结合来，用以整合供货商或产生互动并加以管理。

供应商评价指标有很多，不同的采购者在具体采购活动中采用的考评指标也各不同。供应商的评价选择标准可以分为短期标准和长期标准，短期标准一般包括商品的质量、价格水平、交易费用、服务水平、交易及时性等几个方面。长期标准则主要考虑供应商能否提供长期而稳定的供应，其生产能力是否能匹配公司的成长而相对扩展，供应商是否具有健全的企业体制、与公司相近的经营理念，其产品未来的发展方向能否符合公司的需求，以及是否具有长期合作的意愿等。结合我国的法律法规对企业的各种要求，这些具体指标应包括如下三个方面。

环境质量指标。对产品生命周期的环境质量做出评价，即产品从原材料的取得到生产、销售、使用及回收整个过程对环境影响的整体程度，包括生产中污染物排放情况、主要环境质量指标的达标率、各种环境资源（包括水、木材、石油、矿产等）的耗用量、有毒有害材料或物品的使用、"三废"排放量、废弃物的处理和循环利用、原材料的使用效率、包装物回收率等。

环境管理指标。该指标涉及环境纠纷问题的数量、环境管理制度和管理体系的情况、排放未达标的污染物、污费缴纳、参与或承担的污染管理控制、是否通过相关认证体系（如ISO 14000，环境标志产品认证）等。

环境投入指标。该指标涉及清洁生产技术开发费用、新型设备购买投入、环境管理技术开发和维护人员投入、员工绿色知识教育培训费用等。根据前述绿色供应商评价体系应遵循的标准，应充分考虑环境评价因素，建立绿色采购的供应商评价体系。表4-2呈现了某跨国矿业公司在选择低碳供应商时的环境评价相关指标。

表4-2 某跨国矿业公司低碳采购框架下的供应商评价体系表（部分）

一级指标分类	二级指标分类	三级指标分类	评价指标示例
环境类指标	气候变化	温室气体排放	GHGs排放总量
		能源消耗	煤油消耗量
			柴油消耗量
			汽油消耗量
			煤炭消耗量
			液化天然气消耗量
			天然气消耗量
	水资源	取水	总取水量
			雨水取水量
		用水	水循环利用率
		排水	COD排放量
	废弃物	一般废弃物	一般废弃物总产生量
		危险废弃物	危险废弃物总产生量
	废气排放	危险废气	汞及其化合物排放量
	生态环保投入	生态环保投入	环保投入金额
		生态修复投入	生态修复投入金额
	生态环境	绿化复垦	恢复植被面积
			种植花木数量

（3）采购管理中的低碳运输。在确定了货物需求及供应商之后，就要进行相关的物流活动。在企业采购管理中，必然要涉及运输，传统的采购管理关注的重点是如何使运输费用最少，对于运输中的环保问题并不重视，而基于低碳物流的采购管理应更加注意如何能够实现

低碳运输，减少运输环节的碳排放量，控制对环境的污染。

作为低碳采购的一环，低碳运输的特征是节约能源、减少废气排放量。根据运输环节对环境影响的特点，运输低碳化的关键原则就是降低卡车在道路上的行驶总里程。围绕这一原则，低碳运输应发展多式联运和共同配送、建立信息网络、选择环保型的运输工具等。

（4）采购管理中的绿色包装。包装在整个物流活动中具有特殊的地位，它既是生产的终点又是物流的起点，将直接影响物流系统中的装卸、搬运、存储、运输等各个基本功能实现的效率和质量，关系到整个物流的服务水平、经济效益和社会效益。采购管理活动与包装密切相关，采购管理活动中涉及的运输、仓储、装卸搬运等环节都离不开包装。绿色包装会直接影响采购过程。

（5）采购管理中的低碳仓储。仓储保管是物流活动的重要构成要素，在物流活动中发挥着重要作用。企业在采购管理活动中不可避免地会涉及仓储保管活动，从货物被购买回来到投入使用会存在一个时间差，而这个时间差需要依靠仓储保管活动来调节。仓储保管活动本身对周围环境会产生重大影响，比如因为货物保管、操作不当引起货品损坏、变质、泄漏等问题会影响周围环境；另外，仓库布局不合理也会导致运输次数的增加或运输迂回，进而导致不合理运输现象的产生，从而增加碳排放量。这些都要求在采购管理过程中必须重视仓储保管。低碳仓储与保管是在仓储环节为减少储存货物对周围环境的污染及货物运输中的碳排放量，同时避免储存物品在存储过程中的损耗而采取的科学合理的仓储保管策略体系。

（6）采购管理中的货物接收及生产环节的低碳化。在运输、储存等物流活动之后，货物进入交接验收阶段。在此阶段，交接人员要认真进行货物接收工作，除了要核对货物的规格、型号、数量，更重要的是要严格审查货物是否具备采购时所要求的绿色环保资质，是否属于绿色环保产品。如有出入，应及时退还并办好相关手续。货物经过检验之后，采购者会将采购的物品投入使用。在生产过程中会产生废弃物，包括废品和副品。这些物品如果可以利用，就需要合理地进行再循环使用，如若由于技术或经济上的原因无法再利用则要进行合理的销毁。

思考与练习

1. 采购有哪些分类？
2. 低碳采购有哪些特点？
3. 实施低碳采购会产生哪些影响？
4. 如何构建低碳采购的体系？
5. 基于低碳采购的管理过程包括哪些？

第 5 章

低 碳 生 产

📖 学习目标

1. 了解运营管理中生产环节的基本内容与类型
2. 理解低碳生产的产生背景与核心要素
3. 掌握低碳生产的具体方法
4. 理解低碳生产与再制造的区别和联系

📖 引例

家电企业的绿色生产

中国家电行业内相关企业积极开展绿色生产,经过多年实践,在原料采购、生产、回收处理等环节形成了清洁低碳生产的整套体系。以下是一部分家电企业在绿色生产方面的经典案例和规范化操作过程。

海尔:杜绝不合格材料导入

海尔以环境管理和能源管理作为保障,全面实施绿色生产。截至2007年年底,34个主导产品事业部全部完成绿色生产审核工作,绿色生产体系已全面建成,并实现年直接经济效益 5 000 余万元,年减少废水排放量 15 万 t,年减少二氧化碳排放量超 300t。海尔通过引入 EMC 能源管理合同模式,累计利用社会资金 1 000 多万元,节能降耗工作经济效益显著,可持续发展能力已显著增强。

海尔为 2008 年北京奥运会提供了 5 353 台二氧化碳自然冷媒冰箱和智能管理静音冰箱,为运动员和媒体记者提供了舒适、安静的生活环境。在青岛奥林匹克帆船中心、北京网球中心和运动员餐厅铺设了 2 864m^2 的太阳能集热板为海尔太阳能空调和太阳能热水器提供热量,每年可以节约电能 241.5 万 kW·h,相较常规能源,预计减少二氧化碳排放量约 2 140t。

对于绿色生产,海尔电脑主要做了以下五个方面的工作:①获得 ISO 14001 国际环保体系认证,从管理体系和系统上保证各个环节符合环保要求;②提前在产品规划、研发、制造、检验和供应商导入各个环节,对产品环保予以评审,不符合环保要求的不允许导入和采用；③海尔电脑现在的供应商均为国际化大供应商，供应商也均是获得 ISO 14001 环保体系认证的企业，并且在制造过程中均按照欧盟制定的《关于限制在电子电器设备中使用某些有害成分的指令》(RoHS) 环保标准执行，达到绿色制造的要求；④产品对环境的破坏性和危害性在产品研发阶段就已被限制，海尔电脑在新产品开发阶段对产品的环保要求予以严格控制，不符合环保要求的不会采用和导入，从设计开始就杜绝污染的介入；⑤对不符合环保要求的部件不采用，对不符合环保要求的设计方案不采用。

TCL：绿色制造获得多国认可

作为一家消费类电子产品制造商，TCL 集团通过持续的技术创新，建立国家认证实验室、采取绿色供应链等措施来减少对环境的影响。

TCL 集团在研发、采购、制造等各个环节实施控制，确保产品达到标准；密切关注全球各地区及国内有关环保政策的新法规新要求，制定了《禁用物质管理规范》《禁用物质控制程序》《禁用物质标准》等文件；编制了一系列操作规程，建立了相应的产品流程及控制保证体系。

TCL 集团产品认证实验室先后获得了美国 UL 安全检测实验室、德国 TüV 莱茵公司、英国 CCQS 等认证机构的认可，并且在国内率先取得了彩电行业 3C 认证现场检测实验室资格。

TCL 集团一直在走自主创新之路，在核心节能、环保技术方面争取获得领先地位。如 TCL 在国内首推光催化复合纳米银二氧化钛技术并将其应用到空调器中，创设了空调高能效的新概念。在节能降耗方面，早在 2002 年，TCL 就率先获得了电视行业首张节能认证证书。近几年来，TCL 先后有 150 多种型号的各类电视产品荣获节能认证证书。

此外，TCL 集团一直在倡导建立绿色供应链。TCL 要求供方取得 ISO 14001 环境质量体系认证，并且在提供环保样品时附上第三方测试报告、认证证书、依据的相关标准等，以保证供应商提供的产品满足 TCL 的要求。

志高：联合上游推动绿色制造

志高一向注重环保，并把绿色生产作为企业可持续经营的核心战略之一。早在 2005 年 5 月，志高便成立了《报废电子电器设备回收指令》与《关于在电子电器设备中限制使用某些有害物质的指令》专案小组，以制定绿色产品相关的设计标准及程序。

志高所采取的主要措施包括：①设立专员进行系统攻关，其主要职责是关注全球各地的相关政策及法令，并适当借鉴其他跨国企业的措施和经验；②从产品设计的源头抓起，制定相关绿色产品的设计标准及程序；③合理设定零部件产品的使用寿命，所有原材料供应商提供的原材料不得含有 RoHS 指令所限制的 6 种元素，如抽查有不合格的产品，将进行处罚并责令整改；④提前完善理化实验室的建设，为原材料控制环节提供保障；⑤在法律法规的框架下，志高目前已筹建一整套完整的回收体系。

要实现产品的绿色制造并形成产业化生产，除了企业本身，还需要整个产业链的配套和支持。为此，志高专门召集各上游产业链供应商代表共同研讨和打造家电业绿色环保供应链,以及实现对相关有害物质的管控。此外,志高还与美国杜邦公司达成长期战略合作伙伴协议,双方拟联手在全球推广采用"最佳冷媒"杜邦 R-410A 的绿色环保空调产品。

资料来源:《企业绿色生产实例有哪些》,https://zhidao.baidu.com/question/1517090486739097460.html.

5.1 生产概述

5.1.1 生产的概念

按照马克思主义的观点,生产是以一定的生产关系联系起来的,人们利用劳动资料改变劳动对象,以满足自身需要的过程。这里所说的生产,主要是指物质资料的生产。通过物质资料的生产,一定的原材料可转化为特定的有形产品。西方学者将有形产品和劳动都称为"财富",把生产定义为创造财富的过程,从而把生产的概念扩大到非制造领域。虽然搬运工人和邮递员转送的都不是他们自己制造的东西,但他们都付出了劳动,我们不能说他们从事的不是生产活动。

从一般意义上讲,生产是一切社会组织对它的输入转化并增值为输出的过程。社会组织要提供输出,就必须有输入,输入由输出决定,生产什么样的产品决定了需要什么样的原材料和其他投入。由于输入与输出存在一定的差异,输入需要通过转化才能形成输出。转化是通过人的劳动实现的,转化的过程就是生产。转化是一个增值的过程,使输出的价值高于输入的价值。

生产运作系统由人和机器构成,是将一定的输入转化为特定输出的有机整体。生产运作系统本身是一个人造系统,是由输出决定的。输出的"质"不同,则生产运作系统不同。显而易见,钢铁厂的生产运作系统不同于机床厂的生产运作系统,餐馆的运作系统不同于银行的运作系统。不仅如此,生产运作系统还取决于输出的"量"。同样是生产汽车,最大批生产和小批量生产所采用的设备及设备布置的形式是不相同的;同样是提供食物,快餐餐馆和大饭店的运作组织方式也是不同的。

生产运作系统包括拥有各种不同技能的人、各种不同功能的机器和厂房及使其能够运行起来的资金。生产运作系统是人的组织、物的配置和资金运筹协调运作的统一体。生产运作系统是由人设计建造的。因此,它可以按照需要进行构造和重构,以适应外界环境的剧烈变化。这是生产运作系统优于生物系统的地方。

5.1.2 生产的目标与内容

生产管理是对生产运作系统的设计、运行与维护过程的管理,包括对生产运作活动进行计划、组织与控制。

(1)生产管理的目标。生产管理所追逐的目标可以概括如下:高效、灵活、准时、清洁、高品质和满意的服务。

1)高效,是指以最少的人力、物力和财力的消耗,迅速生产满足用户需要的产品和提供优质服务。

2）灵活，是指能很快地适应市场的变化，生产不同品种和开发新品种，或提供不同服务和开发新服务。

3）准时，是指在用户需要的时间，按用户需要的数量，提供所需产品和服务。

4）清洁，是指在产品生产、使用和报废处理过程中，对环境的污染和破坏最小。

5）高品质和满意的服务，是指产品性能和服务质量达到客户满意的水平。

（2）生产管理的内容。生产的内容大致可以分为三个部分：生产运作系统的设计、运行和改进。

1）生产运作系统的设计，包括产品或服务的选择和设计、工艺选择、能力规划、生产运作设施的选址、供应商的选择、生产运作设施的布置、服务交付系统设计和工作设计等。生产运作系统的设计一般在设施建造阶段进行。但是，在生产运作系统的生命周期内，不可避免地要对生产运作系统进行更新，包括扩建新设施、增加新设备；或者由于产品和服务的变化，需要对生产运作设施进行调整和重新布置。在这种情况下，都会遇到生产运作系统设计问题。

2）生产运作系统的运行，主要是指现行的生产运作系统如何适应市场的变化，按用户的需求生产合格的产品和提供满意的服务。生产运作系统的运行主要涉及生产计划、组织与控制三个方面。

3）生产运作系统的改进，包括人员培训、设备和设施的维护及生产运作系统的改善。管理人员的管理水平、工人的操作技能及人员的整体素质需要通过不断的培训来提高，这是从事生产活动的保障。设备和设施的维护是保证生产运作系统正常运行的物质条件。生产运作系统的改进则是为了满足消除浪费、降低成本、提高产销率的需要。

5.1.3 生产的类型与特点

产品生产是通过物理和（或）化学作用将有形输入转化为有形输出的过程。例如，通过切削加工、装配、焊接、弯曲、裂解、合成等物理或化学作用，将有形原材料转化为有形产品的过程，就属于制造性生产。通过制造性生产能够产生自然界原来没有的物品。按照不同的分类标准，生产分为以下几种类型。

（1）按工艺过程的特点，可以把制造性生产分成两种：连续性生产与离散性生产。两者的含义与特点如表 5-1 所示。

表 5-1　连续性生产与离散性生产对比

种类	定义	实例	特点
连续性生产（流程式生产）	物料均匀、连续地按一定工艺顺序运动，在运动中不断改变形态和性能，最后形成产品的生产	化工（塑料、药品、肥皂和肥料等）、炼油冶金、食品和造纸	生产设施地理位置集中；自动化程度高；生产过程中的协作与协调任务也较少，但对生产运作系统可靠性和安全性的要求很高
离散性生产（加工装配式生产）	物料离散地按一定工艺顺序运动，在运动中不断改变形态和性能，最后实现产品的生产	轧钢和汽车制造，轧钢是由一种原材料（钢锭）轧制成多个产品，汽车制造是由多种零件组装成一种产品	生产设施地理位置分散；零件种类繁多；加工工艺多样化；生产过程中协作关系十分复杂；计划、组织和协调任务相当繁重；生产运作管理复杂

（2）按照企业组织生产的特点，可以把制造性生产分成备货型生产（Make-to-Stock，MTS）与订货型生产（Make-to-Order，MTO）两种。

1）备货型生产。备货型生产是指在接到用户订单之前，经过市场预测按已有的标准产品或产品系列进行的生产。生产的直接目的是补充成品库存，通过维持一定量的成品库存，即时满足用户的需要。例如，轴承、紧固件、小型电动机等产品的生产就属于备货型生产。这些产品的通用性强，标准化程度高，有广泛的用户。

2）订货型生产。订货型生产是指按用户特定的要求进行的生产。用户可能对产品提出各种各样的要求，经过协商和谈判，以协议或合同的形式确认对产品性能、结构、质量、数量和交货期的要求，然后组织设计和制造。例如，锅炉、船舶等产品的生产就属于订货型生产。这些产品的专用性强，大都是非标准的，有特定的用户。

订货型生产与备货型生产是完全不同的组织生产方式。备货型生产是预测驱动的，通过需求预测、生产计划、库存控制、MRP、作业计划和排序等活动来组织生产。相应地，计划与控制方法不一定能够用于订货型生产。备货型生产可以在用户需求发生前进行，可以使制造厂及其供应厂家的生产活动按计划均衡地进行，能够通过库存即时向用户提供产品，这是它最大的优势。但是，如果预测不准确，将带来成品积压的风险。在供不应求的市场环境下，备货型生产方式是适用的。

订货型生产是用户订单驱动的。订单可能只包括企业产品清单上的产品，更可能是非标准产品或各种变型产品。订货型生产能够避免产品积压的风险，在供过于求的市场环境下是适用的。但是，订货型生产的交货期长，降低了对用户需求的响应性。

（3）按产品或服务专业化程度的高低，生产可以划分为大量生产、单件生产和批量生产三种生产类型。

1）大量生产。大量生产品种单一，产量大，生产重复程度高。美国福特汽车公司曾坚持生产 T 型车长达 19 年，这是大量生产的典型例子。

2）单件生产。单件生产与大量生产相对，单件生产品种繁多，每种仅生产一台，生产的重复程度低。制造汽车冲模是典型的单件生产。

3）批量生产。批量生产介于大量生产与单件生产之间，即品种不止一种，每种都有一定的批量，生产有一定的重复性。在当今世界上，单纯的大量生产和单纯的单件生产都比较少，一般都是批量生产。由于批量生产的范围很广，因此通常将它划分成"大批生产""中批生产"和"小批生产"三种。

由于大批生产与大量生产的特点相近，习惯上合称"大量大批生产"。同样，小批生产的特点与单件生产相近，习惯上合称"单件小批生产"。有的企业生产的产品品种繁多，批量大小的差别也很大，习惯上称为"多品种中小批量生产"。"大量大批生产""单件小批生产"和"多品种中小批量生产"的说法比较符合企业的实际情况。

人们发展生产的本意是不断提高物质生活和精神生活的质量。但事与愿违，在人们高喊"向自然界索取""向自然开战""人定胜天"等口号并付诸行动之后，大自然已开始对人类进行报复，人类面临生存环境日益恶化的问题。阳光、空气和水是维持人类生存的最基本条件。然而，我们赖以生存的地球已被严重污染。资源的掠夺性开采和浪费，已造成森林和草原的破坏，如气候恶化、水土流失、沙尘暴及河流断流。

大量的实体产品本是自然界没有的东西，产品的使用和报废会产生大量的工业垃圾和生活垃圾，它们被随意排入江河和大气，导致水资源和生态环境被严重污染，对人们的生产生活产生许多不利影响。大气臭氧层空洞使人们面临太阳紫外线的照射威胁，环境的破坏是人类为工业化付出的沉重代价。可喜的是，人类已开始觉醒。人们已经注意到工厂生产的不仅是对人们有用的产品，还有对人们无用甚至有害的废水、废气和废渣。生产管理者不仅要对所提供的产品和服务负责，而且要对产生的"三废"负责。"绿色制造"这一概念，就是在这样的背景下被提出的。

5.2 低碳生产概述

5.2.1 典型的工业生产模式

工业生产模式是对工业生产的内在运行规律、外在特征及表现形式的科学概括与总结，我们可以从不同的视角对其进行概括和分类。根据工业生产与环境之间的关系，工业生产模式一般分为三类：线性生产模式、末端治理模式、清洁生产模式。不同的生产模式对环境造成的影响自然不同。

（1）线性生产模式。线性生产模式是以牺牲环境为代价的工业生产模式，该模式将资源转化为产品或服务之后，产生的绝大部分工业废料直接被送回生态圈，如图5-1所示。这种生产模式出现于18世纪中叶的工业革命，具有大量开采、大量生产、大量消费、大量废弃的特点，是"资源→产品→废料"的单向运动过程。由于自然环境的环境容量和自净能力是有限的，随着工业废料的不断增加，当自然的环境容量和自净能力达到极限时，就会造成环境污染和生态破坏。工业废料中存在大量的人工合成产品，这些产品很难被自然界降解，这导致环境污染和生态破坏的进一步恶化。可见，线性生产模式是破坏环境的根源。根据理性经济人理论，在经济活动中，企业所追求的唯一目标是自身经济利益最大化，而不会考虑社会利益和自身的非经济利益。投资者所获的经济回报，大部分仍用于扩大投资和再生产，以谋取更多的利润。这样便构成一个闭环系统，从而导致资源耗竭、环境污染，以至于出现生态危机。

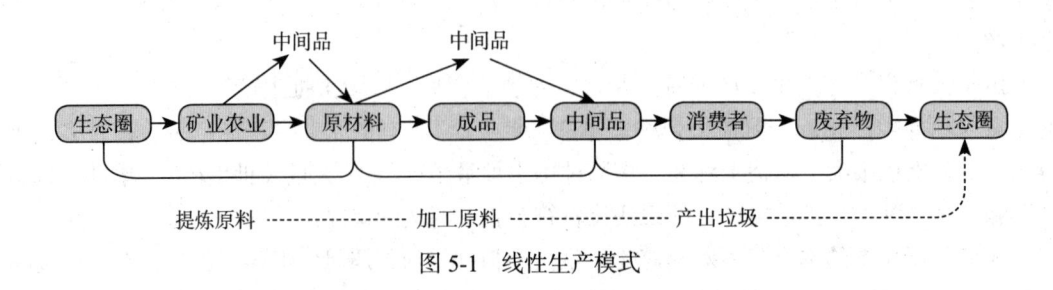

图 5-1 线性生产模式

（2）末端治理模式。随着人们环保意识的不断提高，各国政府纷纷设立了专门的机构来保护环境，制定了一系列法律法规，规定各种污染物在环境中的最高允许浓度和工业企业废物的最高允许排放标准。为满足达标排放的要求，在法律法规允许的范围内进行生产，企业需要建立废水处理站，安装废气除尘、脱硫装置，配置固体废料焚化炉或填埋场。这就是工业生产中的末端治理模式，也称为环境工程模式或污染控制模式。

末端治理模式在遏制工业污染迅速扩散方面发挥了一定的积极作用，在一定程度上减少了工业"三废"及温室气体的排放量。然而，末端治理模式也存在一定的局限性，它会造成环境污染和生态破坏。在末端治理模式下（见图5-2），企业只对工业废物做被动处理，与生产过程割裂开来，无法为整个生产系统创造价值。再加上处理设施投资较大、运行费用较高，这既额外浪费了资源，又难以获得经济回报，常常成为企业的沉重负担；排放标准存在一定的局限性，对污染存在的长期性、积累性、协同性及不可逆转的潜在影响估计不足，很难达到有效保护环境的目的；末端处理一般不能从源头或根本上消除污染，只是使污染物在不同介质中转移，还可能造成二次污染；企业对产品的生态无害性考虑不足，有些产品的使用过程往往比其生产过程更加危害环境，比如含铅汽油、多氯联苯农药和塑料包装材料等；工业污染控制措施大多只停留在企业生产过程的微观层次上，未能将环境因素作为政策制定、资源配置、结构调整、区域开发和生产力布局的依据与制约性因素。末端治理模式治标不治本，依然是不可持续的，这种"先污染，后治理"的发展道路存在一定的弊端。

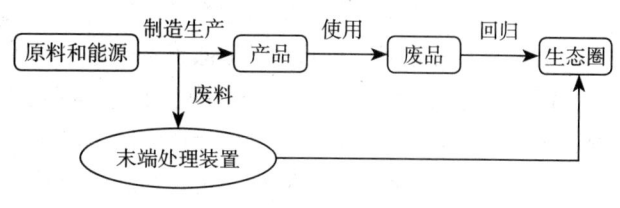

图 5-2 末端治理模式

（3）清洁生产模式。鉴于末端治理模式的局限性，清洁生产模式逐渐被重视（见图5-3）。清洁生产是指对工艺和产品不断运用综合性的预防战略，以减少其对人体和环境的危害。清洁生产是一种新的创造性思想，它将整体预防的环境战略持续应用于生产过程、产品和服务中，以增加生态效率和减少人类及环境的风险。对于生产过程，要求节约原材料与能源，淘汰有毒原材料，降低所有废弃物的数量与毒性；对于产品，要求减少从原材料提炼到产品最终处置的全生命周期的不利影响；对于服务，要求将环境因素纳入设计与所提供的服务中。虽然对于清洁生产的组织建设、企业试点和政策研究等诸多方面取得了显著进展，但我国经济发展所带来的环境压力仍然非常巨大，这就需要我国在推行清洁生产过程中努力克服障碍并解决实际问题。

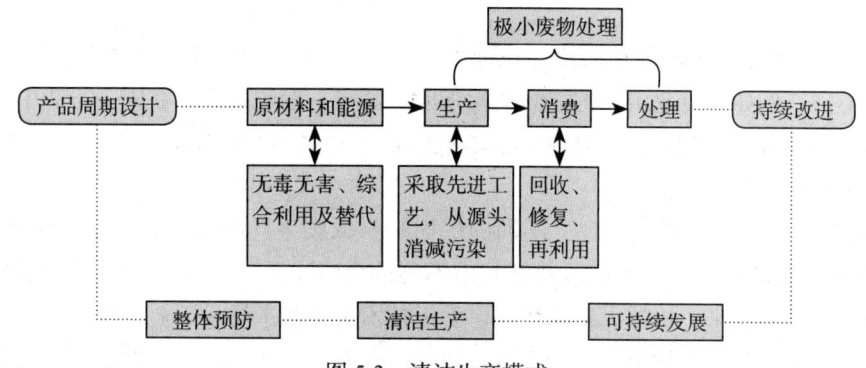

图 5-3 清洁生产模式

5.2.2 低碳生产的概念与特点

（1）低碳生产的概念。低碳生产是以节能、降耗、减污为目标，以管理和技术为手段，实施生产全过程污染控制，使污染物的产生量最少化的一种综合措施。低碳生产与清洁生产的概念并无太大差别，我们可以把低碳生产定义为按照有利于生态环境保护的原则来组织生产过程，创造出低碳产品，以满足绿色消费。因为以往清洁生产的概念较专注于工业生产，所以在某种意义上，低碳生产的内涵比清洁生产更广。除了清洁生产的内容，低碳生产更突出开发和生产低碳产品。低碳产品是指在其营销过程中具有比类似产品更有利于环保的特性的产品。它可以是改良型或全新的产品。低碳产品除了具有传统产品的基本要求，还有一个最基本的要求，即符合环保要求，有利于环保。

（2）低碳生产的特点。在气候变暖的大背景下，在生产领域如何节约能源消耗、努力降低二氧化碳等温室气体排放（即努力低碳生产），是各类企业都需要回答的问题。低碳生产强调"从供给角度倡导低碳理念，追求能源高效、清洁能源开发等"。低碳生产具有以下特点。

1）全能耗，是指生产中直接能耗和间接能耗的总和。前者是指产品生产的能源消耗，煤、油、天然气等一次能源消耗和电、煤气、蒸汽等二次能源消耗；后者是指产品生产所需的原料、设备、厂房等在其取得或建造中的能源消耗。

2）低排放，分为相对的低碳排放和绝对的低碳排放两种情况。前者是基于资源与产出的成本效益原则而言，生产中单位碳要素经济利益的相对增加，即温室气体排放量的增加幅度低于生产产出（通过一定时期的生产总值或销售收入表示）的增加幅度，则可称为相对的低碳排放；后者强调一段时期内企业、行业、地区碳排放总量的绝对降低。然而，即使企业、行业、地区了解相对的低碳排放，过度追求生产进展，碳排放总量依然可能大幅度增加。低碳排放不应仅是相对的低碳排放，应以整个国际社会排放总量的绝对降低为目标。

3）高产出，是指用更少的物质和能源消耗产出更多的社会财富。在有关低碳生产的探讨中，可以引入碳生产力指标，用以衡量低碳生产的产出能力。碳生产力是指单位二氧化碳排放所产出的产品产值或行业、地区的生产总值（GDP），其数值越高，低碳生产的能力越高。

4）持续性，即强调低碳生产不是一蹴而就的，而是基于"持续改善"和"动态平衡"的思想，以产业链的产品设计、生产、消费为核心实现节约能源消耗、减少二氧化碳排放量的目的。

5）行业性，即在不同发展阶段（或地区）的产业结构不同，对能源的消耗强度及碳排放强度也不同。例如，重化工业的能源消耗强度远高于一般制造业。在同一行业中，技术含量越低则能源消耗强度越高。产业结构影响能源消耗总量和能耗强度，产业是节能、减排、推动低碳生产的行业。

6）层次性，即以微观或宏观等不同的层面浅析低碳生产的方式。首先，在微观层面，不管社会发展成何种形态，生产活动都是由不同的微观主体（个人或企业）进行的。自18世纪欧洲工业革命以来，机器大工业代替以手工技术为主的工场手工业，使得企业逐渐成为市场经济活动的参与者、社会生产和产品流通的引导者。其次，行业、地区内的众多微观生产活动构成了宏观层面的社会生产活动，形成不同的产业集群。宏观层面的低碳生产是以减少二氧化碳等温室气体排放和实现低能耗、低污染为目的的生产系统。

5.2.3 低碳生产的背景

低碳生产是相对于"高碳生产"而言的新型生产方式，"高碳生产"具有大量消耗煤炭、石油，高能耗，高碳排放，高污染等特点。

在17、18世纪欧洲工业革命之前，人类的活动主要是农业，通过在土地上栽培农作物或饲养动物来提供所需的产品。这可谓是"低碳生产"，对生态环境的影响和破坏都比较小。

欧洲工业革命于18世纪中叶开始，以蒸汽机、内燃机的发明为标志，人类社会进入了"蒸汽"和"电气"时代，煤炭、石油、电力、钢铁、汽车、造船、电子、纺织工业、建筑业等产业发展迅速、地位上升。在第二次世界大战之后，原子能、电子计算机、空间技术、生物工程等技术的发明和运用开启了第三次科技革命浪潮，成为一场涉及信息技术、新能源技术等诸多领域的信息控制技术革命，给世界经济发展带来了机遇与挑战。

在历经三个多世纪的工业科技革命进程后，煤炭、石油、天然气等化石（碳基）能源大量用于工业生产，呈现出高能耗、高碳排放、高污染的"高碳生产"特点。煤炭、石油、天然气等化石能源的大量消耗，致使地层中沉积碳库中的碳以较快的速度流向大气碳库，引发了温室效应，导致全球气候变暖等一系列环境问题。

相对于以高能耗、高碳排放、高污染为特点的"高碳生产"而言，以低碳生产为内涵的生产方式逐步受到重视。

5.2.4 低碳生产的途径与核心要素

实现低碳生产的途径主要有：选用高能效的生产设备及配套设备；采用降低碳基化合物排放量、提高资源利用率的先进技术；减少或消除废品、返修品的产生；保障生产过程的安全性、稳定性以防止碳基化合物及其他有毒有害气体的外溢；促进边角废料的循环利用；实施清洁生产流程等。例如，富士通公司通过清洁流程再造，减少生产过程中的原材料、化学物质及能源等的投入，以降低碳基化合物等污染物质的排放量，这"一进一出"的管理很好地优化了整个生产过程。

低碳生产涉及的范围和方式不尽相同，以微观、中观或宏观等不同层面来审视低碳生产，其核心要素是不同的。

（1）微观层面的低碳生产核心要素。在企业的生产经营中，努力节约能源消耗、不断降低二氧化碳等温室气体排放，即努力实现低碳生产，应着重从以下几个方面进行。

1）减少能源消耗，在现代企业的生产中，几乎所有的机器、设备都用电能。如果企业能够不断调整和改善生产过程，使机器、设备能耗降到最低，那么二氧化碳排放量就会降低。

2）提高机器、设备的能源转化效率。能源转化效率即生产能源输出与输入之比，低碳生产的能源转化效率要比常规生产的能源转化效率高。

3）减少机器、设备的闲置时间、等候时间及排队时间，杜绝或减少不必要的能源消耗。最优的设备运行及生产决策可以使能源消耗及二氧化碳排放量降至最低。

4）资源分配合理，降低无效的能源消耗及二氧化碳排放量、提高资源的利用效率是低碳生产的重要因素。

（2）中观或宏观层面的低碳生产核心要素。中观或宏观层面的低碳生产，以 LCP 来表示，是指以减少二氧化碳等温室气体排放为中心构筑的低能耗、低污染的生产系统，其核心要素为资源禀赋、低碳技术、产业结构、增加方式、消费方式；以 R、T、F、G、C 来表示，中观或宏观层面的低碳生产可表示成：$LCP = f(R, T, F, G, C)$。其含义分述如下。

1）资源禀赋，传统化石能源、可再生能源、核能、碳汇资源等决定着行业、地区的能源结构，对低碳生产有重大的影响。在我国已探明的能源储量中，煤炭占 94%，石油占 5.4%，天然气占 0.6%，"富煤、贫油、少气"的能源资源结构，决定了我国低碳生产的艰难，也决定了我国发展风能、太阳能、核能、低热能和生物质能等清洁能源，优化能源结构的必要性。

2）低碳技术，是指电力、交通等多个领域在可再生能源、新能源及煤炭油气等方面的勘探开发技术，或者是在二氧化碳捕获与埋存等领域开发的制约温室气体排放的新技术，比如减碳技术、无碳技术、去碳技术。低碳技术的开发决定着低碳生产的进程。我国与发达国家在低碳技术方面还存在一定的差距，需要积极引进先进技术，多管齐下，提升我国低碳技术的自主革新和推广速度。

3）产业结构，即各类产业在国民经济中的占比不同，它取决于社会经济的发展阶段。在三大产业结构中，第一产业和第三产业的生产能源消耗较少，第二产业是重化工产业，在国民经济中所占的比例越大，能源消耗就越大，碳排放量就越高。产业结构是行业、地区由"高碳生产"向"低碳生产"转型的起点和背景。

4）增加方式，即行业、地区生产增加的方式，分为粗放型和集约型两种形式。前者是由生产要素量增加导致的生产增加，后者是指生产要素生产率提高导致的生产增加。能源是生产进展的要素，增加方式决定着能源消耗的量与质，因而最终影响低碳生产的情况。

5）消费方式，是指与消费相关的策略形式。生产要服务于现实或未来的消费，能源消耗排放在根本上受全社会消费活动的驱动。由于自然条件和生活方式的不同，不同地区或居民消费产生的能源消耗和碳排放具有一定的差别。低碳生产应杜绝奢侈，采取低碳消费。

5.3 低碳生产方法

5.3.1 轻量化制造

"轻量化"这一概念最先起源于赛车运动，它的优势其实不难理解，重量轻可以带来更好的操控性，发动机输出相同的动力能够产生更高的加速度。简单来说，轻量化设计就是在不牺牲可靠性或功能的情况下，减少组件中的材料量，达到降低整体重量的目的。轻量化设计不仅能为制造商减少碳排放量，提供应对气候变化挑战所需的解决方案，且能提供更好的组件性能并延长产品寿命。因此，轻量化制造是绿色制造业的未来。

（1）轻量化制造的实现途径。轻量化制造实现的途径主要有三大方面：一是材料轻量化；二是产品结构优化设计；三是先进制造技术的开发应用。三者相辅相成以最终实现产品的轻量化制造。

1）材料轻量化是指在满足机械性能要求的前提下，通过采用轻量化的金属和非金属材料实现重量减轻的方法。在当前的轻量化材料中，钢铁仍然保持主导地位，但钢铁材料的比例逐年下降，铝合金、钛合金、镁合金、碳纤维、工程塑料等材料的比例逐渐增加。

2）产品结构优化设计是实现轻量化的另一种重要手段，不仅可以降低对材料的使用要求，还可以减少昂贵材料的使用量，缩短加工时间。当前，轻量化结构设计方法主要包括以下几种：点阵结构大规模替代实体材料，在减轻重量的同时，赋予结构功能性；拓扑优化为增材制造提供创新设计，增材制造为拓扑优化提供制造手段；创成式设计突破设计极限，实现结构不断优化。

3）轻量化材料的使用必须与先进制造技术相结合，只有这样才能达到最终的目的。"轻量化的材料＋创新型的设计＋增材制造（3D打印）工艺"的新模式进一步释放了减重的空间。增材制造技术是采用材料逐渐累加的方法，实现实体零部件制造的技术。相比于传统的材料去除切削加工技术，增材制造是一种"自上而下"的制造方法。材料和结构协同制造，使得产品满足更高要求成为可能。

（2）轻量化制造的应用场景。轻量化有广泛的应用场景，在汽车和航空航天行业最为常见。轻量化设计提高了燃油效率并提高了飞机和电动汽车的性能。随着技术不断地发展，轻量化设计也在推动建筑行业、可再生能源及电气和电子产品制造领域的创新。

1）汽车领域。汽车轻量化是提高汽车的燃油经济性和节约能耗的重要手段之一，亦是实现汽车环保和安全的重要途径。3D打印作为一种先进的新型制造工艺，受到了汽车制造商的重视。大众、福特、宝马等汽车厂商均设立了包括增材制造在内的先进制造中心，这无疑为汽车的轻量化制造带来了更多机遇。2017年，梅赛德斯-奔驰在制造业转型中迈出了重要一步，开始使用3D打印技术生产金属部件，其中就包括采用铸铝合金3D打印的奔驰卡车的恒温器。梅赛德斯-奔驰表示，该部件通过了所有严格的质量测试。

2）航空航天领域。航空航天产品具有形状复杂、批量小、零部件规格差异大、可靠性要求高等特点，产品的定型是一个复杂而精密的过程，往往需要很多次设计、测试和改进，耗资大、耗时长。增材制造技术以其灵活多样的工艺方法和技术优势，在现代航空航天产品的研制和开发中具有独特的应用前景。

中国成功利用增材制造技术制造了C919飞机中央翼缘条钛合金大型主承力构件。钛合金材质的C919中央翼缘条长达3.07m，重量为196kg，于2012年1月打印成功，同年通过了商飞的性能测试，2013年成功被应用在了国产大飞机C919首架验证机上。如果采用传统的锻件方式，毛坯将重达1 607kg，而利用激光成型技术制造的精坯重量仅为136kg，节省了91.5%的材料。经过测试，其性能比传统锻件还要好。

3）建筑领域。世界上最大的3D打印建筑：迪拜市政府用楼高达9.5m，项目面积为640m^2。此项目由总部设在美国的Apis Cor公司主持设计建造，而其结构是在现场用3D打印技术直接建起的。Apis Cor 公司是建筑工程行业中第一家开发 3D 打印专用设备的公司，在迪拜市政府用楼建造过程中，完成了一座两层行政大楼的 3D 打印墙体结构。创新的 3D 打印机使建筑结构可以直接现场建造，无须任何额外的组装工作。

5.3.2 模块化制造

模块化制造可以满足过程集成和系统重构的要求，过程集成强调高效率，系统重构强调高柔性，通过模块化制造将过程集成和系统重构进行有效的兼容和融合，提取优质的生产质量和管理组织体系，创造更多的产品价值；模块化制造能显著减少产品对制造系统的功能约束，通过缩短非加工时期来提高生产率，从而使制造能适应未来技术及市场的快速变化，实现可持续发展。目前，模块化制造已被应用于能源、采矿、化工及基础建设等多个领域。伴随着经济发展的全球化，模块化制造将被越来越多的行业认可和采用。模块化制造的全球化发展将会是必然趋势。

模块化制造的关键是实现模块化设计。基于一定范围内不同或相同功能、不同性能规格的产品功能分析，模块化设计划分并且设计出一系列功能化模块，并且通过对这些模块的不同选择和组合来构成不同性能的产品，从而满足不同情况下的使用需求。

一般的模块化设计方法主要强调产品功能结构上的独立性，依据某个模块化准则，通过某种聚类实现模块的划分。低碳生产与模块化设计理念融合，既可以缩短设计制造周期，降低生产成本，又能规范产品的规格品种。这样不仅提高了产品的质量，而且加速了产品的更新换代。因此，模块化设计可以有效促进低碳生产。

基于低碳产品生命周期的各阶段研究，低碳生产模块化设计分为以下 8 类。

（1）面向产品生命周期的模块化。面向产品生命周期的模块化设计，从产品生命周期的整体进行考虑，在功能结构模块划分的基础上，定义与设计目标相关的生命周期因素，分析生命周期各因素对产品零部件交互的影响，对零部件进行聚类形成模块，从而在保证产品功能结构独立性的同时，兼顾生命周期过程的制造、装配、拆卸、维修、回收及再利用。

从面向生命周期的角度出发，影响零部件交互的因素表现为以下几个环节：功能交互的影响，结构交互的影响，工艺的影响，维修、升级和重用的影响。不同环节的因素不是独立存在的，它们彼此之间相互干涉，因此对各个环节交互因素进行量化处理。根据零部件之间联系的特征，量化的交互关系值可以分为 6 个等级，如表 5-2 所示。

表 5-2 零件间的交互关系描述

编号	关系类型	数值	关系描述
1	极强	10	紧密连接，功能不可分割
2	强	8	适度连接，关联性强
3	适中	6	适度连接，关联性适度
4	一般	4	松散连接，关联性适度
5	弱	2	松散连接，关联性弱
6	无	0	没有任何关联

（2）面向低碳设计的模块化。面向低碳设计的模块化方法强调将低碳设计思想和模块化设计中的功能分析方法相结合，同时满足产品的功能属性和环境属性，缩短产品研发与制造周期，快速应对市场变化，减少对环境的不利影响，易于进行产品重用、升级、维修、拆卸、回收和报废处理。

（3）面向环境意识的模块化。面向环境意识的模块化设计要求在产品设计过程中同时满足产品的功能、结构和报废后的可回收属性，增强模块化产品的绿色性能，强调考虑产品的减量化、重用性和回收性。

（4）面向再制造的模块化。低碳模块化设计是提高产品再制造性的有效途径。模块化设计考虑产品的再制造性，将处于寿命末端的产品回收之后，能较为容易地拆卸为不同的模块，尽可能减小各模块内的可再制造性的差异，提高废旧产品回收利用率。

（5）面向可拆卸的模块化。面向可拆卸的模块化设计是将可拆卸设计准则与模块化设计方法结合起来，使所设计的结构易于拆卸、便于维护。同时，在产品报废后，可重用部分能被充分地、有效地回收和利用，达到节约资源能源和保护环境的目的。可拆卸产品模块化设计流程如图 5-4 所示。

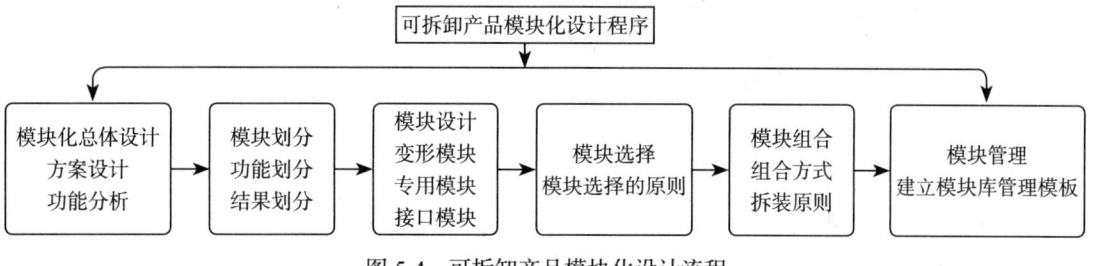

图 5-4　可拆卸产品模块化设计流程

（6）面向维修的模块化。面向维修的模块化设计是指在产品设计中同时考虑模块化和维修性，使产品在出现故障后能快速实现模块配置，提高模块化产品的可修复性，缩短平均修复时间。

（7）面向回收的模块化。面向回收的模块化设计是指在模块化设计时，重点考虑产品的可拆卸性、可回收性及资源利用率，使产品在寿命终结时，容易拆卸为不同的模块，能够很好地实现回收再利用，从而在很大程度上解决环境污染与能源消耗问题，实现绿色生产。面向回收的模块化有 5 个准则：寿命分析准则、材料相容性准则、经济性准则、环境准则和产品模块划分准则。

（8）面向重用的模块化。面向重用的模块化设计就是在产品模块化设计过程中考虑知识重用、资源重用、再循环利用等因素，提高模块化产品零部件或材料的再利用能力。

5.3.3　绿色生产

在绿色供应链评价管理体系下，低碳生产强调以下要求：企业要确立基于产品全生命周期的绿色设计理念，整合环境数据资源，建立基础过程和产品数据库，构建评价模型，在研发设计阶段开展全生命周期评价。企业优化生产计划对于整个低碳生产过程具有重要意义。

企业生产计划优化分为供应链级优化和成员企业优化两个层次。生产计划优化流程如图 5-5 所示。

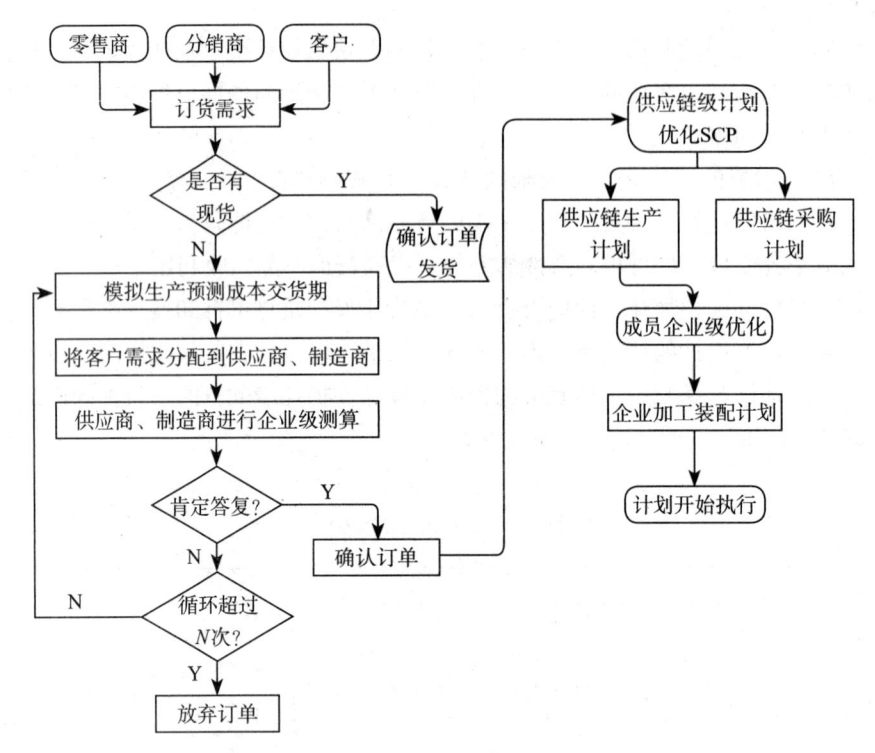

图 5-5　生产计划优化流程

在订单确认过程中，供应链生产计划优化系统（SCP）主要体现在最优供应商选择上。选择依据一方面是各零部件供应商的可利用能力，另一方面则是使整个供应链效益最优。同时，在订单确认以前使制造商、供应商的意见一致有利于订单的执行。事先设定循环不超过 N 次是基于以下考虑：如果某些供应商不能承接一项订单，则 SCP 还可以分配给其他供应商。如果 N 个供应商都不能承接，则意味着本供应链不能保证订单的执行，应该放弃该订单。

SCP 的任务是给供应链全体成员（当然只有供应商和制造商）下达生产计划。生产计划内容包括产品/零部件数量、最迟提交时间、建议开始时间等。SCP 下达的采购计划则是指制造商和供应商应该采购的材料/零部件的参考数和采购时间（具体细节需要由企业级优化计划提供）。

企业级生产计划优化则是在 SCP 下达的计划指导下，为本企业编制加工装配计划。由于 SCP 已经考虑了企业之间计划的衔接，企业级生产计划优化可以将其作为约束，按照自己的目标进行优化。这样经过两层优化的计划具有较好的可执行性和科学性。

同时，SCP 的计划是一种动态的、实时的计划，没有固定间隔期。客户可以随时提出需求，系统立即响应，并要求供应商即时运作，形成能满足客户需要、供应商满意的计划。

概括起来，SCP 计划优化过程实现了以下四个结合。

（1）计划人员与客户、营销人员、供应商管理人员密切结合。SCP 是一个共享的平台，围绕客户需求这一主线，把整个供应链的相关管理人员集成在一起，共同为满足客户需求而努力。

（2）计划过程与营销过程相结合。从客户提出订单到初步设计供应链计划的过程属于营销过程的一个组成部分。客户需求得到充分理解与传递，使整个供应链成为一个整体，面向客户，避免了营销过程与生产计划的脱节，并使营销工作能更快、更好地满足客户需求。

（3）计划过程与客户服务过程相结合。售前服务对于订单获得率、客户满意度的提高都具有重要意义。单纯依靠营销人员、技术人员为客户提供售前服务，往往达不到很好的效果。SCP 让客户参与生产计划过程，通过多轮次的交互沟通很快得到结果，使客户需求得到最大限度的满足。

（4）计划过程与供应链成员协调过程相结合。如果单方面由核心企业向供应链成员传达生产计划，不仅计划的可行性得不到保证，还容易产生不平等合作，导致成员的不满。现在供应商参与计划优化过程，有关生产周期、成本等共享信息交由供应商自己维护，得到的计划不仅可行，而且充分体现了公平、公正的合作原则，有利于改善供应链成员之间的关系。

在以前有关市场营销、生产管理、供应链管理的研究中，单项结合的思想早已有之。SCP 同时实现几个结合，使得以客户为中心、供应链合作的思想进一步落实到企业生产计划优化的实践中。

5.4 再制造生产

5.4.1 再制造技术

再制造是将废旧产品的一些组件拆卸、清洁、再加工、检查和重新组装并达到新产品质量要求的过程。通过产品的再制造，企业能够形成"资源 – 生产 – 消费 – 再生资源"的闭环反馈式过程，在实现经济效益的同时提高社会和环境效益，实现经济和社会的可持续发展。

根据大量实践统计，再制造可节约能源 60%，节省材料 70%，几乎不产生固体废物，大气污染物排放量可降低 80% 以上。中国工程院院士徐滨士曾说："再制造可使废旧资源中蕴含的价值得到最大限度的开发和利用，缓解资源短缺与资源浪费的矛盾，减少大量失效、报废产品对环境的危害，是废旧机电产品资源化的最佳形式和首选途径，是节约资源的重要手段。再制造工程高度契合国家构建循环经济的战略需求，并为其提供关键技术支撑，大力开展绿色再制造工程是实现循环经济、节能减排和可持续发展的主要途径之一。"

再制造过程通常包括拆解、清洗、加工、检测等技术环节。

（1）再制造拆解技术。再制造拆解是按照一定拆解顺序将废旧产品及其部件分解成全部零部件的过程，是实现大批量废旧产品循环利用的关键。拆解作为再制造过程的首要步骤，直接影响再制造产品的质量、周期和成本。按照工艺对零部件的损伤程度可以将拆解分为完全破坏性拆解（零部件完全损毁，比如粉碎）、部分破坏性拆解（部分零部件损伤，比如火焰分割、激光分割）和非破坏性拆解（无零部件受到破坏，比如螺钉、螺栓的拆卸）。再制造拆解过程要尽量做到非破坏性拆解，以便最大化利用废旧产品的附加值。拆卸方法主要包括击卸法、拉卸法、压卸法、温差法、破坏法等。

（2）再制造清洗技术。再制造清洗是采用机械、物理、化学或电化学等方法，使用清洁剂并借助清洗设备去除再制造毛坯基体表面的油污、脂垢、积炭、油漆、有机涂层、水垢、锈蚀等污染物。产品的清洁度是再制造产品的一项主要质量指标，如果清洁不良，不仅会影响再制造产品的加工，还可能使制造出来的产品性能下降。常用的再制造清洗技术包括热能清洗、流液清洗、压力清洗、摩擦与研磨清洗、超声波清洗、电解清洗和化学清洗等技术。

（3）再制造加工技术。产品在服役过程中，一些零部件因磨损、变形、破损、断裂、腐蚀和其他损伤而改变了原有的几何形状和尺寸，从而破坏了零部件间的配合特性和工作性能，使部件、总成甚至整机的正常工作受到影响。再制造加工技术直接将产品的零部件功能恢复、升级或再造，最大限度地达到节省资金、提升经济效益、节约能源、节约耗材和保护环境的效果。常用的零部件再制造加工技术有激光再制造、电刷镀、纳米电刷镀、超音速电弧喷涂等。

（4）再制造检测技术。再制造检测是指在再制造过程中，借助各种检测技术和方法，确定拆解后废旧零部件的表面尺寸及其性能状态等，以决定弃用或再制造加工的一项工作。再制造检测一般包括几何精度、表面质量、理化性能、潜在缺陷、材料性质、磨损程度及表层材料与基体的结合强度等。常用的再制造检测方法包括零部件几何量检测技术、力学性能检测技术、零部件缺陷检测技术等。其中零部件缺陷检测技术是其中的重点和难点。目前常用的零部件缺陷检测技术主要包括超声波检测、渗透检测、磁粉检测、涡流检测、射线检测等。

5.4.2 产品再制造

再制造是一项极其复杂的系统工程，主要包括拆解、零部件分类、清洗、寿命评估与鉴定、再制造加工或新零部件更换、产品重新装配、质量与性能检测等步骤。再制造系统分为拆卸、再加工和重新装配三个子系统。①拆卸子系统：其主要任务是完成废旧产品的拆卸，同时包括对拆卸后零部件的清洗、检测及性能评估等工作，确定有再制造价值的零部件，并进入再加工子系统。②再加工子系统：其主要任务是使拆卸完的零部件恢复到新的状态，对表面有划伤、压痕或腐蚀等缺陷的零部件采用表面工程、热喷涂等技术进行性能恢复。③重新装配子系统：当有些零部件已经损坏或者再制造零部件无法满足市场需求时，则须进行采购，重新装配子系统，将这些采购的零部件和已恢复的再制造零部件重新组装为再制品。

再制造系统存在大量的不确定性因素，比如废旧产品的回收提前期、数量和质量的不确定性，从而使得再制造决策变得十分复杂。

（1）回收提前期、数量和质量的不确定性。不同产品具有不同的生命周期，且因使用程度差异，在废旧产品回收过程中，无法预知回收提前期、数量和质量，而回收数量的保证又依赖产品回收的逆向物流网络，这些不确定性是再制造系统生产计划较之一般制造系统生产计划制订更为复杂的主要原因。产品使用寿命的不确定性和销售的随机性，使得回收产品到达时间和数量不确定，从而导致拆卸后零部件再制造工艺路线的随机性；受产品所属行业、所处生命周期阶段、技术更新速度、企业产品销售状况、回收策略及回收努力等众多因素的影响，回收产品在供应数量和质量等方面的可预测性较差，其不确定性将造成物料情况的不确定，最终导致约束匹配的复杂和回收需求难以平衡等问题。因而，废旧产品可回收数量和质量的不确定性使再制造系统生产计划明显复杂于一般制造系统生产计划。

（2）拆卸提前期和拆卸序列的不确定性。拆卸子系统作为再制造系统的首要环节，拆卸计划的制订必然会影响整个再制造系统生产计划。如果不能与再制造其他子系统有效协调，将导致再制造系统的高库存，从而降低整个再制造系统的效率。

（3）再制造加工路线、加工时间和再制造率的不确定性。回收产品的实际质量通常只有在拆卸检测后方可确定，拆卸后零部件的质量差异会导致在再加工子系统中工艺路线、加工时间、可再制造率等方面具有高度的随机性。再制造加工路线、加工时间的不确定，是在制订实际的生产计划和调度方案时最受关注的问题。回收产品个体状况的不同将会导致再制造流程的不同。

（4）再制品需求的不确定性。除以上不确定性因素外，相对于新品，再制品的需求波动性更大。这包括顾客（用户）对再制品的认知差异和需求预测的偏差等。实际上，需求预测的结果往往是根据某种需求预测模型得来的，但这些模型通常同实际情况存在一定的偏差，且模型本身无法体现一些定性的特征（比如需求的波动及客户心理等），因此，需求预测更具不确定性。相比欧美国家顾客（用户）而言，受各种因素影响，我国顾客（用户）对产品的回收意识还不强，对再制品的认知相对模糊，进而导致再制品市场需求具有高度的不确定性。另外，需求不确定性还表现在再制品对新产品的双边替代规律及对客户价值和市场需求的影响。

废旧产品再制造系统面临的主要困难是不确定性及其引起的可变性。面对这些不确定性因素，传统的生产计划工具并不适用。因此，在研究废旧机电类产品再制造的过程中，降低不确定性因素对生产计划制订的不利影响是一项迫切需要攻克的难题。近年来，很多学者从不同角度提出了一些方法以降低不确定性因素对再制造系统的影响：提高库存量、降低不确定因素对生产过程的影响；从不确定性来源的角度寻求降低对生产系统影响的方法；提高对废旧产品回收数量和回收时间的预测能力，降低回收不确定性；加强各部门协调和信息共享，降低不确定性因素对再制造系统的影响等。

在制定废旧产品再制造系统减排策略时，不仅需要综合考虑碳税政策、补贴制造商、补贴回收商、征收碳税的同时补贴制造商及征收碳税的同时补贴回收商等情况，也有必要进行仿真模拟，从而分析碳税政策和基金补贴政策对不同主体回收再制造决策产生的影响。在具体实践中，可以将单位碳税、单位新品基金和单位再制品或废旧产品补贴作为控制变量，将废旧产品回收数量、废旧产品回收碳排放、回收商收益、再制品数量、制造商碳排放或收益及供应链碳排放或收益作为观察变量，来分析不同政策对废旧产品再制造系统运营管理决策的影响。在实际操作中，回收商、制造商和政府可以采取相应策略来降低碳排放和供应链成本，具体有以下几个准则。

供应链碳排放总量满足：无政策约束＞补贴回收商＞碳税政策＞征收碳税的同时补贴回收商＞补贴制造商＞征收碳税的同时补贴制造商。当政府补贴回收商时，其会提高废旧产品回收价格、增加废旧产品回收数量，从而造成回收碳排放量的增多；当政府补贴制造商时，制造商会增加再制品生产数量、减少新品生产数量，因此，制造商碳排放量减少，最终造成供应链碳排放总量的下降。

基金补贴政策和环境规制政策共同作用可以很好地促进废旧产品的回收。从经济效益来看，政府补贴回收商或征收碳税同时补贴回收商可以有效促进废旧产品的回收，并增加回收商的利润。从环境效益来看，政府补贴制造商或征收碳税的同时补贴制造商能够减少废旧产品回收碳排放量和制造商碳排放量，从而实现供应链碳排放量的最小化。碳税政策虽然在一定程度上能够减少供应链碳排放量，但增加了制造商和回收商的成本。

5.4.3 再制造系统优化方法

再制造管理目前的研究方向主要可分为一般环境下再制造系统运营管理决策与优化、低碳环境下再制造系统运营管理决策与优化、专利授权下再制造系统运营管理决策与优化三种情景。一般环境下再制造系统运营管理决策与优化主要对废旧产品再制造系统生产计划提前期、生产批量和主生产计划进行优化分析，优化方法包括最小－最大（Min-Max）优化方法、两阶段利润函数优化方法和基于 REVD 模型的优化方法；低碳环境下再制造系统运营管理决策与优化主要考虑碳排放、碳排放政策、补贴政策及减排策略情形下再制造系统的决策优化，一般运用系统动力学模型、博弈论（Stackelberg 博弈、Nash 均衡）等；专利授权下再制造系统运营管理决策与优化考虑在专利授权的情景下，原始制造商和再制造商之间的关系，一般分为分散决策模式和集中决策模式，主要运用 Stackelberg 博弈和 REVD 方法进行求解分析。

1. 最小－最大优化方法

在实际中，由于随机变量的分布信息极其有限，通常的做法是通过历史数据得到均值和方差，然后假设其概率分布为某一具体分布。当分布函数已知时，可以比较容易地求出最优再制造系统生产计划提前期。在只知道随机变量有限分布信息的情况下，对该问题的求解可转化为：在满足这一约束下的所有分布集合中，寻求使最坏分布下目标函数值最小的最优再制造系统生产计划提前期（见图 5-6）。该方法即最小－最大优化方法。

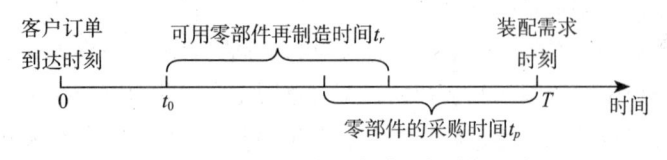

图 5-6 再制造系统生产计划提前期示意

2. 两阶段利润函数优化方法

在再制造系统中，需要综合考虑销售利益、重新装配成本、拆卸成本、再制造成本、零部件库存持有成本、再制造库存持有成本或缺货成本等，然后构建以利润最大化为目标的优化模型。当模型分为两个阶段时，首先对第二阶段的模型进行求解，然后再对第一阶段的模型进行代入求解，最后确定最优决策。

例如，在再制造系统生产批量综合优化模型中，废旧产品首先进入拆卸车间，拆卸下来的零部件质量具有高度不确定性。有些即使再制造也无法使用，有些虽然经过加工可以再次使用，但其再制造成本较高。因而，为了满足最后的装配需求，一般来说，拆卸批量要大于实际进入再制造车间的再制造数量。拆卸批量越多，可供选择的再制造零部件质量等级越高，从而可以降低再制造成本，但同时也会增加拆卸成本。为了准确描述拆卸、再制造过程中发生的成本，首先，需要根据拆卸后零部件的质量状况，构建能反映不同质量状况零部件的质量成本拆卸和再制造总成本模型。为使整个再制造系统利润最大化，需要在该拆卸和再制造总成本模型的基础上进一步考虑其后续零部件供应和重新装配过程。其次，被选择进行再制造的零部件进入再制造车间进行维修、恢复等处理。在这个过程中，存在一系列诸如机器故障、零部件质量状况不确定等因素，使得零部件的成功恢复率（本书称为再制造率）并不一定为100%。由于再制造率的随机性，恢复成功的零部件数量并不是确定的，必要时需要从外部供应商购买新零部件来满足重新装配的需求。在新零部件采购提前期不确定的情况下，再制造商需要充分协调好新零部件和再制造零部件两个供应系统，即确定再制造数和采购数。最后，来自两个供应系统的零部件进入重新装配车间，完成再制品组装工作以满足不确定的顾客（用户）需求。模型的决策顺序为：首先确定最优装配批量，然后在此基础上，考虑再制造零部件拆卸和再制造成本，确定最优再制造数量和外部采购批量，最后确定最优拆卸批量。废旧产品再制造系统关系示意如图5-7所示。

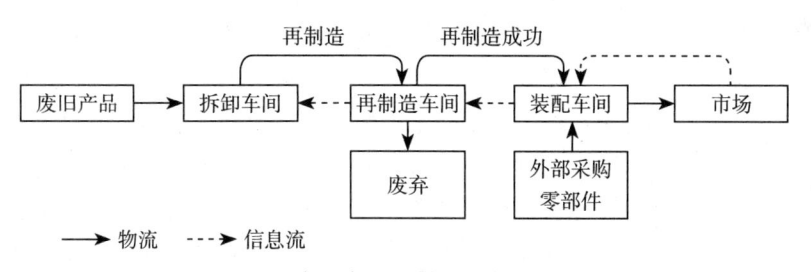

图 5-7　废旧产品再制造系统关系示意

3. 基于 REVD 模型的优化方法

REVD 模型是基于 "Scarf's Rule" 和 AEVD（Absolute Expected Value Distribution，绝对期望值分布）模型提出的一种随机优化方法。"Scarf's Rule"、AEVD 模型和 REVD 模型都用于解决有限分布信息条件下的报童问题，分别代表三种标准：绝对鲁棒标准、鲁棒偏差和相对鲁棒标准。其中 "Scarf's Rule" 的目标旨在使最坏分布情况下的优化目标最优，由此得到的决策结果有可能过于保守；AEVD 模型和 REVD 模型则为最小化决策后悔值，若定义 $G_f(q)$ 为决策值，$G_f(q_f^*)$ 为真实需求分布下的最优值，则 AEVD 模型表示两者的差值，即 $\text{AEVD}_f(q) = G_f(q) - G_f(q_f^*)$，其目标为 $\min\limits_{q} \max\limits_{f \in H(I)} \text{AEVD}_f(q)$；而 REVD 模型则表示两者的比值，$\text{REVD}_f(q) = \dfrac{G_f(q)}{G_f(q_f^*)}$，其目标为 $\min\limits_{q} \max\limits_{f \in H(I)} \text{REVD}_f(q)$。由此可以看出，AEVD 模型为最小化绝对后悔值，而 REVD 模型则为最小化相对后悔值。当 AEVD 的值变动较大或需求分布在较宽范围内浮动时，REVD 更能体现实际的后悔值大小。

4. 系统动力学模型

系统动力学是美国麻省理工学院福瑞斯特教授于 1956 年提出的一种计算机仿真方法，是一门认识和解决信息系统反馈问题的交叉学科，是研究复杂系统动态反馈问题的重要方法和手段。目前，其被广泛应用在人口发展问题、生态环境保护问题及经济可持续发展问题等方面。建立系统动力学模型，首先要明确系统仿真的目的，找出要解决的关键问题；其次要确定好系统的边界，因为系统动力学分析的系统行为是基于系统内部要素相互作用而产生的，并假定系统外部环境的变化不会对系统行为产生本质的影响，也不受系统内部因素的控制。因此，系统边界的界定须明确模型的内外范畴：边界内应纳入与所研究动态问题密切相关的核心要素（如关键变量、守恒量及稳定参数），而边界外无关或弱关联的次要因素应予以剔除。建立系统动力学模型可以使用的软件包括：DYNAMO、Powersim、Vensim 等。下面介绍用 Vensim 软件构建系统动力学模型的具体步骤：绘制因果回路图（分析系统中的要素，界定好箭头及各回路的极性）；绘制存量流量图（找出水平变量、辅助变量、常量等，系统庞大时可借助影子变量将系统拆分为几个子系统）；建立系统动力学方程（构建模型的核心，包括设置方程、单位、初始值、时长、开始和结束的时间等，界定好系统的边界，做好各种假设）；模型检验（进行模型和单位的检验，可进一步进行现实性检测，以判断是否符合现实情况）；模型的仿真模拟（建立模型并进行检验后，可在软件中查看变量的变化图或通过调节模型参数取值，关注模型对参数取值变动做出何种反应）；政策优化（参数优化、结构优化、边界优化，寻找最优控制）。

在废旧产品回收再制造系统中，主要要素之间的关系如下：市场需求的变化会影响期望成品库存，根据期望成品库存和再制造商现有库存，可得到期望成品库存缺额。只有当期望成品库存缺额大于零时，企业才会进行再制造，否则现有库存就能满足市场需求。此外，回收的废旧产品只有检验合格后，才能进入再制造环节，否则会对其进行废弃处理。同时，回收商的库存也要达到回收产品库存水平上限，否则就很难满足批量再制造的条件。

企业的总能力与制造能力和再制造能力之间存在一定的关系，即企业的总能力越大，制造能力和再制造能力就越大。此外，再制造能力比例和制造能力比例存在反向关系。

新品需求数量、再制品需求数量和成品库存之间存在三条重要的反馈回路：第一条为再制造商库存的负反馈回路，再制造商库存越多，期望成品库存缺额越少，再制品需求数量就越少，进一步造成较低的再制造速率，最终导致再制造商库存的减少；第二条为期望成品库存的负反馈回路，期望成品库存缺额越大，新品需求数量就越多，从而提高企业的制造速率，增加再制造商库存，最终导致期望成品库存缺额下降；第三条为新品需求数量的正反馈回路，新品需求数量的增加会先提高制造速率，从而增加再制造商库存，减少期望成品库存缺额，然后又会减少再制品需求数量，反过来使新品需求数量进一步增加。另外，再制造率越高，可再制品数量就越多，而再制造速率等于可再制品数量和再制品需求数量中的较小值。因此，再制造率的变化也会影响再制造速率，从而进一步影响再制造商库存和回收商库存。

回收商库存受到废旧产品数量和回收比例及再制造率的影响，废旧产品数量越大、回收率越高，回收商库存就越多；再制造率越高，回收商库存则越少。回收商库存能否满足企业的再制造活动，还取决于回收件库存上限和回收商库存之间的差额。

此外，因果关系图中还存在几种关系：新品需求数量和再制品需求数量的增加会促使企业提高自身的制造速率和再制造速率，同时增加再制造商库存，从而造成再制造商制造或再制造碳排放总量、制造或再制造总成本的增加；回收商回收的废旧产品数量占市场上产品数量越多，即回收比例越大，回收商的回收成本和回收商库存成本就越大，同时造成回收碳排放量和回收商库存碳排放量的增加。最后，制造或再制造和回收环节碳排放量和成本的增加，导致供应链成本和碳排放量的增加。

思考与练习

1. 结合现实情况，请分析目前我国低碳生产面临的挑战与对策。
2. 从政府、企业及个人的角度谈谈推动低碳生产，践行绿色生产的可行方案有哪些？
3. 浅谈低碳生产与再制造的区别和联系，可结合实际案例进行分析。
4. 你了解到的我们身边有哪些低碳生产的方式方法？可否举例说明？

第 6 章
CHAPTER 6

低碳库存管理

学习目标

1. 了解库存的概念、分类
2. 了解库存管理的概念
3. 熟悉库存管理的方法
4. 了解低碳库存管理的常用技术

引例

古法与新技的交响：粮仓从历史传承到现代科技的变革

仓廪实，天下安。自古以来我国就是农业大国，粮食的储备和建造粮仓的历史悠久。河南工业大学教授王殿轩介绍，早在新石器时代，人们便有了存粮的习惯。半坡遗址的窖穴证明，当时的人们将地窖处理干燥以后，把粮食存放进去。这便是最早的粮仓。随着社会发展，粮仓开始具备经济和政治属性，有平抑物价、赈灾、战备储粮等功能。

粮仓的建造形式不一，其工艺水平也不断发展。其中地窖形式的粮仓最为普遍。地窖的建造较为简单，人们先在地下挖好坑，然后利用燃烧秸秆来使地窖的环境变得干燥，最后制作防烧层，这样一个原始的地窖粮仓就完成了。在地面上建造的粮仓也被称为粮囤，古代一般利用高粱秸秆皮编织成芇子围成粮囤。还有一些地区利用地形特点，借助山体建造粮仓。

20 世纪 80 年代，粮仓的建筑结构逐渐变为砖混结构，即利用水泥和钢筋做框架，用黏土砖做墙体的建筑结构。约在 2000 年以后，出于环保考虑，新型的粮仓舍去黏土砖，改用钢筋混凝土建成。另外，还有直接利用钢板建成的短期新型粮仓。

目前，实现低碳储粮成为粮仓管理的新目标。绿色储粮是指采用特定技术，优化储藏条件，使粮食仓储过程绿色、低碳、环保、节能，保证储粮数量、品质及营养的储粮方式。影响存粮质量的因素有温度、湿度、粮食的水分等。低温储粮技术已被广泛使用，截至目前，全国标准仓房完好仓容超 7 亿 t，实现低温、准低温储粮、绿色储粮仓容超 2 亿 t。而在温度、湿度等因素的监测方面，一个智慧化粮仓中配有上百个温度传感器，在它们的保驾护航下,粮仓环境的变化都尽在管理人员的掌控中。预防和治理虫害也是粮仓管理的重点,充氮气调等技术的使用极大地降低了粮仓虫害的损失。

各地纷纷补齐短板,有条不紊地进行粮仓的改旧换新。在安装智能粮库集中管控平台后,中央储备粮德州直属库武城分库将传统的信息化设备进行智能化升级改造,实现从粮食入库、检验、储存到出库的360°无死角、全方位智能监管。全国产粮大县安徽省颍上县不仅改造升级了粮仓,还增设部分烘干设备,显著提升了应急粮的烘干能力。

民以食为天,粮仓的设计和建设走过了几千年的发展历程。其中的古法与新技,是数代人民的智慧结晶。

资料来源:《全国绿色储粮仓容超两亿吨 夯实粮食仓储能力、筑牢粮食安全防线》,https://m.gmw.cn/2024-05/12/content_1303734795.htm;《粮识课堂 | 第 8 期:从古至今人们是如何储粮的?》,https://www.chcoopco.com/news.html?aid=1793572。

思考:现代库存与古代库存的相似和不同有哪些?

6.1 库存管理的基本问题

6.1.1 库存的概念

狭义的库存(Inventory)是指某段时间内仓库中所持有的存货(可看见、可称量和可计算的有形资产)。仓库里的物资叫存货,存货是指存储作为今后按预定目的使用而目前处于闲置或非生产状态的物料。广义的库存是指用于将来目的、暂时处于闲置状态的物资。

一般来说,库存是指为了满足未来销售或使用需要而暂时闲置的资源。资源的闲置就是库存,与这种资源是否放在仓库中没有关系,与资源是否处于运动状态也没有关系。汽车运输的货物处于运动状态,但这些货物是为了未来需要而暂时闲置的,就是一种在途库存。实际上,人、财、物、信息等各方面的资源都有库存问题,比如对专门人才的储备就是人力资源的库存,计算机硬盘贮存的大量信息是信息的库存。

库存在历史上曾被当作财富的象征。衡量一个商人的财富,是看他存有多少担粮食、多少头牛、多少匹布和多少两黄金白银。直到 20 世纪科学管理运动兴起以后,企业管理者才摒弃了一味生产存货的观点,开始重视存货的流动性,并最终将存货周转率作为衡量企业效率的重要指标。

库存周转率可用下式表示(注意:下面各式分子分母数值均应指相同时间段内的数值)。

$$库存周转率 = 年销售额 / 年平均库存值$$

此公式还可细分为以下三个公式:

$$成品库存周转率 = 年销售额 / 成品平均库存值$$
$$在制品库存周转率 = 生产产值 / 在制品平均库存值$$
$$原材料库存周转率 = 原材料消耗额 / 原材料平均库存值$$

库存周转率越高表明库存管理的效率越高，反之，库存周转率低意味着库存占用资金多，保管等费用发生多。库存周转率对企业经营中至关重要的资金周转率等指标也有极大的影响。但是库存周转率在许多国家由于各方面条件的限制呈现出很大的不同，很多北美制造型企业一年周转 6～7 次，而一些日本企业 1 年可周转 40 次之多，我国有的企业却一年仅周转 2～3 次。

6.1.2　库存的分类

可以从不同的角度对库存进行分类，简单介绍如下。

（1）按其在生产和配送过程中所处的状态划分，库存可为原材料库存、在制品库存和成品库存。如图 6-1 所示，三种库存可以放在一条供应链上的不同位置。

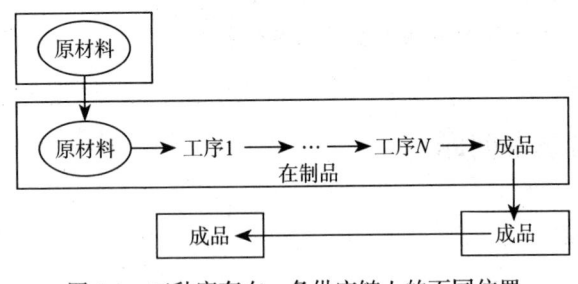

图 6-1　三种库存在一条供应链上的不同位置

（2）按库存的作用划分，库存可分为周转库存、安全库存、调节库存和在途库存。

周转库存：当生产或订货是以每次一定批量，而不是以每次一件的方式进行时，这种由批量周期性形成的库存就称为周转库存。成批生产或订货一是为了获得规模经济，二是为了享受数量折扣。由于周转库存的大小与订货的频率有关，所以如何在订货成本与库存成本之间做出选择是决策时主要考虑的因素。

安全库存：安全库存又称缓冲库存，是生产者为了应付需求的不确定性和供应的不确定性，防止缺货造成损失而设置的一定数量水平的库存。安全库存的数量除受需求和供应的不确定性影响，还与企业希望达到的顾客服务水平有关，这些是安全库存决策时主要考虑的因素。

调节库存：调节库存是为了调节需求或供应的不均衡、生产速度与供应速度的不均衡、各个生产阶段的产出不均衡而设置的一定数量的库存。比如空调、电扇的生产商为保持生产能力的均衡在淡季生产一定数量的产品，以备旺季（夏天）的需求。对于有些季节性较强的原材料，或当供应商供应能力不均衡时，均需要设置调节库存。

在途库存：在途库存是处于相邻两个工作地之间或是相邻两级销售组织之间的库存，包括处在运输过程中的库存，以及存放在两地之间的库存。在途库存的大小取决于运输时间和运输批量。

在具体的库存管理实践中，针对上述四种类型，为达到降低库存的目的，常采取以下基本策略和具体措施方案（见表 6-1）。

表 6-1　降低库存的策略和措施

库存类型	基本策略	具体措施
周转库存	减小批量	降低订货费用 缩短作业交替时间 利用相似性扩大生产批量
安全库存	订货时间尽量接近需求时间 订货量尽量接近需求量	改善需求预测工作 缩短生产周期与订货周期 减少供应的不稳定性 增加设备与人员的柔性
调节库存	使生产速度与需求变化契合	尽量拉平需求波动
在途库存	缩短"生产－配送"周期	标准品库存前置 慎重选择供应商与运输商 减小批量

（3）按用户对库存的需求特征划分，库存可为独立需求库存和相关需求库存。用户对企业产品和服务的需求被称为独立需求。其最显著的特点是需求是随机的，企业自身不能控制而由市场决定，与企业对其他库存产品所做的生产决策没有关系。正是由于独立需求的对象和数量具有不确定性，企业对其测定只能通过预测的方法粗略地估计。相关需求也称非独立需求，它与其他需求有内在的相关性，可以根据对最终产品的独立需求被精确地计算出来，是一种确定性的需求。例如，某汽车制造厂年产汽车 30 万辆，这是独立需求所确定的。一旦 30 万辆的生产任务确定之后，构成该型号汽车的原材料的数量和需求时间则可精确地计算得到。

6.1.3　库存的利弊分析

一般来说，库存设置主要基于三个目的：预防不确定的、随机的需求变动；保持生产的连续性、稳定性；以经济批量订货。但是持有库存会产生一定的费用，还会带来其他一些管理上的问题，因此在库存的作用及其代价之间存在一个折中、平衡的问题。

（1）库存的作用。归纳起来，库存的作用主要表现在如下方面。

1）缩短顾客订货提前期。当厂商维持一定数量水平的成品库存时，顾客就能够及时得到所需的物品，于是缩短了客户的订货提前期，改善了客户服务质量，有利于争取更多的顾客。

2）保持生产的均衡性。激烈的市场竞争中外部需求变化多端，而企业一方面要满足客户的需求，另一方面又要保持内部组织生产的均衡性。库存将外部需求和内部生产相连接，像水库一样起着稳定的供应作用。

3）节省订货费用。订货费用是指订货过程中为处理每份订单和发运每批订货而产生的费用，这种费用与订货批量的大小无关。所以如果通过持有一定量的库存而增大订货批量，就可以减少订货次数，从而分摊订货费用。

4）提高人员与设备的利用率。持有一定量的库存可以从以下三个方面提高人员与设备的利用率：减少作业更换时间，这种作业不增加任何附加价值；防止某个环节由于零部件供应缺货导致生产中断；当出现需求波动或季节性变动时，使生产均衡化。

（2）库存的代价。库存具有上述几个方面的重要作用，但是企业管理改进的方向是不断降低库存而不是增加库存，因为库存是要付出代价的。

1）占用大量资金、场地。企业的资金是有限的，而仓库里的库存却是一堆堆静止不动的资金，不但不能给企业带来效益，还要占用大量存储空间，产生一定的费用，包括占用资金的利息，储藏保管费、保险费、库存物品价值损失费等。

2）掩盖企业经营、生产运作管理中存在的问题。库存可能被用来掩盖产品、零部件的质量问题。一般来说，当废品率或返修率较高时，企业会将加大生产批量、增加在制品或成品库存当作权宜之计；库存可能被用来掩盖工人缺勤、技能训练差、操作不规范、劳动纪律松弛和现场管理混乱的问题；库存可能被用来掩盖供应商或外协厂家的原材料质量、外协件质量、交货不及时问题；库存可能被用来掩盖和弥补作业计划安排不当、生产控制制度不健全、需求预测不准、产品配套性差等问题。

此外，如产品设计不当、工程改动、生产过程组织不适应等问题，都可以在库存这里找到安全的"靠垫"。总之，企业常因生产管理不善，最终导致库存水平居高不下。

6.1.4 库存管理的概念

从狭义的角度看，库存管理是针对仓库的物料进行盘点、数据处理、保管、发放等，通过执行防腐、温湿度控制等手段，达到使保管的实物库存保持最佳状态的目的，即实物库存控制。从广义的角度看，库存管理是为了达到公司的财务运营目标，在用户要求的前提下对仓库的库存水平进行合理的控制，特别是现金流运作，通过优化整个需求与供应链管理流程，合理设置控制策略，并辅之以相应的信息处理手段、工具，从而实现在保证交货的前提下，尽可能降低仓库的库存水平，降低配送中心的库存成本，使配送中心物品周转速度加快。

库存管理的内容主要包括品质管理、数量管理和存放时间管理。库存物资首先应该是良品，假如是过时的、陈旧的物资，这一信息会迅速传到相关单位，势必降低企业的信誉。因此，企业必须实行实时、有效的库存管理，以保证库存物质的品质。即使库存物资都是良品，但是如果存放数量过多，势必积压资金，以及花费更多人力、财力去保管，影响企业的发展。因此，企业必须保证适当数量的库存物资。此外，在准备实行库存管理时，企业预先要明确规定经营方针，对库存物资进行恰当的时间管理，比如库存物资入库时间、存放的起止日期等。

库存管理的目标是库存及其有关的库存总费用最小化。这里，与库存有关的费用分为两种，一种随库存量的增加而增加，另一种随库存量的增加而减少。正是由于这两种费用的相互作用，才有最佳经济批量。

1. 随库存量增加而增加的费用

（1）资金成本。生产和存储库存物资占用了一定资金，虽造成机会损失，但却是维持库存物资本身所必需的花费。

（2）仓储空间费用。企业要维持库存必须建造仓库、配备设备，还涉及供暖、照明、修理、保管等开支。

（3）物资变质和陈旧。在闲置过程中，物资会发生变质或陈旧，比如金属生锈、药品过期等，都会造成一定的损失。

（4）税收和保险。两者显然与数量成正比。

如果仅有以上与库存数量呈正相关的费用发生，显然我们会追求库存越少越好。但是由于同时存在以下随库存量增加而减少的费用，使得库存物资既不能太多，也不能太少。

2. 随库存量增加而减少的费用

（1）订货费。订货费与发出订单活动和收货活动有关，包括评判要价、谈判、准备订单、通信、收货检查等。它一般与订货次数有关，而与一次订多少无关。如果大批量订货，则分摊到每项物资上的订货费就会减少。

（2）生产管理费。生产管理费是指企业生产库存物资的费用，包括两类：一类是生产准备费，包括生产线切换、模具安装调试、工艺参数设定等与生产批次直接相关的费用，它和组织生产的次数有关，而和每次生产的数量无关。另一类是日常生产管理费，包括生产计划部门的运营费，加工批量大，则每件物资分摊的管理工作量就会减少。

（3）缺货损失费。当库存不足时，往往会造成销售机会的损失、停工待料损失、延期交货的额外支出、对需方的损失赔偿等。当不允许缺货时，对缺货费用做无穷大处理。

库存总费用则是上述费用之和，库存管理的目标是使库存总费用最小。

6.2 库存管理的方法

库存管理是企业在生产经营活动中，对原材料、辅助材料及产品从毛坯到各个工序间的在制品直到产成品的各种货物流动和变化进行全面的控制与管理，是企业中最重要的管理环节之一。在整个企业的管理流程中，其与计划、采购、生产、销售和财务等系统有着密切的联系，也是其他各项管理工作最基础且最重要的管理环节。

6.2.1 传统的库存管理方法

1. ABC 分类法

ABC 分类法（ABC Classification Method）是由意大利经济学家帕累托首创的，又称为帕累托分类法，其遵循"关键的少数和一般的多数"的规律。ABC 分类法的主要思想是将各种各样的物资分清主次，识别出占比少却起到决定性作用的物资和占比大但影响力很小的物资。在库存管理中，对物资进行 ABC 分类可以压缩总库存存量，减少占用企业资源较多的物资，释放一些被占压的资金，让库存结构更加合理，同时节约管理时间和人力资源成本。

ABC 分类法是库存管理中常用的分析方法，也是经济工作中一种基本的工作和认识方法。它是根据事物在技术或经济方面的主要特征进行分类排序，分清重点和一般，从而有区别地确定管理方式的一种分析方法。ABC分类法根据仓库中库存物资的价值将所有物资分为三类。种类数量少、价值大的物资为A类，为重要物资。对于这类物资，应重点管理，严格控制库存，从而降低库存成本，提高效率。种类和数量都比较多，但占用资金很少的物资为C类，是不重要物资。对于C类物资，一般进行简单的管理控制。其他物资为B类，种类数量和资金占用均介于A类和C类物资之间。对于B类物资，采取折中管理方法，进行一般的管理控制，如表6-2所示。

表6-2 ABC分类法

类别	价值	特点
A类	高	组成成品的主要部分或关键部分，此类物资将会直接影响成品使用性能或安全性能；占所有库存物资总价值的65%～80%、占所有库存物资种类的10%～20%
B类	中	组成成品的次要部分或非关键部分，此类物资将会对成品质量有较大的影响；占所有库存物资总价值的15%～25%、占所有库存物资种类的20%～30%
C类	低	辅助物资，占所有库存物资总价值的5%～15%、占所有库存物资种类的50%～70%

ABC分类法是一种简单、实用的科学管理方法，但是也存在一些缺陷。在实际生产中，库存物资的价值并不等同于其在生产中的作用。有的物资虽然价值比较低，但在生产中却起关键性的作用；有的物资虽然价值很高，但不是生产中的关键因素。因此，根据关键因素进行评估和管理是另一种比较有效的库存管理方法。

2. 关键因素分析法

关键因素分析法（Critical Value Analysis）是按照物料对生产产品的重要性对其进行分类管理的一种方法，更适用于生产型企业。能避免忽视C类物资中相对重要的物资，防止因为疏漏一种价值很低的物料而造成停产的现象。

关键因素分析法的基本思想是根据库存物资在生产经营中所起关键性作用的大小，将其划分为四个级别：①最高优先级，最高优先级的物资是生产经营中的关键性物资，是不允许缺货的；②较高优先级，较高优先级的物资是生产经营活动中次重要的物资，允许偶尔缺货；③中等优先级，中等优先级物资是比较重要的物资，允许合理范围内缺货；④最低优先级，在生产经营中需要用到这些物资，但这些物资可替代性高，允许缺货。具体如表6-3所示。

表6-3 关键因素分析法

类别	物资	管理优化措施
最高优先级	经营管理中的关键性物资或A类客户的库存	此类物资不允许缺货，所以要投入更多的精力、成本在此类物资上
较高优先级	生产经营中的基础物资或B类客户的库存	此类物资允许偶尔缺货，所以也要投入很多的时间、精力
中等优先级	生产经营中的基础物资或C类客户的库存	此类物资允许合理范围内缺货
最低优先级	生产经营中需要，但有可替代的物资	此类物资允许缺货

ABC分类法和关键因素分析法都是用一个因素来对库存的物资进行划分。事实上，只

用一个因素并不能完全客观地反映出库存物资在生产或价值方面的作用。例如，有的 C 类物资尽管价格较低，但是如果这类物资的缺货风险大，不容易采购，仍进行一般的管理控制，那么可能会造成误判而不能及时供应，进而对生产经营带来负面影响。因此，如果能用两个因素对库存物资进行划分，并在此基础上进行管理，可以取得更好的效果。

3. 供应细分法

供应细分法采用两个因素对库存物资进行分类。一是成本/价值，作为横坐标；二是风险和不确定性，也就是在市场上获得这种物资的难易程度，作为纵坐标。这样，可以把库存物资划分为四类（见图 6-2）。

价值比较低，在市场上很容易购买，且风险比较低的物资为策略型物资。对于此类物资的管理，重点在于管理成本控制，需要关注交易过程的管理，侧重整个采购过程成本的下降。

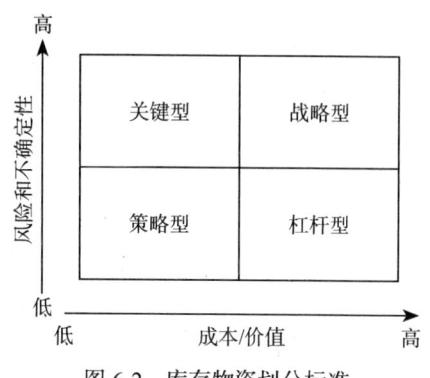

图 6-2 库存物资划分标准

价值比较高，在市场上风险性比较低的物资为杠杆型物资。杠杆型物资价值高，库存成本大，但市场供应充足，较容易购买，因此，管理重点应放在库存成本的控制上，可以考虑在不影响供应的基础上，以各种方法有效地降低直接采购成本，和供应商签订短期合约，以便能不断寻求、更换、转向成本更低的资源。

价值较低，而风险比较高的物资为关键型物资。关键型物资价值较低，但较难采购。此类物资合格供应商少或供应距离远。对于此类物资的管理，首先应考虑如何减少或消除它们，或采用替代品。在采购与库存策略上，此类物资须设置较高的安全库存。对垄断性的生产商或供应商，应建立稳定的供应关系。

物资价值和风险这两个指标都比较高的物资，属于战略型物资。战略型物资能保障公司产品在市场上的竞争力和竞争优势；同时，这种物资可能会给公司带来风险，而且成本较大，是库存管理的重点。此类物资的供应管理策略是与信誉好、综合能力强的供应商建立一种长期的战略合作伙伴关系，签订长期协议，在保障供应的基础上降低缺货风险和成本。另外，企业要根据生产进度计划，合理制订物资需求计划，设置一定量的安全库存，并进行严格的库存控制，降低库存成本和风险。

供应细分法弥补了 ABC 分类法和关键因素分析法的缺陷，能够对库存物资进行更有效的管理。这种管理方法便于企业在各种供应市场和环境中综合运用所需的战略和战术。

6.2.2 现代库存管理方法

随着信息技术快速发展，基于信息化的现代库存管理方法应运而生，出现了很多种管理思想控制库存。比较典型的方法有物料需求计划（Material Requirement Planning，MRP）、制造资源计划（Manufacturing Resource Planning，MRP Ⅱ）、零库存管理法（Just In Time，JIT）等。

1. ERP 环境下的库存管理

ERP 是建立在 MRP 和 MRP Ⅱ 的基础上,以供应链管理为核心的高度集成的信息系统。它通过物流、信息流与资金流,把客户需求和企业内部的生产及供应商的资源集成在一起,使企业能够对供应链上的所有业务流程进行有效管理,比如采购、库存、计划、生产制造、质量控制、客户服务等。

ERP 物资管理包括物资采购、质量检验、收货、发货、预留、库位管理、物资移动、库存盘点、物资需求计划和报表查询等。ERP 通过物资主数据为所有物资建立库存,能够结合企业内部各部门的需求及供应链上来自企业外部的采购订单信息、客户需求信息等,通过 MRP 自动平衡库存,自动生成物资采购计划,确定何时订货采购,有效缩短物资采购和供应提前期,提高物资计划准确率,保证稳定的物流,支持企业正常生产,并最小限度地占用资本。另外,ERP 系统能够随物资入库、出库等状态动态调整库存,精确反映库存现状;通过报表查询,分析物资库存的合理性及存在的问题。ERP 实现了企业内部各部门信息共享,能够有效降低库存量,节约管理成本,最大限度地利用企业现有资源实现企业经济效益最大化。

ERP 环境下的库存管理,主要以企业内部库存管理为核心,实现本企业供应链上的增值,但缺乏整体观,未能考虑供应链环节中外部企业的库存对企业内部库存的影响,企业间缺乏合作与协调,信息传递效率较低。

2. 供应链环境下的库存管理

供应链库存管理即供应链管理模式下的库存管理,目标是实现供应链上各企业的无缝连接,消除供应链之间的高库存现象。

基于供应链管理的库存管理方法和策略有零库存管理、供应商管理库存(Vendor Managed Inventory,VMI)和联合管理库存(Joint Managed Inventory,JMI)等。供应链环境下的库存管理模式能够整合企业资源,加强企业间的合作,实现企业内部管理与外部商务的全面信息化沟通,对供应链进行实时监控,使企业内外实现高效协同、高效决策、库存区域设置合理,降低缺货与库存,减少重复库存,节约物流成本,消除"牛鞭效应"影响,提高企业竞争力。

3. 供应商管理库存

供应商管理库存是一种以用户和供应商双方都获得最低成本为目的的,在一份共同的协议下由供应商管理库存,并不断监督协议执行情况和修正协议内容,使库存管理得到持续改进的合作性策略。

供应商管理库存模式是指将某种存货的管理委托给其供应商负责,并将公司内部该存货的库存、销售、生产等信息与供货商共享,由供货商协助公司更好地降低存货的成本,进而提高公司的利润。VMI 模式假定供货商比公司更熟悉该存货的各种特性及管理、营销方式,并且供货商具有良好的商业道德。通过 VMI 的供应战略,企业之间形成的联盟可以保证其在市场营销方面的核心竞争力,并加强企业间的合作程度,降低成本,抑制"牛鞭效应",

重新整合企业资源。VMI 的流程如图 6-3 所示。具体的实施步骤可以概括为：首先，企业应建立顾客情报信息系统和销售网络管理系统，搜集各个方面的信息；然后，建立供应商与客户（分销商）的合作框架协议，最后进行组织机构的变革。

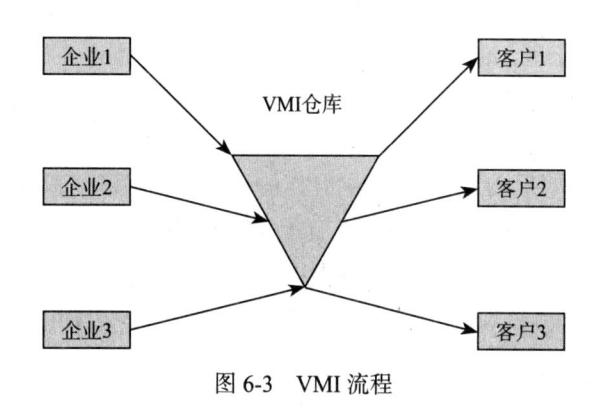

图 6-3　VMI 流程

VMI 的支持技术包括：EDI、ID 代码/条码或者二维码、连续补给程序等。EDI 即电子数据交换，是一种进行供应链商品数据交换的安全可靠的方法。供应商必须每天了解客户的库存补给状态，从而提高对库存的监控效率；供应商要有效地管理客户的库存，必须对客户的商品进行正确识别，为此要对供应链商品进行编码，通过将商品的标识（ID）代码与供应商的产品数据库相连，以实现对客户商品的正确识别；持续补给程序能够将客户向供应商发出订单的传统订货方法变为供应商根据客户库存和销售信息决定商品的补货数量。供应商和客户建立合作伙伴关系，在加快响应需求速度的同时使客户的库存减少。

实施 VMI 可以让客户省去传统订货模式中多余的订货和控制步骤，将精力转向提高服务水平；供应商拥有库存控制权，可以通过有效的库存管理，协调对多个客户的供应和配送；供应商可以按照零售商的数据对需求做出预测，以减少预测的不确定性；由于 VMI 允许供应商直接接触下游企业真正的需求信息，供应商能够更快地响应客户需求，提高服务水平，大大降低供应链的库存成本。

4．联合管理库存

（1）联合管理库存概述。对于联合管理库存的思想，可以从地区分销中心的联合库存功能谈起。地区分销中心体现了一种简单的联合管理库存思想。传统的分销模式是分销商根据市场需求直接向工厂订货，比如汽车分销商（或批发商）根据用户在车型、款式、颜色、价格等方面的不同需求向汽车制造厂订货，需要经过一段较长的时间才能到货。因为顾客不想等待这么久的时间，所以各个分销商不得不进行库存备货，这样大量的库存使分销商难以承受，以至于破产。而采用地区分销中心，就可以解决库存浪费的问题。采用地区分销中心的销售方式后，各个分销商只需要少量的库存，大量的库存由地区分销中心储备，也就是各个分销商把其库存的一部分交给地区分销中心负责，从而减轻各个分销商的库存压力。分销中心起到联合管理库存的作用。

（2）联合管理库存的优势。和传统的库存管理模式相比，联合管理库存具有以下优势。

1）为实现供应链的同步化运作提供条件和保证。

2）通过在上下游企业之间建立一种战略合作伙伴关系，实现企业间库存管理上的信息共享。

3）库存作为供需双方信息交流和协调的纽带，通过联合库存模式可以暴露出供应链管理中的缺陷，为改进和提升供应链管理水平提供依据。

4）为实现零库存管理、准时化采购及精益化供应链管理创造条件。

5）进一步体现供应链管理中的资源共享和风险分担原则。

（3）联合管理库存的主要方法如下所述。

1）构建供需协调机制。首先建立共同合作的目标，然后建立联合库存的协调控制方法及信息共享系统，除此之外还需要建立利益分配激励机制。

2）应用成熟的技术。为了发挥联合管理库存的作用，在供应链库存管理中可以利用目前较成熟的两种资源管理系统：MRP Ⅱ和分销资源计划（Distribution Resources Planning，DRP）系统。

3）做到快速响应。通过快速响应，可以缩短交货周期、减少库存、提高顾客服务水平和企业竞争力。

4）依靠第三方物流的帮助。第三方物流系统是供应链集成的一种技术手段，可以使生产企业集中精力于自己的核心业务。第三方物流系统在供应商和用户之间发挥桥梁连接作用。

图6-4给出了联合管理库存的基本模型。联合管理库存把供应链系统管理集成为上游和下游两个协调管理中心，比如图中的原材料联合库存、半成品库存和产销联合库存。通过协调管理中心，供需双方共享信息，从供应链整体的观念出发，同时参与、共同制订库存计划，实现供应链的同步化运作，在库存管理风险方面，建立合理的预防和分担机制、合理的库存成本和运输成本分担机制、与风险成本相对应的利益分配机制和有效的激励机制，避免节点企业的短视行为和局部利益观，从而提高供应链运作的稳定性，改善供应链运作绩效。

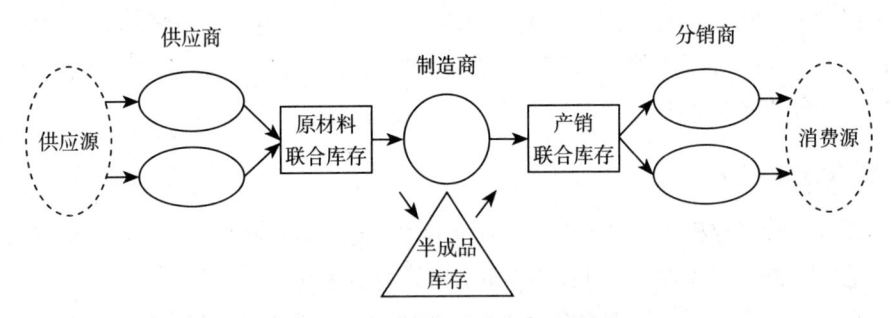

图6-4 联合管理库存的基本模型

随着全球经济一体化及电子商务的迅速发展，供应链管理进一步向更高水平的集成方向发展，电子商务与供应链管理有机结合形成了集成化供应链管理。

集成化供应链管理可以实现外部电子商务与供应链管理/企业资源计划/客户关系管理（SCM/ERP/CRM）等信息系统的无缝集成，组成一个动态的、虚拟的、全球网络化的供应链网络，实现供应链上不同企业成员之间的工作协同与信息共享，实现对企业的动态控制和各种资源的集成与优化，把企业的全部经营活动融入电子商务中，克服传统供应链下库存管理的缺陷，重视从原材料到最终产品的总的物流成本与客户服务水平之间的关系，最大限度发挥供应链整体能力，降低采购成本，加快资金周转和库存周转，减少库存，缩短生产周期，提高企业对市场和最终顾客需求的响应速度，从而提升企业的市场竞争力。

6.3 低碳库存管理的技术路径

低碳库存管理的兴起，归功于低碳革命和哥本哈根环境大会对绿色环保的官方倡导。随着气候问题日益严重，全球化的低碳革命正在兴起，人类也将因此进入低碳新纪元，即以"低能耗、低污染、低排放"为基础的全新时代。库存管理必须走低碳化道路，着力发展智能信息化。

低碳库存管理是将碳排放作为主要优化目标之一，合理设计库存计划和库存控制策略，并辅之以相应的信息处理手段和工具，从而实现最优库存水平，达到降低碳排放量的目的。在传统企业运营中，企业库存管理的最优目标是选择合适的订购量使得其订购成本、库存持有成本和准备成本之和最小。在绿色供应链背景下，企业在库存管理过程中主要面对的碳排放源为仓储和运输。仓储和运输会消耗大量的能源，从而导致大量二氧化碳的排放。所以企业的最优目标是在满足其碳排放约束的要求下，选择最优的订购量。

低碳库存是低碳物流系统的重要环节之一，也是碳排放较大的子系统之一。如何降低库存系统的碳排放量成为低碳物流的关键之一，主要实现技术包括实施自动化仓储技术、构建数智化库存管理平台等，从硬件、软件角度双管齐下，系统地实现低碳库存管理。

6.3.1 自动化仓储技术

仓储是库存控制的一个方面，实现低碳仓储是减少库存中碳排放量的重要措施之一。为实现低碳仓储，可以采用自动化仓储技术。自动化仓库是以成套先进的搬运设备为基础，以先进的计算机控制技术为主要手段，实现搬运、存取机械化、自动化，储存管理现代化的新型仓库。其主要由货物存取机、储存机构、输送设备和控制装置四个部分组成，通过运用叉车、自动引导车、巷道堆垛机、立体仓库等设备及电子计算机信息控制系统、数据收集系统来达到仓储的自动化，进而实现低碳仓储的目标。

自动化仓储技术具有以下优点。

（1）自动化仓库可以节省劳动力，节约占地。由于自动化仓库采用电子计算机等先进的控制手段，采用高效率的巷道堆垛机，使仓库的生产效益得到了较大的提高。往往一个很大的仓库只需要几个工作人员，节省了大量劳动力。自动化仓库的高层货架能合理地使用空间，使单位土地面积上存放货物的数量增多。在相同的土地面积上，相较于普通仓库，自动化仓库的储存能力能高达几倍，甚至十几倍。这样在相同储存量的情况下，自动化仓库节约了大量的土地。

（2）自动化仓库出入库作业迅速、准确，缩短了作业时间。自动化仓库由于采用先进的控制手段和作业机械，能够以最快的速度、最短的距离送取货物，大大缩短货物出入库的时间。同时，仓库作业准确率高，仓库与供货单位、用户有机协调，有利于缩短商品流通时间。

（3）提高仓库的管理水平。电子计算机控制的自动化仓库代替了普通繁杂的台账手工管理办法，使仓库的账目管理及大量资料数据可以通过计算机储存，随时需要，随时调出，既准确无误，又便于情报分析。从库存量上看，自动化仓库可以将库存量控制在最经济的水平上。在完成相同商品周转量的情况下，自动化仓库的库存量可以达到最小。

自动化仓储技术的各种优点可以减少仓储过程中的碳排放量，进而实现低碳仓储。

6.3.2　构建数智化库存管理平台

企业应以"去库存、降成本、补短板，优化存量资源配置"为原则，构建一体化信息平台，通过数字化、智能化技术，深化信息系统应用和库存大数据挖掘，全面推进库存管理水平提升，构建和实施价值化、精细化、智能化库存管理系统，努力实现低碳排放，提高经营管理水平和整体利益。

（1）通过构建信息化平台，为库存管理提供软环境。为便于库存管理体系的实施，首先应对信息化系统中的产品研发系统（PDS）、企业资源计划（ERP）、制造执行系统（MES）、采购决策管理系统、供应链管理协同系统等系统实行改进、集成和贯通。通过重新定义供方状态、调整供方选择流程，实现严格管控供方，进一步提高库存管理精细化程度，降低库存采购成本和管理成本。

（2）集成现代仓储物流资源。为提高库存管理的物料周转效率和库存存储质量，节约库存管理成本，降低物流损失，可以在自动化仓储管理系统、高等级库、战略储备库房等基础上进行现代仓储资源的集成和利用，基于移动通信平台建立和开发智慧物流系统，同步对仓储现场进行完善。

（3）建立库存价值化标准，实施全量库存经济量化管理。

一是对库存价值从不同阶段予以量化。企业可以基于库存不同阶段的产品价值进行库存管理系统的建设，根据企业生产制造的不同阶段，将库存分为：采购材料部分、生产件部分和库存部分。然而，库存数据在财务账面上仅反映了原材料部分，为全面、客观反映库存的价值，需要对库存价值从不同阶段予以量化。

二是库存经济价值量化存在一定的难度。这与建立经济价值量化标准有关。为解决库存价值量化难题，首先应确定以人民币为库存经济价值化的标准，建立覆盖研发制造过程中原材料、在制件、成品在内的全量库存概念及价值量化标准，采用流动平均价对原材料进行经济价值量化，对在制件和成品分别采取实际成本、标准成本等价格管理方法，对库存进行价值化统计和分析，"全方位扫描"和"深度透视"库存经济价值量。

实践案例

绿色储粮技术与智能化物流助力华南粮食安全

广州市粮食储备加工中心（广州岭南穗粮谷物公司，以下简称"谷物公司"）是华南地区综合规模最大、功能最齐全的综合性粮食储备加工中心。其采用绿色储粮技术，实现粮食物流自动化、粮食加工科技化，最大限度地减少粮食损耗。

高浓度氮气催眠小麦，杀死 99% 的储粮害虫

走进粮仓园区，一排排巨型的立筒库、浅圆仓映入眼帘，还有运输车辆忙碌的身影。从全国各地运输过来的小麦，在码头就直接通过吸粮机被吸入仓库楼顶的传送带，进而被运送到高高的立筒库里，中途不需要人工搬运。

"这可以让运输环节没有任何损耗，不浪费一颗粮食。"谷物公司总经理刘子立介绍，园区内有近百座小麦立筒仓、小麦浅圆仓，可以存放几十万 t 小麦。

粮食会呼吸，呼吸的时候还会消耗营养物质，加上虫蛀侵蚀，所以粮食在储存过程中会出现变质、损耗等问题。"小麦一般会在仓库里存 1 年，它们保鲜的秘诀就是'充氮'。"刘子立表示，氮气气调储粮技术是一种新型的绿色储粮技术，将粮仓内的空气经分子筛过筛后，提高氮气浓度。分子筛和粮仓形成空气闭环，使仓内空气中的氮气浓度持续保持在 98% 以上。

技术研究证明，充氮气调技术可以抑制小麦呼吸，让小麦处于休眠状态而降低自身损耗，同时还可以杀死 99% 的储粮害虫，并使虫害生长速度大幅降低，保证粮堆半年时间都处于基本无虫的状态。"小麦在储存期内，脂肪酸值、品尝评分值、水分、新陈度、面筋吸水量等指标不会产生变化，也不会影响其工艺品质。"刘子立说道。

在谷物公司控制中心，电脑屏幕上显示着各个仓库的氮气浓度，系统与 14 个仓库相连。若某个仓库的氮气浓度降低，系统会自动补充新的氮气。

对于小麦的轮换，谷物公司会分批次、品种进行跟踪检测，精准判断后熟期情况，在品质最佳时安排生产加工，结合生产加工及贸易进行动态轮换。

低温锁鲜存期，1 年的大米品质接近新米

园区在几个超 30m 高的立筒仓内储存了数千吨稻谷。与小麦不同，在华南地区高温高湿的气候条件下，稻谷和大米的保粮秘诀就是低温。

稻谷仓主要采取空调控温和谷物冷却机低温储藏技术来延缓品质变化。其实，谷物冷却机就相当于一个外置的空调主机，设有进风口和出风口，这种设备主要被应用于未配置固定制冷设备的粮仓，通过外部制冷来降低粮仓内空气的温度，温度一般在 25℃ 左右。

加工后的大米对温度的要求更高，因为大米对温度十分敏感，温度越高，大米品质下降得越快，米香味也消失得越快。走进大米低温库，会感到一阵阵凉意，伴随着浓浓的米香味。低温库内，一袋袋进口和国产的优质大米被整整齐齐地码放着。

这里是全国首批标准低温库，温湿度通过空调制冷系统进行调节，所有墙、楼顶、门窗均做了保温处理，足以让室温保持在 15℃，粮温保持在 17～19℃，这相当于将大米放入了一个超级"大冰箱"。所有输送管道外都附有保温棉，用于减少冷量损耗。技术研究证明，在常年低温储存的条件下，接近 1 年储存期的大米，其各项理化指标和品质指标跟入库的时候差异不大，大米的色泽依旧晶莹通透，蒸煮后的口感、黏性、营养成分仍能接近新米。

同时，大米储存也要防虫。被虫吃后的大米不仅损失严重，还会发热。因此，谷物公司配备了专门的保粮技术员，他们经常对粮食进行检验。他们还在低温库的大米中间放置无线测温盒，这些测温盒可自动发射信号，以便粮情检测系统实时读取粮食温度。当检测到某个测温点温度偏高时，保粮技术员可以立即定位发热的粮堆，并检测是否有害虫或者水分不平衡。

"大米入库后，我们会严格控制仓内的温度和湿度，以最大程度锁住新鲜，保证一年内大米品质基本不变。"刘子立表示，原料大米的库存时间一般为3~4个月，会结合加工生产进行轮换，确保新鲜。

加工：小麦精细研磨提升出粉率

小麦如何变成面粉？走进园区的面粉车间，即一栋占地3 500m^{2}的九层建筑。车间配有两条日加工小麦达600t的全自动专用面粉生产线，年小麦加工量可达30万t，年面粉产量可达23万t。

从小麦到面粉，主要包括小麦清理调质、制粉、配粉三个环节。"每个环节的工序较多，我们采用面粉行业最先进的小麦擦皮除菌、小麦色选、面粉高频在线杀虫等高端专业设备，生产工艺先进，产品质量稳定。"刘子立介绍。

首先要通过筛选、撞击、摩擦、风选、去石、磁选、色选、擦皮等多达50台套设备对小麦进行全方位清理，以便将混在小麦里的杂质、霉变及不成熟粒、异粮粒等清理干净，然后进行着水润麦，使小麦表皮与胚乳产生不均衡的溶胀效应，减少麦皮的含粉率。

其次是制粉，将经清理调质达到加工标准的小麦送入制粉环节研磨加工。谷物公司小麦制粉采用先进的"五皮八心二渣二尾"的长粉路生产工艺，对小麦进行精细研磨，分等级取粉。小麦皮层经过五道工序研磨剥刮才能将麸皮的胚乳剥刮干净，最终产生副产品麸皮。小麦胚乳经过八道研磨工序才能提取基础粉，按照各工序位置不同和小麦胚乳部位质量品质不同进行区分，入半成品基础粉仓。长粉路工艺大幅提升了小麦的出粉率。

最后为配粉打包环节。在小麦颗粒中，不同位置的胚乳含有的淀粉、蛋白质、无机盐等含量不同，所生产的面粉质量差别较大。从制粉工段生产汇集而来的不同基础面粉的面筋数量、质量、弹性、延展性、灰分都不一样。为了保证最终面粉产品质量的稳定性，以及满足以不同基础面粉为原料加工的食品需要，在配粉环节会按照特定的配方对不同的基础面粉进行搭配，生产出不同的专用面粉品种，比如蛋糕专用粉、日式面粉专用粉、曲奇专用粉、广式月饼专用粉、大包专用粉、速冻类食品专用粉等。

而在大米加工车间，经过碾米、筛米、抛光、色选等一道道工序，稻谷变成了带着浓浓米香的新鲜大米。大米车间配置了一条日加工稻谷300t的生产线和两条日加工200t的精制米生产线，可年产大米12万t。精制米生产线采用多机轻碾加工工艺，经适碾轻抛，一方面不浪费粮食，另一方面又可以避免过度加工，最大限度地保持大米的营养成分；同时采用先进的光电色选设备，剔除大米中的异色粒和杂质。

物流：每天超千吨粮油产品被运到各商超市场

"每天有超千吨粮油产品从成品仓被运到市区各个商超市场。"广州市粮食集团相关负责人介绍。为了保证新鲜的粮食以最快的速度到达市民手中，从南沙区谷物公司加工出来的成品大米，直接装车被运送到市区配送仓库，执行"先进先出"原则，提高成品仓内粮食的周转率。

据介绍，广州市粮食集团在市区有4个粮食成品仓，包括海珠、西湾、南滘成品配送仓和南沙谷物公司成品库，主要存放大米、面条、食用油、面粉等。成品仓仓温常年控制在 18℃，粮温保持在 20℃ 以下，最大限度地保障粮食的新鲜度。

广州市粮食集团打造了自有物流配送系统，在市区产品主销区域布局了 4 大产品配送仓，并且在各仓都配置了相应的配送车队，日运力超 1 500t，物流配送响应时间在 12h 以内。

同时，广州市粮食集团还构建了强大的产品销售网络。大米业务直销与分销模式并举，在广州拥有 3 500 多个商超、街市销售网点。面制品业务建立了覆盖珠三角的经销商联盟，辐射终端网点 2 000 多个。此外，广州市粮食集团在广州还有近百间自营终端"8 字便利店"，主销"岭南穗粮"粮油产品。

案例思考题： 广州市粮食集团是如何实施低碳库存管理的？

思考与练习

1. 什么是库存？按照库存作用划分，可将库存分为哪几类？对应降低库存的措施有哪些？
2. 库存的作用及其弊端有哪些？
3. 库存管理的内容和目标是什么？
4. 传统的库存管理方法有哪些，各自有什么特点？
5. 供应链管理模式下的库存管理方法有哪些？各有什么优势？
6. 实现低碳库存管理的有效途径有哪些？

第 7 章
CHAPTER 7

低碳物流管理

学习目标

1. 了解低碳物流的内涵与特征
2. 熟悉低碳包装、低碳运输
3. 熟悉低碳包装与低碳运输的相互影响
4. 熟悉逆向物流管理

引例

电商物流中的绿色革命：包装减碳创新实践

在电子商务极其发达的今天，包装是物流环节中碳排放的主要来源之一。《2021—2030 中国快递业绿色包装碳减排潜力研究报告》称2020年我国各类快递包装产生总量合计为 1 576.8 万 t，碳排放总量为 2 395.84 万 t 二氧化碳当量。我国快递包装全生命周期碳排放量在较大程度上受到包装在原材料生产和加工生产两个阶段碳排放量的影响。2020年上述这两个阶段所产生的碳排放总量为 437.42 万 t 二氧化碳当量。

为减少碳排放量，宝洁、京东、顺丰物流等企业在快递循环实践方面做出了诸多努力。下面将举例说明。

宝洁公司

作为全球快消行业龙头企业，宝洁先后推出"小绿宝"等绿色包装设计并广泛使用。过去 3 年里，宝洁总共发出了超过 1 亿件直发绿色包装，实现一年减少二次包装 5 500 万个，减少空气填充包 1.7 亿个，减少纸张浪费 8 000t。

2019 年，宝洁公司推出中国市场上第一个电商直发包装"小绿宝"。"小绿宝"的设计初衷是减少产品包装数量，使包装大小和产品大小相匹配。很多产品至少需要两层包装：产品本身的包装及快递包装。"小绿宝"将两层包装减少为一层包装。使用"小绿宝"之后，快递包装空隙率从 50% 下降至 10% 以下，降低了漏液破损，缩小了快递体积。而且"小绿宝"还消除了物流过程中的二次包装，意味着减少了仓储、快递面积和运输油耗，在实现绿色目标的同时降低了企业成本。

在"小绿宝"初见成效后，宝洁趁热打铁推出"大绿宝"。"大绿宝"是能够被多次循环使用的包装纸箱，是产品制造商与电商平台绿色合作的成果。2022年9月，宝洁及其供应商与各大电商平台签订回收协议。协议规定宝洁的"大绿宝"可以在这些电商平台上循环使用，搭建起覆盖所有主流电商平台的物流包装循环回收网络。

除了改进一次包装的"小绿宝"和改进循环包装的"大绿宝"，宝洁还带来了全球首发的全新电商包装——"空气胶囊"。"空气胶囊"是100%单一可回收材料制成的新型包装。它具有无须填充、无须套纸箱、无须使用胶带的特点，可减少40%以上的快递包装重量。"空气胶囊"的特殊结构能够减少产品在运输过程中受到的冲击，防潮防盗，不用担心产品被雨淋湿和在运输途中被开启。"空气胶囊"的拆解和回收也非常方便。拆快递时沿着撕拉线一撕即开，包装内空气自动释放，然后可以卷起回收。

京东

2017年12月，京东物流首发试点循环快递箱——"青流箱"。青流箱由可复用材料制成，箱体正常情况下可以循环使用50次以上，破损后还可以回收再生。"青流箱"无须胶带封包，在循环使用的同时可做到不产生任何一次性包装垃圾。同时，配合自行研发的循环包装管理系统，借助唯一码和无线射频识别（Radio Frequency Identification，RFID）技术，实现循环包装全流程监控。

京东首创的"青流箱"回收体系，为行业包装回收循环使用探索了可复制的解决方案。京东物流从站点到仓库之间的回收、消毒清洗、重塑再生产，都由专业的合作伙伴来负责。他们可根据京东仓库的生产需求随时供应循环包装，大大提升了"青流箱"在供应链中的周转效率。

因为"青流箱"是在固定区域内进行循环使用的，为了充分适应各地不同的人文地理环境，保证快递服务质量，提高包装循环效率，延长使用周期，京东物流还在标准"青流箱"的基础上进行了区域功能改造。比如，为南方城市的"青流箱"定制了防潮布、防水套等。而且京东还邀请知名设计师，推出不同城市的限定款"青流箱"，表达和传递城市绿色记忆。

目前，支持可循环包装"青流箱"进行配送的商品种类数量已达数万个，涵盖美妆、食品、手机、网络配件、数码配件、办公用品等。

资料来源：1. 2024绿点中国年度案例 | 宝洁：巧用可回收柔性包装 VersafillTM 记忆蜂窝，https://www.yicai.com/news/102290956.html；

2. 100%可回收"空气胶囊"，宝洁携手陶氏创新快递包装，https://www.thepaper.cn/newsDetail_forward_21172213；

3. 京东物流投放10万循环快递箱"青流箱"，https://tech.huanqiu.com/article/9CaKrnK5Ypv。

思考：产品制造商和物流企业在低碳物流管理方面合作的机会有哪些？

7.1 低碳物流概述

物流服务贯穿于社会经济活动的各个领域，仓库、配送中心、港口、运输工具等物流基础设施，每天消耗巨量能源，产生大量碳排放。2021 年我国物流交通能耗已占全社会总能耗的 20% 以上。其中，交通运输、仓储和邮政业能源消费量在 2018 年已达到 4.36 亿 t 标准煤，二氧化碳排放量约 7.7 亿 t。由此可见，物流行业已成为能源消耗大户和碳排放大户。如果想要实现碳排放量的降低，物流行业低碳化发展至关重要。

7.1.1 低碳物流的内涵

对于低碳物流，可以从两个方面来解释：第一，降低物流业的能源消耗和碳排量；第二，优化物流操作方式，完善物流系统。低碳物流最直接的表现应该是节能减排，通过物流技术的使用，减少能源消耗，降低碳排放量，同时对物流系统进行规划、抑制，控制其对环境的破坏，并对碳进行处理，净化物流环境，使物流资源的利用达到最大化。

要实现低碳物流的任一方面，均须在可持续发展思想指导下，利用能效技术、可再生资源技术及温室气体减排技术等改进物流体系，实现物流各功能要素作业的低碳化，减少物流活动中的碳排放，降低物流活动对环境的污染。在保证物流服务满足社会经济活动的前提下，通过充分利用物流资源，采用先进的物流技术，合理规划和实施运输、仓储、包装、装卸、搬运、流通加工、配送、信息处理等物流活动，降低对环境的影响。最终目标是实现可持续发展，达成经济效益、社会效益和生态效益的统一。因此，要实现社会碳排放量降低的整体目标，物流行业实现低碳转型发展是至关重要的。

低碳物流将"可持续发展"和"碳减排"的理念融入运输、存储、包装、装卸搬运、流通加工、配送、信息处理等物流活动中，采用先进的物流技术和管理手段，以达到资源利用效率最高、对环境影响最小和系统效益最优。例如，物流企业嘉里大通在全国 12 个城市大力投入新能源车辆，进行多方式线路优化和运输耗材管理；仓储实施节电减排；回收纸制品、废旧塑料制品、废旧木制品，以及使用 FSC 认证的包装和运输材料。这些实践是简单、直接、有效的。此外，具体实践还包括：在运输方面，嘉里大通不但优化运输工具，使用新能源货车，还通过优化运输线路，借助智慧运输降低能耗；同时优化运输耗材，循环使用减少浪费，包括保温箱、PVC 强化塑料托盘、塑料周转箱等。在仓储方面，嘉里大通优化用电、合理布局仓储、使用太阳能系统、使用 LEED 认证的绿色建筑解决方案及雨水收集系统。在包装方面，嘉里大通重视减量、复用、循环、能源回收利用，打造绿色包装。嘉里大通的低碳物流实践很好地展现了低碳物流应该具有的特征。

7.1.2 低碳物流的特征

（1）双向性。在实际物流活动中，大多数存在正向与逆向物流，具有双向性。双向流动为低碳物流不可或缺的特征。

（2）系统性。作为一个融合生产、加工、仓储、配送等多环节的复合性产业，实现物流业的低碳化发展不是追求仓储、运输等单个环节的低碳发展，而是贯穿于从原材料到产成品的全产业链中。

（3）多目标性。区别于一般意义的物流，低碳物流在传统物流的经济效益目标上，叠加了环境效益、社会效益等非经济因素，这些是低碳物流的核心要义，也促使更多的主体参与到低碳物流的行动中来。

（4）直接性与间接性。物流低碳化发展一方面体现在低碳技术在运输设备、包装材料等与能源消耗直接关联的物流环节上，另一方面则体现在物流资源高效配置、产业转型升级、供应链管理水平提升和环保意识深入等间接因素上。

（5）先进性。科学技术的发展带动了产业的发展，低碳物流的发展无法脱离先进科学技术的运用。要实现低碳物流，清洁能源的开发及计算机科学技术的发展都是必不可少的，因此低碳物流目标的达成以先进科学技术开发及应用作为主要手段。

（6）标准性。低碳物流在不同物流配送的操控点上制定不一样的标准，实行统筹规划，提升物流系统管理水平，继而在所采用的科学技术、新能源开发技术等方面制定统一的标准。

7.1.3 低碳物流及其生命周期评价

低碳物流实践中的必需环节是对物流运营进行碳排放核算。核算是正确分析、管理物流系统低碳化的重要而有效的途径之一。生命周期评价法（Life Cycle Assessment，LCA）作为应用最广的碳足迹分析方法，适用于产品、部门等微观和中观系统的研究。这里，生命周期评价是指一种对产品、生产工艺及活动对环境的压力进行评价的客观过程，它是通过对能量和物质利用及由此造成的环境废物排放进行辨识和量化来实现的。其目的在于评估能量和物质利用、废物排放对环境的影响，寻求改善环境影响的机会及如何利用这种机会。这种评价贯穿于产品、工艺和活动的整个生命周期，包括原材料提取与加工，产品制造、运输及销售，产品的使用、再利用和维护，废物循环和最终废物弃置。

生命周期评价主要包括四个步骤：目标与范围确定、清单分析、影响评价和改善分析。接下来，我们将具体介绍每个步骤的具体方法。

（1）目标与范围确定。该阶段要对 LCA 研究的目标和范围进行界定，是 LCA 研究中的第一步，也是最关键的部分。该阶段定义了 LCA 研究的目标和范围、功能单位、系统边界等。目标确定主要说明采用 LCA 的原因和应用意图，范围界定则主要描述所研究产品系统的功能单位、系统边界、数据分配程序、数据要求及原始数据质量要求等。功能单位的首要目标是为相关的输入和输出提供一个参照单位以使清单数据标准化，这种标准化确保 LCA 结果具有可比性。因此，该阶段直接决定了 LCA 研究的深度和广度。鉴于 LCA 的重复性，可能需要对研究范围进行不断的调整和完善。

（2）清单分析。清单分析是针对某产品或活动生命周期的各个阶段列出其输入和输出的资源、能源消耗及各种废弃物排放的清单数据，作为低碳影响评估的依据。由于数据收集的复杂性和困难性，清单分析往往是 LCA 中最耗时、最复杂的一个过程。

清单分析主要包括数据的收集和计算，以此来量化产品系统中的相关输入和输出。首先，应根据目标与范围，定义阶段研究范围，建立生命周期模型，做好数据收集准备。其次，进行单元过程数据收集，并根据数据收集进行计算，汇总得到产品生命周期的清单结果。

（3）影响评价。影响评价的目的是根据清单分析阶段的结果对产品生命周期的环境影响进行评价。这种评价应考虑对生态系统、人体健康及其他方面的影响。这一过程将清单数据转化为具体的影响类型和指标参数，以便更好地认识产品生命周期的环境影响。此外，此阶段还为生命周期结果解释阶段提供必要的信息。

（4）改善分析。它主要是指系统地评估在产品、工艺或活动的整个生命周期内的能源消耗、原材料使用及环境释放的需求与机会。这种分析包括定量和定性的改进措施，比如改变产品结构、重新选择原材料、改变制造工艺和消费方式及废弃物管理等。同时，在分析评估环节，需要包括完整性、敏感性和一致性检查，进而给出结论、局限和建议。

生命周期评价法作为一种环境管理工具，不仅可以对当前的环境冲突进行有效的定量化分析、评价，而且可以对产品及其"从摇篮到坟墓"的全过程所涉及的环境问题进行评价，因而是"面向产品环境管理"的重要支持工具。它既可用于企业产品的开发与设计，又可有效地支持政府环境管理部门的环境政策制定，同时也可提供明确的产品环境标志从而指导消费者的环境产品消费行为。因此，不仅仅在低碳物流领域，国际社会各个层次都十分关注生命周期评价方法的发展和应用。

本章后续内容主要涉及低碳物流生命周期中的包装、运输、逆向物流等环节。在其他环节，比如装卸环节，在托盘/载具方面，南航物流大兴货站承接了大兴机场物流运输八成的业务量，因为每天都有大量的包装使用，因此其通过对现有包装的再循环进行减量化和碳减排，使周转箱达到了非常好的减排效果。

7.1.4 低碳物流发展模式

低碳物流是在可持续发展思想指导下，利用能效技术、可再生资源技术及温室气体减排技术等改进物流体系，实现物流各功能要素作业的低碳化，减少物流活动中的碳排放量，降低物流活动对环境的污染。现阶段我国物流仍采用一种较为粗放的发展方式，不合理运输与仓储现象普遍存在，设施重复建设问题突出，不仅造成了物流运作效率低、物流成本高，还造成了大量的资源浪费与严重的环境破坏问题。发展高效、节能、环保的低碳物流对于减少高碳能源消耗，实现低碳生产与生活方式具有重要的意义，是促进低碳经济发展的重要领域，也是实现我国现代物流业可持续发展的必然选择。

（1）低碳物流系统功能要素。低碳物流系统包括低碳运输、低碳仓储、低碳流通加工、低碳包装、低碳装卸搬运、低碳配送等功能要素。低碳运输要求根据货物情况选择恰当的运输方式和运输工具，尽量采用节能型或以清洁燃料为动力的环保型运输工具，合理安排运输路线，减少运输里程，优化运输网络，提高运输效率，降低运输的能源消耗量与废弃物排放量。低碳仓储要求合理布局仓库，采用恰当的储存保管方式，减少货物储存过程中的过期变质与损坏，合理控制库存总量及库存结构，采用先进的管理方法降低库存。低碳流通加工一方面要优化加工工艺流程，选择节能型加工设备，实现加工过程的低碳化；另一方面要采用专业化的集中加工方式，实现规模化作业，合理回收利用加工过程中的边角废料，提高资源利用效率。低碳包装要求采用无毒、便于拆卸、可降解和可再利用的包装材料，尽量减少包装或进行简化包装以降低包装成本，减少废弃物的产生。低碳装卸搬运要求采用正确的装卸搬运方法，避免货物损坏，优化装卸搬运作业，减少装卸搬运次数，避免无效搬运，合理利用现代化机械和集装技术，提高货物的搬运灵活性和装卸搬运效率。低碳配送要求发展共同配送，简化配送环节，减少配送车辆空载和重复配送现象。

（2）低碳物流系统运作模式。低碳物流思想应当贯穿于整个物流过程，完整的低碳物流系统包括从原材料或零部件的采购开始的供应物流低碳化、生产物流低碳化、销售物流低碳化、回收及废弃物物流低碳化。其要求在供应物流过程中，选择低碳化的原材料，以低碳运输方式将产品送达生产企业；在企业生产过程中，采用低碳制造技术，以低碳物料搬运、仓储、包装方式生产出低碳产品；在销售过程中，合理规划分销网络，以专业化的运输和配送体系将产品低碳地送到最终消费者的手中。同时，对于在产品生产、流通、消费过程中产生的副产品、残次品、退货、包装物及废弃物进行回收、分类、检测、加工再利用及焚烧或填埋等废弃处理。在此过程中，政府应当充分发挥导向与监管职能，研究制定低碳物流相关的法规政策，通过财政补贴、税收优惠等激励企业开发低碳产品及低碳技术，引导消费者自发购买具有低碳标识的产品，形成低碳的生产与消费方式。

7.2 低碳包装

7.2.1 低碳包装的概念和特点

低碳包装是指一个以减少二氧化碳气体排放量为目标，同时以低能耗、低排放、低污染为基础的新型包装模式。包装在保护产品本身、提高物流效率、降低销售成本等方面发挥着非常重要的作用，但包装环节也会产生碳排放。对此，在包装的整个生命期中，每种材料、每个过程、每个环节都需要在注重包装功能的同时，在生态环境、节能环保、绿色安全及二氧化碳排放等方面选择最佳值。这就要求包装行业必须认真按照减量化、低排放、再利用、资源化的原则，转变经济增长方式，积极推行低碳包装，促进循环经济和包装产业的可持续发展。具体言之，它应具有以下含义。

（1）实行包装减量化。绿色包装在满足保护、方便、销售等功能的条件下，应该是用量最少的适度包装。欧美等国将包装减量化列为发展无害包装的首选措施。

（2）包装应易于重复利用或易于回收利用再生。通过多次重复使用，或者通过回收废弃物、生产再生制品、焚烧利用热能、堆肥改善土壤等措施，可以达到再利用的目的，既不污染环境，又可充分利用资源。

（3）获得新价值。可以通过焚烧回收废弃物获得其中的能量，或通过降解包装获得新的价值。

（4）节约能源。在包装、加工等各个环节中，要注重能源节约，尽量避免资源浪费。

电子商务的爆炸式发展带动了物流行业的快速发展，但是大量不可降解的包装材料的污染及资源浪费等问题也随之产生。因此，实现包装的低碳化成为物流行业的关键任务之一。在物流行业推行低碳包装是一项系统工程，从绿色循环产品的使用到包装回收体系的建立，以及包装耗材的减量化，这些事项不仅需要政府、企业的共同努力，也需要人们在日常生活中深植低碳理念。

7.2.2 低碳包装的设计原则

低碳包装的设计一般遵循 5R 原则，即 Reduce（包装减量化）、Reuse（重复利用化）、Recycle（循环利用再生化）、获得新价值（Recover）、节约能源（Resource）。

包装材料是形成包装件的基础，也是决定低碳与否的关键。各种包装材料的碳排放量不同，一般用碳足迹来衡量。碳足迹是指直接或间接支持人类活动所产生的温室气体的总量，通常用产生的二氧化碳吨数来表示。碳足迹越大，对环境的不良影响也就越大。目前，包装的碳足迹计算没有统一的标准，不同的组织机构从不同的视角给出了不同的研究报告。

常用的包装材料有纸、纸板、铝、玻璃、塑料、铁皮等。从低碳包装的角度，最优选择为没有包装或最少量的包装，以从根本上消除包装对环境的影响；其次是可回收、可重复利用或可循环的包装，它的回收效益和效果取决于回收体系与消费者的观念。包装材料的选择一般遵循以下原则。

（1）选用再生材料。选用再生材料不仅可以提高包装材料的利用率，减少生产成本，而且可以节省大量能源和其他资源的消耗，并减少碳排放量。

（2）选用可再循环的材料。选用回收和再利用性能好的包装材料是实现绿色包装的有效途径之一。如聚对苯二甲酸乙二醇酯（PET）是可循环的、清洁的、高质量的包装材料，常用于饮料包装，宝洁公司也用它来包装家用清洁剂。

（3）选用可降解材料。可降解性是指在特定的时间内，不可回收利用的包装废弃物能分解腐化，回归自然或生态。对此，一些物流企业（尤其是快运快递企业）开始逐步推行可降解包装、环保货运袋。

（4）使用同一种包装材料。包装时应尽量使用同一种包装材料，避免使用由不同材料组成的多层包装体，以减少不同材料包装物的分离，提高包装物的回收和再利用性能。

（5）减少包装材料的使用。减少材料的使用不但意味着减少原材料成本和加工制造成本，同时也意味着减少运输和销售的成本及包装废弃后的回收再利用和处理成本。

（6）避免过度包装。过度包装对消费者而言意义不大。当减少包装时，需要考虑消费者的使用习惯和产品的外观形象，一些包装上还要提供足够的空间来标明产品的各种信息。国家市场监督管理总局会同工业和信息化部等部门，制定发布了《限制商品过度包装要求 食品和化妆品》国家标准第 1 号修改单，对月饼、粽子的包装层数、包装材料、包装成本占销售价格的比例等规定做了修改，该标准自 2022 年 8 月 15 日起实施。具体修改内容有以下 5 个方面：减少包装层数，将月饼和粽子的包装层数从最多不超过 4 层减少为最多不超过

3 层；包装成本受销售价格制约，对销售价格在 100 元以上的月饼和粽子，将包装成本占销售价格的比例从 20% 调减为 15%，对销售价格在 100 元以下的月饼和粽子，包装成本占比保持 20% 不变；增加禁用包装材料，要求包装材料不得使用贵金属和红木材料；新增混装要求，规定月饼不应与其他产品混装，粽子不应与超过其价格的其他产品混装；单独明确粽子、月饼的商品必要空间系数，将月饼的必要空间系数从 12 降低为 7，相当于包装体积缩减了 42%，将粽子的必要空间系数从 12 降低为 5，相当于包装体积缩减了 58%。

（7）注重废弃包装的回收处理。在废弃包装的回收处理方面，一是靠社会引导，增强消费者的回收意识；二是靠包装企业在相关政策支持下采取一定举措，如和第三方废弃包装回收企业合作，推行可循环包装、可降解包装、包装减量化等。例如，顺丰公司在绿色包装方面研发了包含标准循环箱、集装容器、循环文件封等的循环快递容器，通过搭建顺丰循环运营平台进行数据管理，积极联合各利益相关方打造快递包装循环生态圈。据顺丰公司披露，2023 年，顺丰公司通过包装减量化措施，累计减少原纸使用约 4.3 万 t，减少塑料使用约 16.2 万 t，减少温室气体排放量约 16.4 万 t。

7.2.3　新技术在低碳包装中的应用

目前，一些日用快消品企业正在用更容易回收利用的材料替换难以降解的塑料。例如，推出全纸质、零塑料的包装，该纸质包装由再生纸制成，以"推拉式"设计取代罐装设计，可以替代塑料等多种包装材料。有数据显示，如果将目前的产品包装替换为再生纸或其他可回收材料，每年就可以大幅减少塑料垃圾。此外，使用全新铝瓶替换原塑料包装，也可使塑料的使用量有效降低。由不可回收的塑料瓶升级为可回收玻璃瓶包装，同样可以产生积极的效果。

循环使用物流包装箱是目前日用快消品企业下功夫改造的地方。循环使用物流包装箱涉及上游供应商、下游销售商，只有全链条联合才能实现循环使用、节能降耗。企业应设计开发适用于快消品的可重复使用循环包装箱，并携手上游供应商积极推动循环使用的网络建设，同时联合电商平台搭建快消品闭环回收网络。

电商渠道包装创新也是不断降耗减排的重要途径。一些公司根据自身产品的需求，研发了"绿色"电商渠道包装。比如，"空气胶囊"申请了 12 项全球专利，获得我国"双易认证"（塑料制品易回收、易再生）。"空气胶囊"通过给包装充气，节省包装材料，减轻包装重量，同时降低物品在邮递过程中的震动，在保证物品安全的同时降低能源消耗。

同时，全面推行电子面单，也成为物流行业减碳的利器。自物流行业诞生以来，就一直采用纸质面单，其不仅成本高，而且效率低。菜鸟公司最早在 2014 年在物流行业率先推行电子面单。电子面单取代了传统快递物流公司的纸质面单，不仅开启了快递行业的数字化时代，还为环保减碳做出了巨大贡献。据统计，因为电子面单的出现，这些年菜鸟公司已累计帮助全行业节省纸张至少 4 000 亿张，节约成本 200 亿元，相当于减少碳排放量 100 万 t。由此可见物流行业电子面单的价值。

此外，在技术优化方面，国内学者提出将计算机软件系统、智能技术用于低碳包装的设计中。如将大量的计算机软件辅助系统用于包装设计,其中典型的软件系统有:对运输包装设计进行综合考虑的运输包装 CAD 软件、用于测试缓冲能力的运输包装 CAE 软件等。

7.3 低碳运输

7.3.1 低碳运输的概念和特点

低碳运输是指符合循环经济和可持续发展理念的运输,是低碳物流的重要组成部分,其特点是节约资源和减少废弃物排放量。具体来看,低碳运输是在社会对气候变化及其对人类生存严重影响的认识不断加深的背景下,以节约资源和减少排放量、实现社会经济的可持续发展及保护人类生存环境为根本出发点,根据各种运输方式的现代技术经济特征,采用系统调节和创新应用绿色技术等手段,实现单种运输方式效率提升、交通运输结构优化、交通需求有效调控、交通运输组织管理创新等目标,最终实现交通领域的全周期全产业链的低碳发展,促进社会经济发展的低碳转型。

低碳运输的实施途径主要包括:合理选择运输工具和运输路线,克服迂回运输和重复运输,以实现节能减排的目标;改进内燃机技术和使用清洁燃料,以提高能效;防止运输中的泄露,以免对局部地区造成严重的环境危害。

低碳运输倡导在运输活动中采用环保技术,提高资源的利用率,最大限度地降低运输活动对环境的影响。低碳运输要求在供应链中充分考虑环保与可持续发展,采取与环境和谐共生的理念来建立交通运输管理系统。

实施低碳运输要达到两个主要目标:一是实现共生型运输,即在提高现代运输效率的同时,不以牺牲生态环境为代价,采取有效的技术和措施实现运输与环境的共同发展;二是实现资源节约型运输,通过集约型的科学管理,合理配置企业资源,使企业所需要的各种资源得到最有效、最充分的利用,减少、降低运输中造成的资源浪费。以上两个目标相互联系、相互制约。通过实现这两个目标,可以使企业发展目标与社会发展、环境改善协调同步,走上企业与社会都能可持续健康发展的双赢之路,真正实现低碳运输既追求经济高效又追求节约资源、保护环境的可持续健康发展目标。

7.3.2 低碳运输规划

要实现低碳运输,降低资源的消耗、减少污染和环境破坏,保证运输与社会经济和资源环境之间的和谐发展,形成运输的可持续发展模式,可以从以下方面实现传统运输向低碳运输方式的转变。

(1) 实施环境立法、制定低碳运输标准。低碳运输不可能完全依靠市场自发实现,因此,在低碳运输的实施过程中必须运用法律手段来进行调控。制定低碳运输标准包括下面两项内容。其一,制定最低排放标准,主要包括运输工具的废气排放标准和噪声标准。其中,废气排放最低标准必须针对不同的污染物制定;噪声标准包括运输工具的噪声标准和装卸机械的噪声标准。其二，运输工具技术标准，包括速度标准、安全标准、设备规格、使用燃料标准等。

（2）实施奖惩制度。对积极采用先进环保设备、清洁能源，以及积极实施资源循环利用的企业，实施"绿色补贴"政策或税收优惠。补贴的方式包括物价补贴、企业亏损补贴、财政贴息、税收优惠、对无污染或减少污染的设备实行加速折旧等。同时，对没有很好地实施低碳运输的企业实行排污收费。

（3）实施强有力的行政管理。低碳运输的行政管理主要体现在发生源管理、交通流管理和交通量管理等三个方面。发生源管理的主要措施包括根据环境法规对废气排放及车辆进行管理，禁止排放超标的车辆上路，以及对车辆的噪声进行管制；交通流管理即通过建立环状道路、道路停车规则，以及实行交通管制的高度自动化来减少交通堵塞，以提高配送效率；交通量管理即通过政府的主导作用，推动企业从自备车辆运输向社会化运输体系转化，大力发展第三方物流，以最终实现高效率的物流运作。

（4）切实树立起低碳运输的理念。首先，物流企业要认识到低碳运输有利于企业树立良好的公众形象并赢取公众信任，扩大企业的知名度和影响力；其次，企业对资源的节约利用、对运输的科学合理规划，将极大降低物流成本与物流过程的环境风险成本，提升拓展客户利润的空间；最后，企业通过低碳运输还可以降低原材料成本，提升客户的服务价值，增强企业的竞争优势。因此，物流企业要积极配合政府的管理，遵守政府制定的关于物流运输管理的法律法规和行政规定，不断致力于运输设备的升级换代，以实现在负面效应最小的情况下，获得最大的企业效益和社会效益。

（5）积极推进运输设备的改进和改良。物流企业主要应从三个方面入手：其一，发展替代能源，降低能耗和污染，提高运输工具的运行速度及配送效率；其二，研制使用更清洁的能源、更节能的发电机，比如购买现代化电动货车用于取派件服务，使得在业务增长的情况下，能源消耗和碳排放绝对值同比下降；其三，开发尾气净化技术。在净化处理上，物流企业主要应提高燃油的燃烧率，安装污染处理设备和开发新型发动机。

（6）大力优化运输方式。主要从以下三个方面来开展。

1）发展多式联运。多式联运是指从装运地到目的地的运输过程中包含两种以上的运输方式。多式联运可以减少包装，降低运输过程中的货损、货差，克服单种运输方式的固有缺陷，通过最优化运输路线的选择，各种运输方式的合理搭配，使各种运输方式扬长避短，实现运输一体化，从而在整体上保证运输过程的最优化和效率化，以此降低能源浪费和环境污染。从物流渠道来看，它有效地解决了由于地理、气候、基础设施建设等各种市场环境差异造成的商品在产销空间、时间上的分离，促进产销之间紧密结合，以及企业生产经营的有效运转。例如，我国铁路系统加快多式联运枢纽建设方面的投资，推动联运装备改造升级，促进集装化、厢式化和标准化的应用，提高集装箱在铁路货运中的使用水平，大力提升和优化运输产品服务。

2）实施共同配送。共同配送是指由多个企业联合组织实施的配送活动，主要适用于某个地区的客户所需要物品数量较少且使用车辆不能满载、配送车辆利用率低等情况。共同配送的优点在于：可以最大限度地提高人员、物资、资金、时间等的利用效率，取得最大化的经济效益；可以去除多余的交错运输，并取得缓解交通、保护环境等社会效益。

3）建立信息网络。生活方式的多样化，导致人们对多品种小批量物流的需求不断增加，这在客观上要求企业信息系统顺畅、可靠。因此，采用和建立库存管理信息系统、配送分销系统、用户信息系统、EDI/Internet 数据交换、GPS 系统与决策支持系统、货物跟踪系统及车辆运行管理系统等，对提高物流系统的运行效率都有着不可忽视的重要作用。同时，要更好地建立和运用企业间的信息平台，将分属于不同所有者的物流资源通过平台连接起来进行统一管理和调配使用，放大物流服务和货物集散空间，使物流资源得到充分利用。

（7）树立公众低碳运输的消费概念。公众是环境污染的最终受害者，也是低碳运输不可缺少的行为主体。作为公众，要认识到低碳运输给环境和社会带来的好处，在日常的消费活动中要将企业是否实现了低碳运输作为选择的参考依据。如果全民都树立起低碳运输的消费观念，那么将极大地促进企业运输绿色化进程，从而有效降低物流过程中对环境产生的污染，创造人与自然和谐的社会环境，为建设节约型社会、友好型社会做出积极的贡献。

不同城市/地区的发展历史与基因不同，呈现出的产业结构、经济模式、城市形态与环境基础也不同，进而决定了各地适配的绿色交通模式不同。罗兰贝格咨询公司在 2022 年基于上述特征将各类经济体划分为工业主导型、综合枢纽型、都市商业型、基础发展型四类，并因地制宜提出差异化"绿色交运"举措重点。

（1）工业主导型城市的绿色交运。对于工业主导型城市，第二产业是经济支柱，也是碳排放的主要来源。工业碳排放不仅存在于生产过程中的能耗与排放，也存在于随之产生的原材料及产成品的运输中。因此，此类城市的交运物流碳中和举措可重点围绕大宗物资运输方式变革及工业废料循环应用展开。

1）大宗物资运输公转铁/水。过去，我国大宗运输以公路为主，但伴随着严重的碳排放问题。事实上，近年来虽然新能源客运风头正劲，但新能源货车马力要求更高、运输距离要求更长，因此面临技术挑战。反观铁路运输，虽在灵活度与末端衔接便利性上相比公路不占优势，但其成本更低且单位耗能低，可大力推行。这样，通过调整运输结构，可以降低碳排放量。目前，部分地方政府已主动推进"公转水""公转铁"改革，引入铁路组织方等机构解决"卡脖子"问题，并携手制造企业、物流园区等主体共建共创。

2）固废循环应用交运基建。工业制造中产生的固废普遍通过掩埋等方式处理，但成本高、效率低、不符合环保要求。将固废"变废为宝"可有效改善其负外部性。以钢铁为例，对铁渣进行二次加工可转化为高速公路路基等交运基建材料。然而，工业固废的二次开发有赖于企业和政府的共同投入。事实上，对企业而言，所处的产业不同、生产流程不同，须额外投入和生产改造才能有效推动固废开发。而对政府而言，一方面，作为城市建设的主导者，可在市政投入中率先应用推广上述产品，缓解企业经营压力；另一方面，还可发挥规划引领、资源整合、资金扶持的作用，助力相关固废处理产业发展。以唐山为例，唐山钢铁有限公司与哈斯科公司于 2012 年成功研发了以高炉炼铁的钢渣为原料的路基材料，通过与市政交通等主管部门合作，成功在天鹅湖南段公园路等市政道路中试点。该路基材料被唐山市交通局作为常规路基材料的替代品大规模推广。

（2）综合枢纽型城市的绿色交运。综合枢纽型城市包括基于海港、内河港、公路港等枢纽发展的城市，此类城市的核心发展动力是本地枢纽生态。以港口城市为例，航运产业链服务生态复杂，涉及港口、码头、水上服务、船司、海关甚至陆侧物流延伸，而港口作为该生态链上的关键纽带，依托港口的绿色化、智慧化建设，可推动整体产业链、生态链的升级。同时，此类城市也扮演着区域间、全国乃至全球的枢纽角色，其正外部性和影响力可辐射至其他地区，值得当地政府关注。

1）建设绿色枢纽生态。以新加坡为例，2022年3月新加坡公布《新加坡海事脱碳蓝图：迈向2050》，提到未来将从七大领域打造海运碳中和生态，包括港口服务改造、国际影响力与行业标准制定、技术研发与人才储备及碳交易标杆模式实践等。对政府监管机构而言，须鼓励和引导本地枢纽管理集团承担企业责任、共同推进本地绿色枢纽生态的升级，特别需要在智能化、科技化等方面引导企业站在本地经济永续发展的全局视角进行前瞻布局；同时，政府部门反过来也需要结合该企业规划方案，在地块功能规划、配套产业扶持、本地行政调令等方面予以支持，配合落地。

2）构建多式联运网络。借鉴德国在港口多式联运比例方面的经验，地方政府可从用地规划方案的前瞻性、铁路资源的通达性、核心物流要素的完整性、港口作业模式的高效性等方面发力；同时，还可通过统筹铁路组织方资源、提供阶段性财政补贴等方式助力枢纽周围多式联运网络的串联和应用。以德国第一、欧洲第二大的物流园不来梅货运中心为例，其在土地规划上提前预留了足够的内陆物流场站及海铁联运用地，为当地持续发展奠定了基础。目前该地可提供的物流服务空间已超过130万 m^2，并且周边还有约40万 m^2 的土地可供进一步开发。同时，德国不来梅哈芬港在进港铁路的通达性方面领先全球（进出港铁路运输占35%），是欧洲多式联运的标杆。从港区功能来看，该港区的三个独立码头均有贯穿式铁路进港联通，铁路距离码头的直线距离仅500m，并配备6条760m的铁路装卸线以确保持续高效作业。另外，德国在龙门起重机等机械设备、集装箱管理与调拨信息化体系及货运标准化运营模式等方面独树一帜，为其打造高效的港口作业奠定了技术基础。

（3）都市商业型城市的绿色交运。我国一线、新一线等都市商业型城市普遍人口稠密、城市功能丰富、基建水平较高。过去几年，为解决城市拥挤等问题，很多城市将物流功能逐步外迁，进而推动城市物流功能布局规划的迭代升级。以此为契机、嵌入绿色交通发展尤为关键。此外，升级城市出行模式也是此类城市碳排放管理的重点，除推广新能源车等传统举措外，还须通过基建升级和系统串联打造城市出行服务，并通过政策与市场手段，倡导市民绿色出行。

1）物流功能规划嵌入绿色发展思路。在城市功能疏解和核心市区保供需求的共同推动下，城市亟待新的物流功能布局规划，从而带动新的物流节点和配送模式升级。在此维度上，可借鉴包括东京湾区等在内的全球领先都市圈在物流功能规划上的经验。在物流节点方面，各城市正在不断升级和打造新的物流节点功能和模式，包括城郊的食品加工配送一体化共配中心、战略物资储备仓储等；上述新物流节点的建设和升级为嵌入最新绿色仓储技术带来了契机。在进城物流运输层面，包括共配中心等在内的新功能节点的引入为统筹提升进城物流的总体效率、引导城市运力新能源升级、减轻货运整体碳排放规模提供了可能性。

2）打造城市出行服务。近年来，出行即服务（Mobility as a Service，MaaS）频繁出现在各类政府规划文件中。该理念源于欧洲，其核心不仅在于提供单一的轨道交通等绿色出行交通方式，而是通过系统的整合（多种绿色交通方式的整合）、节点的联通（便捷的换乘节点）、信息的集成（包括实时交通信息、不同交通系统的运营信息等）配合个性化数字化交互方式（如基于实时位置的、用户出行偏好的和实时交运情况的方案推荐），提供满足城市居民便捷、舒适、安全、品质出行需求的服务方案，从而吸引市民采取绿色出行方式，以达到缓解城市拥堵的目的。因此，MaaS 不仅需要物流设施在物理层面上的升级与串联，还需要底层信息服务做支撑，实现数字化、智慧化串联。在物流设施升级方面，近年来国内外诸多领先城市均启动了自行车道建设计划，但相比国际领先都市，我国非机动车道普遍存在机动车占用、道路连通性差、覆盖范围有限、坡道过陡过窄、交通标志不明显等问题，有待优化。

同时，优化绿色交通方式的换乘枢纽便捷性也是领先城市的发力重点。如 2017 年东京制定了新城市规划《东京 2040》，提出升级铁路大站的交通枢纽，包括改善站点换乘条件、扩展因多线汇集而导致拥挤的车站空间、增加自行车停靠点、优化"公交+自行车+轨道交通"的"多式联运"方案。

3）倡导绿色出行风尚。在市民行为层面，地方政府可以通过政策引导、市场调控、公益倡导等组合拳引导绿色出行。目前我国主要以政策手段为主，包括推出"国五""国六"标准、加速高污染机动车淘汰，出台针对新能源汽车的补贴和牌照优惠等。在此基础上，我国还可借鉴发达国家在城市停车供给等方面的调控手段。比如，丹麦有规划地在过去的十几年间每年缩减城市中心 2%～3% 的停车设施供应，引导市民减少私家车出行。

（4）基础发展型城市的绿色交运。基础发展型城市的现代化发展进程相对滞后，基建补短任务重大，在路桥等基建项目中绿色环保技术的应用和对周边生态的修复保护十分关键。不同于工业城市，典型的基础发展型城市一般沿两条路径发展：一方面，现代农业是城乡协同发展的重要主题，须配套相应的绿色物流设施；另一方面，部分城市依托独特的自然风光或自身丰富的民俗或历史文化资源，可以发展文旅经济，绿色交运建设需与之深度协同。图 7-1 是罗兰贝格咨询公司发布的交运碳中和城市发展模型与差异化绿色交通举措说明。

1）开展绿色交运基建项目。在交运基建项目建设过程中，通过应用环保材料及环保技术，由图 7-2 全球二氧化碳排放量结构可知，严格管理施工各环节的碳排放是打造绿色交运基建项目的关键。比如，云南香丽高速公路在 2021 年建成验收，该公路在建设中集成了绿色能源应用、绿色施工技术应用、智慧公路、绿色服务区等举措，具体包括温拌沥青路面、风光互补发电系统、生物质燃料、生态边沟建设、隧道节能照明、固碳植被建设等，被评为国家交通运输部绿色示范公路。

2）现代农业配套绿色物流。农产品产地冷库是现代农业的核心配套设施之一，全程冷链配套将极大提升农产品的品质，为现代农业的标准化、品质化、品牌化升级奠定基础。而针对冷库及相关冷链运输的高能耗，环保制冷设置、光伏等分布式清洁能源系统可极大降低冷库排放，实现物流低碳化。

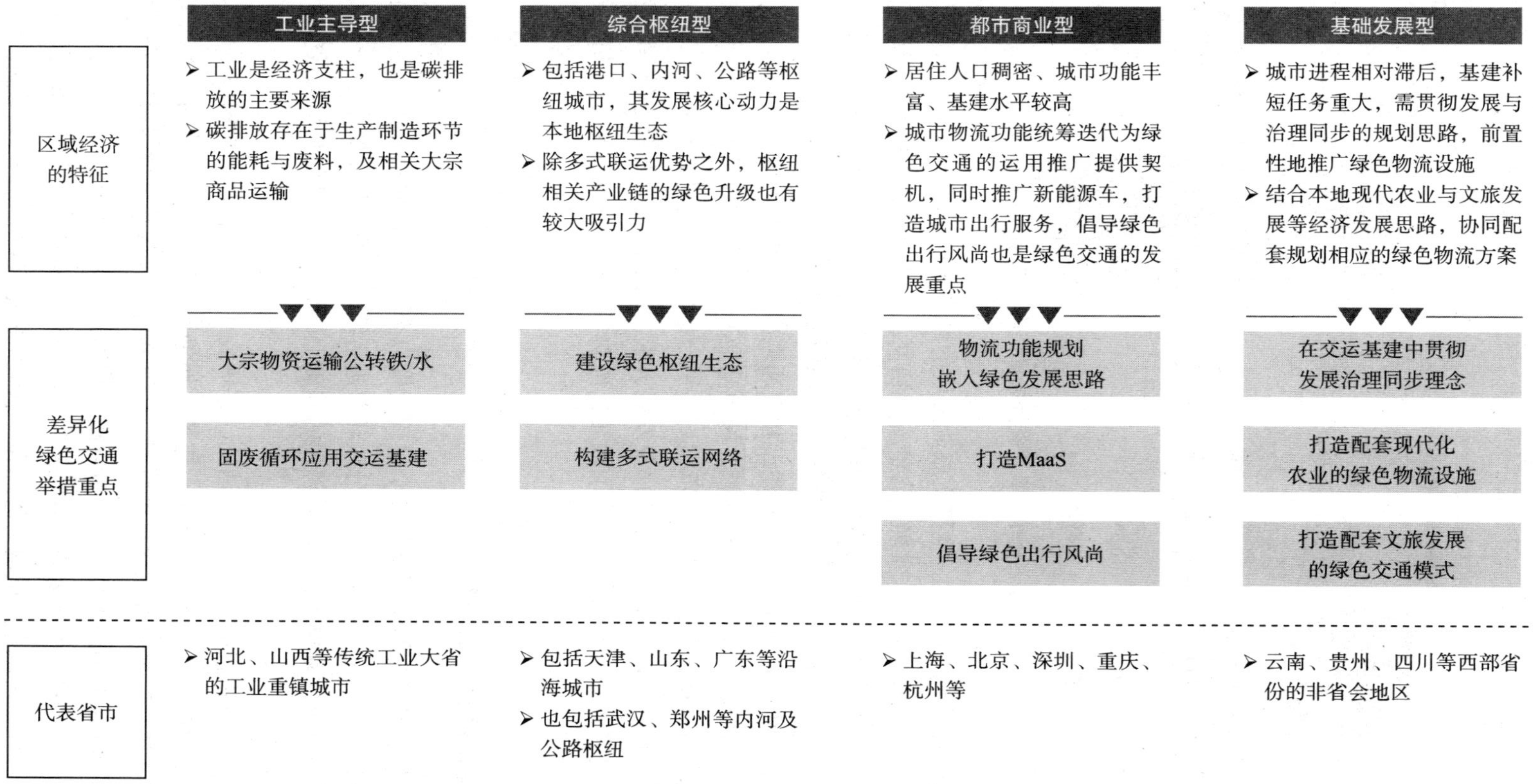

第7章 低碳物流管理

	工业主导型	综合枢纽型	都市商业型	基础发展型
区域经济的特征	▶ 工业是经济支柱，也是碳排放的主要来源 ▶ 碳排放存在于生产制造环节的能耗与废料，及相关大宗商品运输	▶ 包括港口、内河、公路等枢纽城市，其发展核心动力是本地枢纽生态 ▶ 除多式联运优势之外，枢纽相关产业链的绿色升级也有较大吸引力	▶ 居住人口稠密，城市功能丰富，基建水平较高 ▶ 城市物流功能统筹运代为绿色交通的运用推广提供契机，同时推广新能源车，打造城市出行服务，倡导绿色出行风尚也是绿色交通的发展重点	▶ 城市进程相对滞后，基建补短任务重大，需贯彻发展与治理同步的规划思路，前置性地推广绿色物流设施 ▶ 结合本地现代农业与文旅发展等经济发展思路，协同配套规划相应的绿色物流方案
差异化绿色交通举措重点	大宗物资运输公转铁水 ▼▼▼ 固废循环应用交运基建	建设绿色枢纽生态 ▼▼▼ 构建多式联运网络	物流功能规划嵌入绿色发展思路 ▼▼▼ 打造MaaS ▼▼▼ 倡导绿色出行风尚	在交运基建中贯彻发展治理同步理念 ▼▼▼ 打造配套现代化农业的绿色物流设施 ▼▼▼ 打造配套文旅发展的绿色交通模式
代表省市	▶ 河北、山西等传统工业大省的工业重镇城市	▶ 包括天津、山东、广东等沿海城市 ▶ 也包括武汉、郑州等内河及公路枢纽	▶ 上海、北京、深圳、重庆、杭州等	▶ 云南、贵州、四川等西部省份的非省会地区

图 7-1 交运中和城市发展模型与差异化绿色交通举措说明

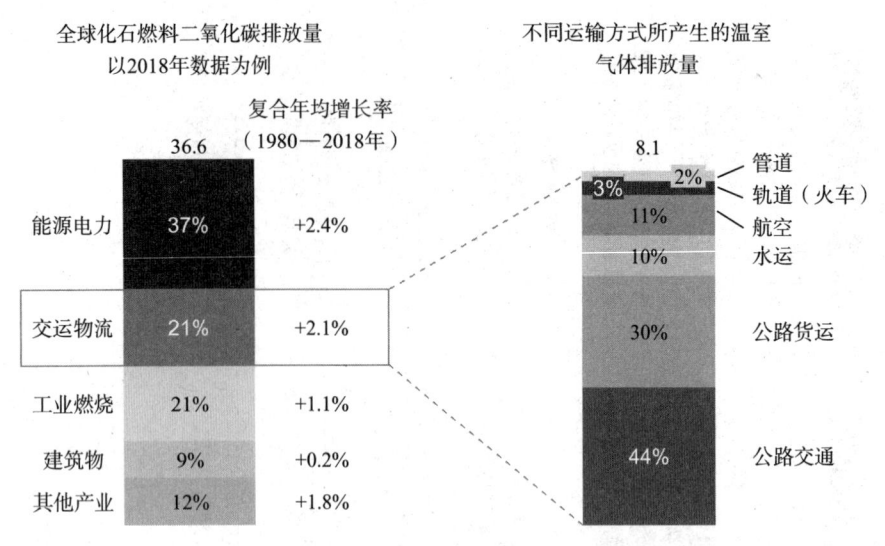

图 7-2 全球二氧化碳排放量结构（按行业分）

全球化石燃料二氧化碳排放量（以2018年数据为例）

行业	占比	复合年均增长率（1980—2018年）
能源电力	37%	+2.4%
交运物流	21%	+2.1%
工业燃烧	21%	+1.1%
建筑物	9%	+0.2%
其他产业	12%	+1.8%

总计：36.6

不同运输方式所产生的温室气体排放量（总计 8.1）

运输方式	占比
管道	2%
轨道（火车）	3%
航空	11%
水运	10%
公路货运	30%
公路交通	44%

3）绿色交运协同文旅开发。主打文旅业发展的城市政府须综合统筹生态修复、文旅资源开发与基建项目规划的诉求，实现三者的有机协同，在基建过程中避免对当地生态与文旅景观造成破坏，并在文旅区域应用绿色交通工具。例如，苏州大运河在航道整治时对古纤道进行保护性维修，并收集古青石"以古修古"还原历史风貌。

综上，交运碳中和是我国生态文明建设和交通强国建设事业的重要组成部分，而实现交运碳中和的手段多样，包括运输结构调整、城市功能升级、前瞻布局投入等。过去，政府监管机构的角色价值易被忽视，但未来需承担更多平台搭建、规则制定等责任。对于各地交运监管部门而言，须基于本地经济文化特征及发展诉求，因地制宜，识别适合本地发展的碳中和切入点，通过完善的市场机制和行政手段充分调动多方积极性与参与度，共同发力，最终实现碳排放量的减少。

7.3.3 低碳运输绩效管理

运输绩效管理是管理运输活动的整个过程，即以企业总的战略目标为中心，对一定时期内运输活动的集货、分配、搬运、中转分散环节进行绩效管理，从而实现整个运输活动目标的过程。低碳运输绩效管理在运输绩效管理的基础上增加运输活动的环境绩效管理，从而实现低碳运输的目标。

低碳运输评价指标包括：单位公里油耗、车辆装载率、运输途中货物破损率、运输及时性等。在物流过程中，自有车队、仓储、包装、外包等环节可以通过使用新能源车、绿色建筑、绿色循环包装、寻找更好的绿色供应商、无纸化办公来践行低碳运输理念。如表 7-1 所示，对物流运输涉及的不同类型的车，可以进行相应的量化比较。

在物流外包环节中，也应要求外包商进行低碳运营。如果企业和外包商凭借自身的努力仍达不到目标，同样可以进入碳交易管理和生态碳汇的范畴中，如图 7-3 所示。

表 7-1 牵引车和重卡的碳排放数据

牵引车

车辆		车型	电动 4*2H7牵引车	国产 4*2牵引车	进口 4*2牵引车
		燃料类型	电池	柴油	柴油
使用成本	购车成本	车辆售价(元)	330 000	280 000	650 000
		购置税(元)	0.00	24 778.76	57 522.12
		总车价(元)	330 000.00	304 778.76	707 522.12
	保养费用	单位公里保养(元/km)	0.03	0.07	0.07
		年度保养费用(元)	4 500.00	12 600.00	—
	燃料成本	单公里能耗(kWh/L)	1.46	0.30	0.30
		能源价格(元/kWh/L)	0.35	7.00	7.00
		单公里能耗费用(元/km)	0.51	2.10	1.75
		单公里燃料费用(元/km)	0.51	2.17	1.82
		电池折旧费用(元)	0.56	—	—
		换电结折旧(元/km)	0.07	—	—
	单公里运营费用合计(元)		1.14	2.17	1.82
	每辆车行驶800km的碳排放/kg		0	631.2	526
	1万辆车行驶800km的碳排放/kg		0	6 312 000	5 260 000

重卡

燃料类型	电池	柴油
动力提供单位	氢燃料电池	柴油发动机
燃料补充速度	10~15min	10~15min
燃料成本	政策补贴且成本有下降的可能性	成本逐日上升
预计实现的续驶距离	800~1 200km	800~1 200km
可持续性发展	氢在地球上来源丰富	一次性燃料,存量有限
环保	零排放	严重污染并且未来受到严格管控
预期车重	10~11t	11~12t
预期荷载质量	25~26t	24~25t
低温起动	可低温起动	—
每辆车行驶800km的碳排放/kg	0	631.2
1万辆车行驶800km的碳排放/kg	0	6 312 000

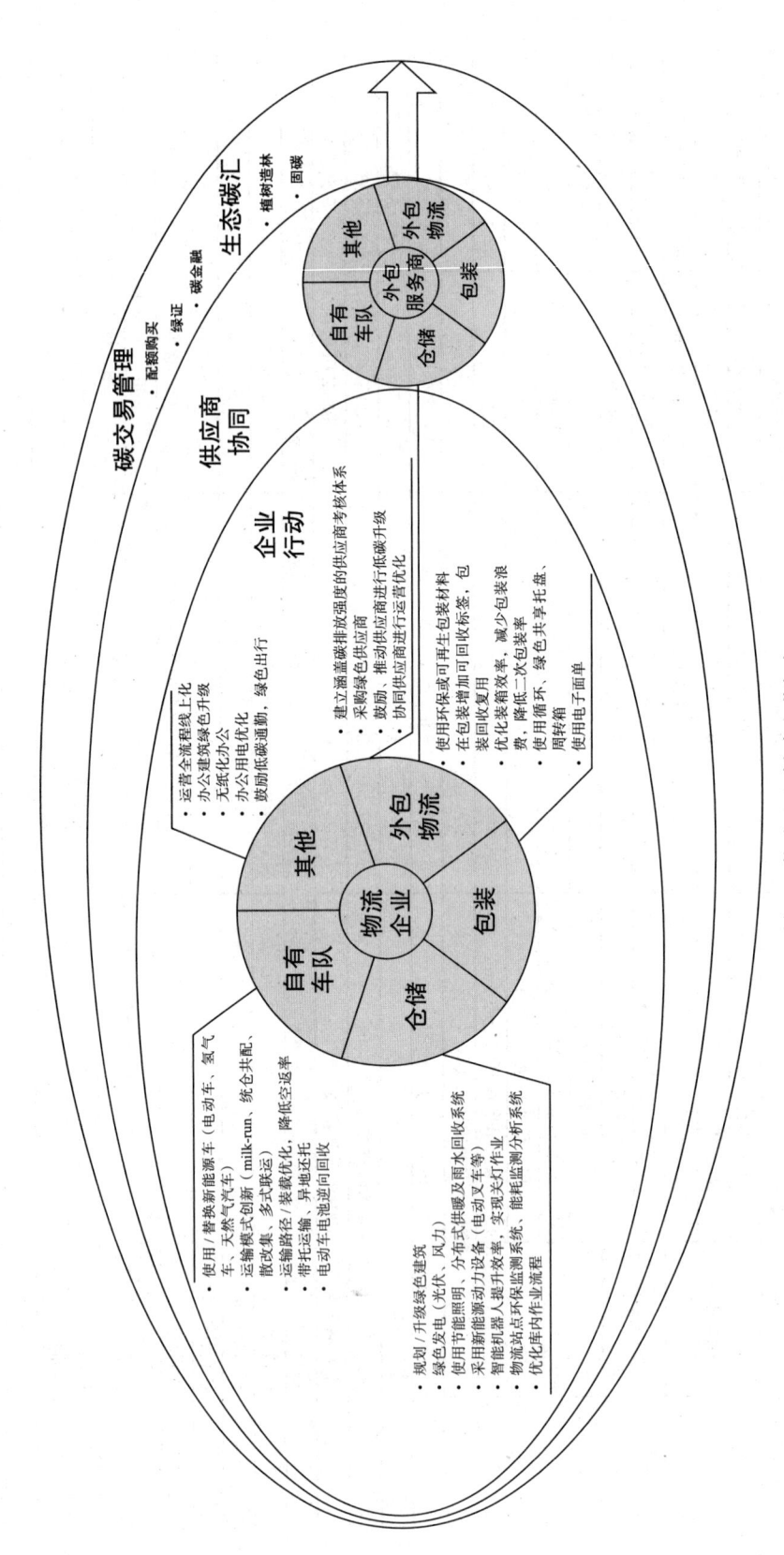

图 7-3 物流企业低碳运营框架

碳交易管理
- 配额购买
- 绿证
- 碳金融

生态碳汇
- 植树造林
- 固碳

供应商协同

企业行动

物流企业核心要素：自有车队、其他、外包物流、包装、仓储

自有车队
- 使用/替换新能源车（电动车、氢气车、天然气汽车）
- 运输模式创新（milk-run、散改集、多式联运）
- 运输路径/装载优化、降低空返率
- 带托运输、异地还托
- 电动车电池逆向回收

其他
- 运营全流程线上化
- 办公建筑绿色升级
- 无纸化办公
- 办公用电优化
- 鼓励低碳通勤、绿色出行

外包物流
- 建立涵盖碳排放强度的供应商考核体系
- 采购绿色供应商
- 鼓励、推动供应商进行低碳升级
- 协同供应商进行运营优化

包装
- 使用环保或可再生包装材料
- 在包装增加可回收标签，包装回收复用
- 优化装箱效率，减少包装浪费，降低二次包装率
- 使用循环、绿色共享托盘、周转箱
- 使用电子面单

仓储
- 规划/升级绿色建筑
- 绿色发电（光伏、风力）
- 使用节能照明、分布式供暖及雨水回收系统
- 采用新能源动力设备
- 智能机器人提升作业效率
- 物流站点环保监测系统，能耗监测分析系统
- 优化库内作业流程

7.3.4 低碳产品包装与运输的相互影响

类似多目标的决策，低碳产品包装与运输之间相互影响甚至相互冲突。

（1）运输与包装的效益背反原则。"效益背反"又称为"二律背反"，是指同一资源的两个方面处于相互矛盾中，想要较多达到其中一个方面的目的，必然使另一个方面的目的受到部分损失，可以简单理解为追求一方利益要以牺牲另一方利益为代价。效益背反的现象普遍存在于物流领域中，是该领域中内部矛盾的反映和表现。

运输和包装是物流领域效益背反的典型例子。运输包装的基本要求是在满足物流要求的基础上使包装成本尽可能低。因此，有必要在包装成本和物流损失之间找到一个平衡点。如果降低包装成本，往往会降低对包装的保护，使得运输包装达不到运输、装卸搬运中所要求的机械强度指标，造成物资损耗率上升，导致运输、装卸搬运费用增加，这必然会降低整个物流的经济效益。如果包装成本的降低部分不足以弥补物资损耗率上升和运输、装卸搬运费用增加的部分，那么物流成本就会增加，谋求包装轻便化却造成物流系统不合理的结果。

相反，如果加强包装，流通中的货物损失会减少，但包装的成本必然会增加。如果在流通过程中不允许任何商品产生损失，就必然会对商品进行"过度包装"。物流和包装成本肯定会大幅增加，导致的支出增加可能会大于没有过度包装的必然损失。因此，对于普通商品来说，包装的程度要适中，才能达到最佳的经济效果。

（2）低碳运输与低碳包装的相互影响。低碳运输和低碳包装是低碳物流中的重要环节。包装材料、包装规格和包装方法等都不同程度地影响运输。具体来看，两者存在以下关联。

1）包装材料的选择决定了对产品的保护及破损率。如果包装不够牢固，在运输过程中可能会出现产品破损，从而增加运输成本；运输反过来决定包装材料，运输距离的长短和运输工具的选择均对运输材料提出了不同的要求。

2）包装的尺寸须与运输工具（如车辆、船只、飞机等）的内部尺寸相适应，这样才能充分利用运输工具的有效容载量。包装方法须结合运输工具的选择而相应使用。应用标准模数化的包装方式，可以解决大多数容积率较低的问题。

3）包装条件影响运输组织。对于简单包装的商品需要选择一种相对平稳、快捷的运输方式；对于包装良好的货物，运输组织相对松散，且有许多选择。因此，货物运输组织和货物运输管理必须根据包装特点进行相应的调整。另外，货物的包装也会对在途货物的管理产生很大的影响。例如，如果货物包装的抗冲击性不好，就需要在车身内放置一些缓冲材料，以防止货物与车身侧壁碰撞造成的损坏。如果货物的包装稳定性不好，就需要在运输过程中加强固定。

7.4 低碳物流模式下的逆向物流管理

7.4.1 逆向物流的概念和特点

逆向物流是指将原材料、半成品、成品和包装从制造商、分销商或消费者流向回收地点或适当处理地点的规划、实施和控制过程，其目的是正确处置废弃产品或重新获得产品的使用价值。逆向物流包括产品再利用、整修、材料再生、再制造等活动，以及伴随而产生的收集、运输、管理等物流活动。

Stock 最早提出了"逆向物流"（Reverse Logistics）的概念：逆向物流是一种包含产品退回、物料替代、物品再利用、再循环、维修与再制造、废弃处理等流程的物流活动。Rogers 和 Tibben 在此基础上定义了"逆向物流"，逆向物流是指为重新获取产品的价值或使其处于正确处置，产品从其消费地到来源地的运动过程。同时他们指出逆向物流的配送系统是由人、过程、计算机软件和硬件及承运商组成的集合。它们相互作用，共同实现物品从终结地到来源地的流动。

逆向物流的发展是实现低碳物流的一个重要因素。逆向物流是相对正向物流提出的，是与正向物流方向正好相反的系统。逆向物流的流量大小、流速快慢、流动方向取决于正向物流。

逆向物流重视对包装物、废弃物和退货品的回收处理，强调通过资源缩减和废弃物再资源化等途径，达到保护环境、节约资源、低碳发展的目标。在低碳物流模式下，逆向物流管理的主要目的是充分节约和利用资源与能源，减少碳排放量，保护生态环境，提高经济效益，最终实现可持续发展的战略方针。

逆向物流作为企业物流过程中不可忽略的一个环节，与正向物流相比，存在很大的差异。逆向物流具有以下特点。

（1）不确定性。逆向物流的不确定性表现在多个方面，首先，由于最终消费者的退货是随机的，企业很难预测和把握，因而具有时间和地点的不确定性。其次，由于废旧物资可能产生于不同领域并且可能涉及多个部门和个人，因而具有地点的不确定性；除此之外，还存在废旧物资数量的不确定性和质量的不确定性。这些共同构成了逆向物流的不确定性。

（2）复杂性。由于产品的生命周期、产品特点、所需资源设备、所需资源等条件的不同，逆向物流的运作过程及方式复杂多样，因此与正向物流中的新产品生产过程相比，逆向物流更加复杂。

（3）缓慢性。复杂的回收产品处理过程导致了逆向物流的缓慢性，并具有产品价值恢复的缓慢性。一方面，逆向物流搜集到的物品刚开始时数量少、种类多，需要通过不断积聚才能形成规模较大的物资流动。另一方面，由于废旧物资的整理过程相当复杂，导致废旧物资的再生产如同新产品的生产一样，需要经过产品加工或产品改制等环节，并不能立即满足人们对它重复使用的要求，这一过程需要较长的时间。

（4）高成本性。逆向物流中的产品所涉及的成本范围较广，而且由于产品返回的原因各不相同，对于各种回收产品要进行适当的处理后才能重新进入流通渠道，因而回收处理费用较高。

7.4.2　逆向物流服务商业模式

目前市场上已涌现的逆向物流服务商业模式主要有以下五种："互联网＋再生产资源"（新型回收模式）、一体化逆向物流供应链服务、第三方逆向物流快递服务、原厂逆向物流服务、电商/零售平台逆向物流服务。

1. "互联网+再生资源"（新型回收模式）

再生资源产业是循环经济的重要组成部分，也是提高生态环境质量、实现绿色低碳发展的重要途径。在绿色发展理念引领下，再生资源回收体系不断完善，再生资源回收行业得到了进一步发展，并且迎来了新的发展契机。

互联网与再生资源的深度融合，将从市场、资源、资本等层面全面介入再生资源回收行业，促进产业转型升级。"互联网+回收"创新回收交易新模式是再生资源回收的发展趋势。在充分依托定点资质，布局覆盖社区、街道、商场的回收网点基础上，实体企业与互联网企业合作或者自建"互联网+回收"交易平台。"互联网+再生资源回收"更新传统的废品回收方式，整合线下回收队伍，优化再生资源回收体系，解决传统回收"规模小、不稳定、价格浮动"的问题，提高了回收效率，将回收行业带入一个便捷、透明、规范的全新时代。

"互联网+再生资源"也是未来的发展方向。企业通过积极实施"互联网+再生资源"战略，充分利用已有集散市场的线下资源，建立专供再生资源回收体系的物联网平台，为上游回收企业与下游拆解和利用企业搭建信息发布、竞价采购和服务平台，提高回收企业组织化水平，降低交易成本，优化再生资源回收、拆解。

2. 一体化逆向物流供应链服务

一体化物流（Integrated Logistics）是指不同职能部门之间或不同企业之间通过物流上的合作，达到提高物流效率、降低物流成本的效果。一体化物流或物流一体化包括三种形式：垂直一体化物流、水平一体化物流和物流网络。在三种一体化物流形式中，目前研究最多、应用最广泛的是垂直一体化物流。

垂直一体化物流要求企业将提供产品或运输服务的供应商和用户纳入管理范围，并作为物流管理的一项中心内容。垂直一体化物流要求企业从原材料到用户的每一个过程都实现对物流的管理；要求企业利用自身条件建立和发展与供应商和用户的合作关系，形成联合力量，赢得竞争优势。垂直一体化物流的设想为解决复杂的物流问题提供了方便，而雄厚的物质技术基础、先进的管理方法和通信技术又使这一设想成为现实，并在此基础上继续发展。

随着垂直一体化物流的深入发展，对物流研究的范围不断扩大，在企业经营集团化和国际化的背景下，将产品或服务提供给最终消费者的所有环节的企业所构成的上、下游产业一体化体系，形成了比较完整的供应链。供应链管理强调核心企业与相关企业的协作关系，通过信息共享、技术扩散（交流与合作）、资源优化配置和有效的价值链激励机制等方法体现经营一体化。供应链是对垂直一体化物流的延伸，是从系统观点出发，通过对从原料、半成品和成品的生产、供应、销售直到最终消费者的整个过程中物流与资金流、信息流的协调，以此来满足顾客的需要。因此，供应链管理是集成化管理，关注的是产品的流动而不是传统观念的功能分割或局部效率。

水平一体化物流是通过同一行业中多家企业在物流方面的合作而获得规模经济效益和物流效率。例如，不同的企业可以用同样的装运方式进行不同类型商品的共同运输。当物流范围相近，而某个时间内物流量较少时，几家企业同时分别进行物流操作显然不经济，于是就出现了一家企业在装运本企业的商品时，也装运其他企业的商品。从企业经济效益上看，它降低了企业物流成本；从社会效益来看，它减少了社会物流过程的重复劳动。显然，不同商品的物流过程不仅在空间上是矛盾的，而且在时间上也是有差别的。要解决这些矛盾和差别，必须依靠掌握大量物流需求和物流供应信息的信息中心。此外，实现水平一体化的另一个重要的条件，就是要有大量的企业参与并且有大量的商品存在，这时企业间的合作才能提高物流效益。当然，产品配送方式的集成化和标准化等问题也是不能忽视的。

物流网络是垂直一体化物流与水平一体化物流的综合体。当一体化物流每个环节同时又是其他一体化物流系统的组成部分时，以物流为联系的企业关系就会形成一个网络关系，即物流网络。这是一个开放的系统，企业可自由加入或退出，尤其在业务最忙的季节最有可能利用这个系统。物流网络能发挥规模经济作用的条件就是一体化、标准化、模块化。实现物流网络首先要有一批优势物流企业率先与生产企业结成共享市场的同盟，把过去那种直接分享利润的模式联合发展成优势联盟、共享市场，进而分享更大份额的利润。同时，优势物流企业要与中小型物流企业结成市场开拓的同盟，利用相对稳定和完整的营销体系，帮助生产企业开拓销售市场。这样，竞争对手成了同盟军，物流网络就成为一个生产企业和物流企业多方位、纵横交叉、互相渗透的协作有机体。此外，由于先进信息技术的应用，当加入物流网络的企业增多时，物流网络的规模效益就会显现出来，这也会促使社会分工的深化，"第三方物流"的发展也就有了动因，整个社会的物流成本会由此大幅度地下降。

一体化逆向物流主要是指将不同行业和企业的逆向物流活动进行有效整合和统一。一体化逆向物流发展源于不同企业同时产生大量的同类废弃物、相关废弃物再利用、再制造工艺流程一致及同一家企业在多个生产环节同时产生相同的废弃物。为了优化生产流程和提高资源利用效率，需要建立企业联盟，加速专业化分工。建立一体化逆向物流模式，不但可以提高逆向物流的作业效率与经济效益、减少物品的无效移动，而且有助于促进废弃物的回收和综合循环利用、改善产业结构，同时也有利于实现供应链成员的利益均衡化和最大化。

一体化逆向物流供应链服务主要提供返品管理、企检服务、整理维修等。

3. 第三方逆向物流快递服务

逆向物流主要处理由于损坏或不符合顾客要求的退货、积压商品、各种包装、废旧物品、污染材料及报废的设备等，对这些物质进行直接利用、修理后利用、再生利用或再制造利用。目前许多企业和社会团体积极投身于逆向物流活动中，第三方逆向物流企业大量出现。

第三方物流是由物品供、需双方以外的企业提供逆向物流服务的业务模式。在供应链中，第三方逆向物流企业以合同形式，在一定期限内提供用户企业所需的全部或部分逆向物流服务。第三方逆向物流可分为两种：单纯型第三方逆向物流和复合型第三方逆向物流。单纯型第三方逆向物流是物流企业只进行与逆向物流有关的业务活动，该类企业就是为逆向物流而创立的；复合型第三方逆向物流由原来的物流企业转型而来，在进行正常物流活动的同时进行逆向物流活动。一般来说，单纯型第三方逆向物流需要重新建设大量的逆向物流设施，在时机不成熟的情况下，由于各种原因会导致成本较高，所以现在还比较少见；复合型第三方逆向物流拥有大量的基础设施和物流人才，并积累了丰富的物流经验，成本相对较低，是现在研究的重点模式。

第三方物流企业从事逆向物流业务主要有以下几个方面的优势。

（1）网络优势。当前市场竞争日益激烈，高水平的顾客服务对于现代企业来说是至关重要的，是企业优于其他同行的一种竞争优势。第三方逆向物流在帮助企业提高自身顾客服务水平方面，有其独到之处，可以利用其自身拥有的信息网络和节点网络，加快退货处理和废品回收，保证为顾客提供稳定、可靠的高水平服务。同时，第三方物流可以同时为多个生产商提供再生产服务，也可以利用网络系统与其他厂家分享信息，从而产生规模效益。由此可见，庞大的物流网络和规模优势是第三方物流企业在提供企业逆向物流服务方面的明显优势。

（2）成本优势。物流费用在供应链成本中占比很大。企业采用第三方逆向物流可以获得专业的物流服务，可以提高配送效率和积载率，从而减少企业的物流成本。并且对于大部分企业而言，投资建设逆向物流系统要承担巨大的风险；运作逆向物流业务对企业的生产能力、物流技术、信息技术、人员素质、组织结构等方面都会提出更高的要求；逆向物流回收处理中心的建设、处理设施的配置及信息系统的研究和开发等都需要大量的资金，并且资本回收周期很长；逆向物流系统建设和实施还需要大量的专业技术人员和管理人员，也将产生大量的人工成本。对于企业，尤其是中小企业来说，这种高投资带来的高风险必将会影响其逆向物流的有效实施，将逆向物流业务外包给专业的物流供应商无疑是分担风险的一个不错的选择。而对于第三方逆向物流企业而言，实施规模化经营，将退回的产品集中起来进行分类处理，还可以产生规模效益。

（3）人才优势。第三方逆向物流企业具备较高水平的管理人才和管理技术，能帮助委托方正确分析和解决物流管理方面存在的问题。

（4）技术优势。第三方逆向物流企业具备丰富的物流经验和完备的管理体系、先进的物流技术手段和设备及专业的物流网络，专业化运作水平更高，从而能使服务的质量得到保证。另外，它可以针对特定的企业确定进行哪些逆向物流及如何进行物流活动，可以集中进行退回产品的收集、分类和处理，具有一定的规模经济，从而可以以更低的逆向物流成本，把逆向物流业务做得更完善。

第三方逆向物流快递服务主要是单程逆向服务、多程逆向服务、分仓退货、分仓换货和一键退货。如今电商退货速度越来越快，就是为了让逆向物流成为新的利润源。

4. 原厂逆向物流服务

原厂逆向物流服务是指原始设备制造商（OEM）提供的逆向物流回收服务，原始设备制造商通过一定的渠道回收废旧产品，将废旧产品进行维修、再制造或再循环利用。原始厂商通过逆向物流管理积极承担了保护环境的社会责任，同时也从回收的废旧产品中获得了可回收材料，通过对回收材料的再利用从而增加利润。

5. 电商／零售平台逆向物流服务

随着网络技术的普及和现代社会对信息技术的依赖，电子商务逐渐发展成熟。作为基于互联网通信技术的一种新型商业运作模式，电子商务实现了整个贸易过程的电子化。电子商务在带来便利性的同时也大大提高了商业运作的效率。但网上购物的虚拟性、实物与商家所展示的图片之间的偏离，以及消费者维权意识的不断增强等都使得在线商品的退回现象逐渐增多。众多生产商和在线商家认为必须认真处理好商品的退回问题，充分挖掘逆向物流中的正面价值。于是，电子商务平台下的逆向物流应运而生。

在电子商务环境下，逆向物流的运作模式主要有三种：生产商自建回收系统、在线商家构建回收系统及第三方逆向物流体系。

（1）生产商自建回收系统。生产商自建回收系统是指生产企业建立独立的逆向物流系统，实现外部社会成本的内部化，直接负责产品的退回、返修与报废回收。生产者不仅要对产品的性能负责，还要承担产品从设计、生产到废弃过程中对环境影响的全部责任。该模式的优点在于生产商在产品生命周期中是最有控制能力的，只有生产者才能决定产品设计的改进；同时生产商可以准确、迅速地掌握顾客对于产品的反馈，获得第一手信息，在回收过程中也易于与顾客建立起良好的关系。在收到的退货中，对于缺陷较小或消费者认为与预期购买效果有差距的商品，可以通过简单的分拣、价值恢复和再发送过程使其进入再销售的渠道，因为这类商品一般还具有较高甚至是完整的使用价值；对于维修有一定难度但具有残余价值的商品，企业可以对其进行适当的拆解、再制造；对于无任何残值的商品或者对环境威胁较大的废弃物、包装物等，生产企业有义务对其进行强制性回收并采取适当的回收处理措施。

（2）在线商家构建回收系统。在线商家构建回收系统是指顾客将购买的商品退还给在线商家，由在线商家根据退货条款对顾客进行补偿。顾客首先填写退货信息表并与在线商家联系，说明退货的原因和要求及退货方式的选择（是退款还是调换商品），并获得一个退货标签。运送人员将退货标签扫描得到的商品退货信息反馈给在线商家，之后在线商家进行核对查实，并将款项转入顾客账户或者为顾客调换商品。对于退货商品，在线商家可以退回给生产商或者投放进二手交易市场。

（3）第三方逆向物流体系。第三方逆向物流体系是指供需双方以外第三方物流公司提供专业的逆向物流服务，使第三方物流公司更大程度地介入逆向物流系统，以节省信息交换成本。因为在前两种模式中，顾客首先同生产商或者在线商家联系，然后生产商或者销售商再与第三方物流联系，这样第三方物流公司仅承担运送货物的业务，浪费了其资源及专业优势。对于退货商品，第三方企业可以将其退给生产商或在线商家，也可以采用经过协商后的其他处理方式。

基于电子商务平台的逆向物流服务提高了逆向物流的运作效率，促进企业优化内部资源，同时也有利于环境保护。

实践案例

中国粮食国际物流的食物里程测度与碳排放

当今社会，二氧化碳等温室气体排放所引起的全球气候变暖已成为人类面临的严峻挑战。降低碳排放量迫切需要转变经济发展模式，积极制定符合本国国情的低碳发展策略。

物流环节中仅交通运输一项的二氧化碳排放量约占全球二氧化碳排放总量的25%（IPCC，2007），可见物流产业的低碳化是实现我国低碳发展的重要组成部分。

食品是关乎民生和国家安全的重要物资，人类生存离不开食品，其特殊性决定了食品物流在整个物流业中占有非常重要且不可替代的作用。食物里程是指食物从初级制造商到终极消费者之间的距离，即食品消费量与生产地到消费者的餐桌（从田野到餐桌）所发生距离的乘积指标。食物里程可以用来评价食物对环境负荷的影响，不论采用哪种运输方式，食物里程越大，消费的燃料就越多，会排放更多的温室气体，不利于可持续发展。另外，由于每个人每天都必须消费食物来维持生命，而食品贸易国际化的趋势造成食物供应链越来越复杂，生产者和消费者之间的距离越来越大，流通渠道也越来越复杂。消费者对食品是从何地而来、是在怎样的劳动条件下生产出来的、是如何流通到消费者的餐桌上的等知之甚少。单纯的物理距离已经发展成为心理上的距离，增加了消费者对食品品质和食品安全的担忧。食物里程已越来越受到社会各界的普遍关注，对食品生产、消费行为、进出口贸易将产生影响。

随着食物里程作为可持续发展指标的影响日益增大，并最终落脚为消费者做出选择前考量的一个指标，从消费者行为方面探讨食物里程日渐成为一个新的趋势。

我国既是食品进口大国也是出口大国，食物里程的影响不容小视，关乎国内生产和国际贸易两方面的平衡。国内学者早期关注国际贸易中的隐含碳和碳标签问题，研究比较深入，只是近期才开始关注食物里程这一问题。

目前，食物里程的影响逐渐扩大，渐渐成为评价食品物流对环境影响的一个重要指标，对促进当地农业生产、提高粮食自给率有其重要意义。但是也有学者提出批评意见，认为食物里程对环境的影响微乎其微，任其发展将对国际贸易有潜在的影响，会形成一种新的绿色贸易壁垒形式。现在这两种意见的争论非常激烈，当然也有专家落脚于消费者购买行为，提出相对折中的观点，充分考虑饮食生活变化的模式，如何购买和购买什么样的食品对环境是友好的。

通过分析国内对食物里程的研究，发现这些研究仍停留在介绍和定性描述阶段，主要是把食物里程的概念引入国内，引起相关部门的重视。但研究方法缺乏系统性，没有给出我国具体的食物里程，尤其是食物里程的定量研究没有与国际接轨，无法判断我国具体食品的具体里程和碳排放量。另外，中国经济的高速发展也带来粮食（如大豆）进口的增长，国内的粮食生产更是不均衡，远距离运输大量存在，没有考虑这种情形下的食物里程对环境的影响。谢京辞（2014）从食物里程的角度，定量度量我国粮食作物国际物流中的食物里程及其碳排放情况，以期能引起重视并为科学制定决策服务。

此处采用下方模型对食物里程进行度量：

$$FM(T) = TV_{ic}(T) \times d_{ic}$$

$$FM_c(T) = \sum_{i=1}^{n} TV_{ic} d_{ic}$$

$$E_{CO_2}(T) = C_{CO_2} \times FM_c(T)$$

其中，**FM**为食物里程，**TV**为运输量（即进口量），d为运输距离，T为年度，i为出口国家，n 为中国进口粮食国家总数，c 为中国，E_{CO_2} 为二氧化碳排放量，C_{CO_2} 为二氧化碳排放系数，此处取 $5.5T—CO_2/10^6 ton·km$。

基于此，研究利用联合国粮农组织统计数据库，针对我国粮食国际物流，开发了计算食物里程和碳排放的计算模型，为科学评价我国国际物流的可持续性提供了数据支持和基础资料。

测度结果发现，四种主要粮食作物（大豆、小麦、大米和玉米）的食物里程表现出明显不同，与之对应，在国际物流中发生碳排放的贡献度也有明显区别。目前粮食作物已由小麦主导的时代变为由大豆主导的时代，且这种趋势还将继续，大米和玉米在贡献度的表现上基本以维持现状为主，而总体的碳排放呈现增长趋势。

而就如何减少粮食的食物里程来达到节能减排的目的这一问题，该研究认为需要从以下几个方面着手。

第一，消费地产食品。因为食物里程的增长势必导致运输过程中能源消耗的增长，因此，应引导本国居民消费本地食品，即消费本地地产食品。这样消费地产产品所产生的食物里程有限，不会在物流过程中消费太多的能源。所以，应鼓励本国居民多消费本地产食品，将其作为一种新的文化，对提高我国粮食自给率和减少碳排放都有好处。

第二，减少进口量。在运输距离既定的情况下，要减少食物里程，就必须减少进口量。提到粮食进口，不得不提粮食安全问题。在经济全球化背景下，粮食受到众多国际因素的影响。世界粮食价格飞涨，开始演变成国际性的问题，所以需要在充分保证我国粮食安全的条件下，酌情减少粮食进口量。

第三，优化物流环节。如果进口量既定，要减少食物里程就要从物流环节着手，尽量减少物流环节的运输距离，改进相关的物流技术，进而达到减少食物里程、减少碳排放量及保护环境的目标。以大豆为例，一方面，近年来中国大豆每年的进口量都在 2 600 万 t 以上，且呈现递增的趋势，由此可见，大豆进口的物流流量非常巨大；中国进口的大豆主要集中在阿根廷、巴西和美国三个国家，即大豆进口的物流流向稳定。物流流向较为固定有利于国内大豆加工企业同出口国开展港口、铁路和仓储等物流设施建设的合作。另一方面，国内大豆产业高度集中，但物流设施设备资源却很分散，有待于进一步进行资源整合。总之，物流企业可以改进管理办法，加强供应链合作，优化运输路线，运用先进的物流技术，整合信息资源，制定减少食物里程的具体策略，并将其运用到实际中。

综上所述，由食物里程引发的环境友好型消费理念，将对我国农业发展产生巨大的影响。而粮食问题在我国尤为重要，食物里程是一把"双刃剑"，我们需要对其加以重视。消费地产食品不仅能实现节能减排，而且对提高我国的粮食自给率有巨大的推动作用；但是也可能带来国际粮食流通中的绿色壁垒，进而我国其他农产品的出口会带来不利影响。所以，充分挖掘食物里程的含义，权衡食物里程及其碳排放量的利与弊，能更好地为环境友好型和资源节约型农业服务。

思考与练习

1. 什么是低碳物流？低碳物流有哪些特征？
2. 低碳包装的含义是什么？低碳包装设计应遵循哪些原则？
3. 低碳运输的目标是什么？如何实现我国传统运输向低碳运输方式的转变？
4. 如何理解运输与包装的效益背反原则？
5. 逆向物流有哪些特点？目前市场上主要的逆向物流服务商业模式有哪些？
6. 请谈一谈在低碳经济背景下，低碳物流在未来发展中面临的机遇与挑战。

第 8 章

闭环供应链的运营管理

学习目标

1. 了解闭环供应链管理的定义、一般结构、要素与发展挑战
2. 熟悉旧产品回收和再制造管理
3. 熟悉闭环供应链管理的协调与契约设计
4. 熟悉闭环供应链管理的发展与挑战

引例

广西贵糖集团：打造甘蔗废弃物循环生态产业链，创新绿色发展模式

广西贵糖集团（以下简称"贵糖"）位于广西壮族自治区贵港市，甘蔗生产是全市农业生产的基础及主导产业。在这个我国最大的蔗糖生产基地，一根甘蔗在榨糖、废糖蜜生产酒精、蔗渣造纸之后似乎已经"吃干榨尽"。

例如，贵糖将原来污染严重的大量蔗渣喷淋水回收处理后提纯沼气，将"废水"变成了"宝贝"。贵糖总工程师蓝贤州介绍，在进入造纸厂之前大量的蔗渣必须反复用水喷淋，然而残余的糖分经过发酵作用，成千上万吨含有大量有机物的废水成为困扰蔗渣造纸业的治污难题。贵糖经过数年探索，耗资数千万元研究出厌氧反应处理法使喷淋废水产生沼气。在此基础上，他们进一步研发了沼气提纯技术，使提纯的沼气成分十分接近天然气。液化天然气现价约 4.6 元 /m^3，而从喷淋废水中提纯沼气平均成本仅为 0.87 元 /m^3。"如果我们两台造纸机满负荷运行，使用提纯沼气生产 1t 纸燃料成本仅为 104 元。与原来使用天然气相比成本大幅降低，初步计算每年可因为此项技术节省成本 1 000 万元以上。"蓝贤州说。

长期以来，贵糖一直在探索一种"变废为宝"的生产模式，也就是按照物质的生态结构将上游产品的废弃物变成下游产品的原料，在整个生产过程中尽量不出或少出废物，尽可能减少对自然资源的索取。当很多制糖企业为"三废"处理头痛而又无计可施之时，贵糖人却独具慧眼，抢先搞起了变废为宝的环保工程。把制糖业与造纸业完美结合，4t 蔗渣可产出 1t 纸，是贵糖环保治理的最大成就。贵糖每年排放的蔗渣约有 22 万 t，加上其他糖厂、水泥厂的废渣，贵港市每年可利用废蔗渣量很大。贵糖人看到了这一环保项目的广阔市场前景，引进技术建起了自己的造纸厂。如今第一造纸厂年产文化纸 4 万 t，第二造纸厂成立一年多，便已生产出双胶纸 156t，造纸业成了贵糖的第二大产业。如今，贵糖又计划在西江附近建立一个年产 10 万 t 生活用纸的技改工程。

造纸厂排出的废液会污染环境，但废液里却含有纤维、淀粉、有机物、燃料等，那该如何实现"零排放"呢？经过几年研制，13 台白水回收处理站建成投产，纸厂排出的白色废液经过白水处理器的特殊过滤和处理，最后流出可使用的清水，废液回收率达到 99%。

贵糖的热电厂原有的 3 台老锅炉用了 40 多年，烟囱排出的煤尘多、污染重、环保性能差，不但对周围群众生活会产生影响，公司职工更是深受其害，上班往往弄得一身煤灰。公司耗资 1 900 多万元，于 2000 年上半年把这 3 台旧锅炉拆除，安装了一台新的 75t/h 的锅炉，新设备不但环保、安全性能高，而且每年可节约燃料价值 300 多万元，实现了环保、安全与经济的多赢。该项目被纳入联合国"蔗渣糖热电联产发电项目"范围，并获得了无偿赠款 50 万美元。

目前，贵糖创建了一系列子公司或分公司来循环利用制糖过程中的废物，从而减少污染并从中获益。制糖厂、酿酒厂、纸浆厂、造纸厂、碳酸钙厂、水泥厂、发电厂及蔗田等组成三条生态链：蔗田→甘蔗→制糖→废糖蜜→制酒精→酒精废液→制复合肥→回到蔗田；甘蔗→制糖→蔗渣造纸；制糖（有机糖）→低聚果糖生态链。各环节具体分工如下：蔗田负责向园区提供高品质的甘蔗，保障园区制造系统有充足的原料供应；制糖系统生产出各种糖产品；酒精系统通过开发能源酒精、酵母精工艺，利用甘蔗制糖副产品废糖蜜生产出能源酒精和酵母精等产品；造纸系统利用甘蔗制糖的副产品蔗渣生产出高质量的生活用纸及文化用纸等产品；热电联产系统用甘蔗制糖的副产品蔗糖替代部分燃煤，实现热电联产，供应生产所必需的电力和蒸汽，保障园区整个生产系统的动力供应；环境综合处理系统为园区内制造系统提供环境服务，包括废气、废水的处理，生产水泥及复合肥等副产品。这 6 个系统通过废弃物和能源的交换，既节约了废物处理及能源成本，又减少了对空气、地下水及土地的污染。

贵糖的甘蔗制糖废弃物综合利用率达到了 100%，一年可以为企业创造产值达 6 亿元以上，占企业总产值的 68%，大大超过了制糖本身创造的产值。贵糖每年综合利用制糖生产的废甘蔗渣 55 万 t 代替木材造纸，产纸约 16 万 t，按照 1t 蔗渣可代替 $0.8m^3$ 木材计算，相当于节约了 44 万 m^3 的原木资源，或者说少砍伐了 4.4 万亩[⊖]的森林。

在节能降耗方面，效益更是有数据可查。贵糖公司 2005 年和 2006 年榨季每吨糖综合能耗仅为 368kg 标准煤，下降 1.60%；每吨糖取水量 $24m^3$，下降 50%，水重复利用率为 74%；年减少二氧化硫排放量 780t，烟尘排放量减少 17%，化学需氧量（COD）排放量减少 53%，工业废水利用率大大提高。

为了使自己旗下的工业共生体更为完善，真正成为能源、水和材料流动的闭环系统，贵糖集团自 2000 年以后逐步引入了以下产业：以干甘蔗叶作为饲料的肉牛和奶牛场、鲜奶处

⊖ 1 亩 = 666.67m²。

理场、牛制品生产场及使用牛制品副产品的生化厂；利用乳牛场的肥料发展蘑菇种植厂；同时还利用蘑菇基地的剩余物作为甘蔗场的天然肥料，弥补其生态产业链条上的缺口，真正实现资源的充分利用和环境污染的最小化。

资料来源：贵糖神奇的闭路循环，https://news.sina.com.cn/c/2008-01-03/094513189076s.shtml。

思考：贵糖的闭环供应链主要有哪些环节？

8.1 闭环供应链概述

随着全球经济的快速发展，资源日益匮乏，环境问题日益加剧，大力发展循环经济走新型工业化道路已经成为不可逆转的时代潮流。闭环供应链实现了从采购到最终销售的完整供应链循环，对物料的流动进行封闭处理，减少污染排放量和剩余废物产生，同时以较低的成本为顾客提供服务，已经成为循环和低碳经济条件下现代制造企业的重要战略运作方式。

8.1.1 闭环供应链的定义

美国供应链管理专业协会对供应链和逆向供应链进行了定义，指出供应链是指"为满足用户的需求而对从生产点到消费点的原材料、在制品、产成品及相关信息高效率、低成本地进行计划、实施和控制的过程"。该定义明确了物流和信息流在正向供应链中的流动方向是从生产者到消费者。类似地，该协会将逆向供应链定义为：为重新获取价值或者正确处理废物而对从消费点到生产点的原材料、在制品、产成品及相关信息进行高效率、低成本的计划、实施和控制的过程。

闭环供应链是上述两者的系统集成，它包含了物流和信息流在供应链中的双向移动：为了实现和（或）发掘产品价值而对原材料、在制品、产成品及相关信息进行高效率、低成本的计划、实施和控制的过程。除了传统的供应链活动，闭环供应链还要考虑产品的获取与回收、再利用及回收产品的分销处理。因此，其是由正向供应链及其末端顾客的产品作为起点，经过退货、再利用、维修、再制造、再循环或废弃处理等逆向运作形成的物流、资金流和信息流的闭环系统。

闭环供应链管理是围绕正向、逆向供应链的物流、信息流和资金流所开展的一系列计划、组织、协调、指挥和控制的活动：由正向供应链及其末端顾客的产品为起点，经过回收、再利用、再制造、再循环或废弃处理等逆向运作，形成的物流、资金流和信息流的闭环系统，其目的是实现和（或）发掘产品价值，实现闭环供应链总价值最大化。

与传统的供应链相比，闭环供应链的一个显著特点是产品回收、再制造。回收的产品可能来自客户（产品使用者），也可能来自供应链其他环节，如生产缺陷、副产品、分销渠道过程中的缺损等，这是其与传统供应链相比最显著的区别。产品回收、再利用过程就是逆向物流过程，闭环供应链中这一逆向物流的特点是对传统供应链的补充。闭环供应链的目的是对物料进行封闭处理，减少废弃排放量和剩余的废物，以低成本为客户提供服务。

8.1.2 闭环供应链的一般结构

闭环供应链由正向供应链和逆向供应链组成。正向供应链是制造商利用原材料生产新产品，将新产品直接或者通过零售商销售给消费者，产品使用后成为废旧产品；在逆向供应链中，回收的废旧产品通过再处理，重新进入闭环供应链系统。闭环供应链通过整合正向物流和逆向物流，使传统的"资源–生产–消费–废弃"的开环过程转化成"资源–生产–消费–回收–再利用–再消费"的闭环过程。闭环供应链的一般结构如图 8-1 所示。

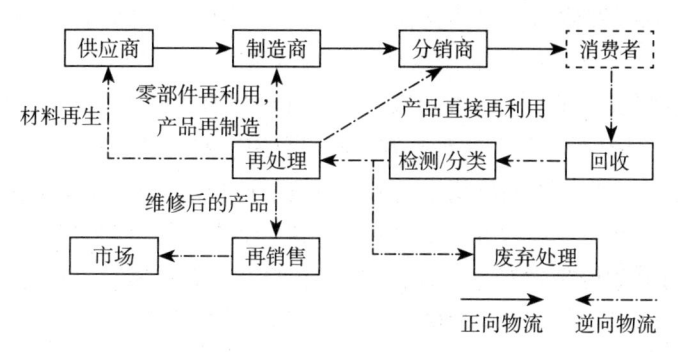

图 8-1 闭环供应链的一般结构

8.1.3 闭环供应链的管理要素

供应链管理涉及六大领域：需求管理、计划、订单交付、物流管理、采购、逆向物流。

供应链管理要素主要包括运作计划与控制、工作结构设计（指企业如何完成工作任务）、组织结构、产品流的形成结构（基于供应链的采购、制造、配送的整体流程结构）、信息流及其平台结构、权利和领导结构、供应链的风险分担和利益分享、文化与态度。闭环供应链的管理要素主要包括库存、激励与协调机制、体系结构和回收策略。

（1）库存。闭环供应链的管理要素首先是各个环节的库存，包括原材料库存、产成品库存（制造厂成品库、物流中心或分销中心产品库）、回收废旧产品库等。库存控制的好坏与否不仅直接关系着闭环供应链中各利益相关者的利益，也关系着整个供应链的竞争力强弱。因为不必要的库存不仅会积压大量流动资金，给企业造成流动资金困难，而且会掩盖企业问题的实质，使企业难以辨别导致客户服务水平下降的真正原因。

（2）激励与协调机制。虽然闭环供应链各成员之间的利益息息相关，但不可否认的是，在不同企业主导的供应链中，制造企业获取原材料的价格、组装企业获取零部件的价格、分销商获取制造商产品的批发价格、零售商获取分销商的批发价格、回收方回收旧产品的价格等都因自己在供应链中的地位不同而有所差异。由于主导方和非主导方在供应链中的地位及获取信息的能力不同而存在"定价权"的不同，从而导致利益分配不同。而定价权的大小则主要取决于各利益相关方的实力和博弈结果，也就是在一定条件下采取不同"定价策略"的结果。实力强的固然有能力获取更多的利益，但因此可能损害供应链的整体利益，最终也将使自己的利益受到伤害。因此，供应链的平稳运行需要有一种"激励与协调机制"来对利益各方加以激励和约束，以实现供应链整体竞争力向更强的方向发展。所以，激励与协调机制是供应链得以顺利发展的关键要素之一。

供应链的激励与协调机制包括决策方式和协调机制两个方面，其中决策方式是指闭环供应链的各利益方是采用各自独立决策，还是联合决策；而独立决策又与信息对称与否密切相关。协调机制实际上是指激励契约的设计，如果决定采用联合决策就必须设计好利益分成和费用分担的契约。特别是在回收无利可图的情况下，由于环保法规的约束而不得不对废旧产品进行回收时如何向政府索取必要的补贴就显得尤为重要，这实际上是"补偿机制"的问题。激励协调机制中的关键是定价策略，究竟采用什么样的定价策略又主要取决于主导企业。

（3）体系结构。闭环供应链的体系结构包括网络结构、市场结构和渠道结构。根据废次品被利用的不同形式，闭环供应链的网络结构可以分为"再利用闭环供应链""再循环闭环供应链""再制造闭环供应链"三种类别，同时考虑到商业退货所形成的闭环供应链网络，共分为四种类别。而在每种网络结构中又因其市场结构和销售渠道的不同而产生不同的竞争关系，从而影响供应链中各利益方的利益分配。其中供应链的市场结构可以根据参与生产供应与销售方的多寡来划分为"双边垄断（供应和销售都只有一家）""单边垄断（供应和销售一边垄断、一边竞争）"和"双边竞争（供需双方均有多方参与的竞争态势）"。而渠道结构在电子商务环境下形成了电子直销与传统零售并存的双渠道结构和只有传统零售的单渠道结构。渠道结构的不同会带来竞争程度的差异和定价策略的不同。所以，闭环供应链的体系结构必然成为闭环供应链的关键因素之一。

（4）回收策略。回收策略是闭环供应链中不可回避的问题。回收策略不仅涉及回收方式，还涉及回收价格和成本、回收率及回收渠道等问题。而回收方式又涉及制造商自身回收还是委托零售商或者专业的第三方回收。不同回收策略也将直接影响回收价格、回收成本及回收率，反过来又会对正向供应链乃至整个供应链的效益产生影响。可见，回收策略是闭环供应链的关键要素之一。

8.2　旧产品回收和再制造管理

8.2.1　旧产品回收模式

回收的废旧产品具有不同的质量水平，因此再处理方式也不同。目前，可以将废旧产品的再处理方式分为 5 种类型：维修（Repair）、翻新（Refurbishing）、再制造（Remanufacturing）、拼修（Cannibalization）、再循环（Recycling）。维修是指维修中心通过维修废旧产品中受损的零部件，使产品恢复到可使用的状态，但维修过后再次使用的产品质量可能有所下降。翻新可以使产品潜在品质上升，涉及产品升级改造，一般由消费者主动提出，且消费者会继续使用同一产品。再制造是指经过拆卸、清洗、修理等一系列再加工后，与其他再制造零件或新零件一起共同装配成性能等同于原部件的再造部件。拼修（或拆用）是从旧产品中拆卸可用的零部件另作他用。再循环是指对回收的废旧产品进行化学处理，处理后不再保留物品原来的任何结构，材料可以恢复到最初的特性，以便作为生产新产品的原材料。

根据回收主体的不同，废旧产品存在三种回收模式：制造商回收模式、零售商回收模式和第三方回收模式。在制造商回收模式中，制造商将新产品批发给零售商，零售商再将产品销售给消费者，制造商直接从消费者那里回收使用过的废旧产品。在零售商回收模式下，制造商委托零售商回收废旧产品，通过补贴的形式来补偿零售商在回收活动中的投入，零售商不仅销售新产品，同时也回收废旧产品。在第三方回收模式中，制造商和零售商均不参与废旧产品的回收，而是由第三方物流负责废旧产品的回收，并将回收的废旧产品交由制造商处理，制造商向第三方提供回收补偿。产品回收流程如图 8-2 所示。

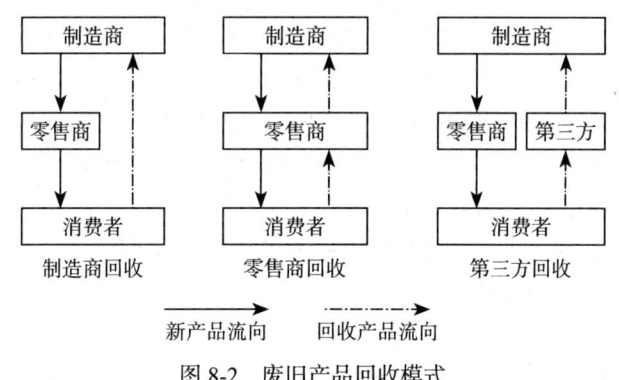

图 8-2 废旧产品回收模式

8.2.2 再制造模式

罗伯特·T. 伦德（Robert·T.Lund）在 1984 年提出了再制造的概念，再制造是指通过拆卸分解、清洗检查、整修加工、重新装配、运营调试等一系列过程，将损耗的耐用产品恢复到原始产品的质量和性能。再制造是通过重复利用的、修复的和新的配件的组合，将产品恢复到原产品的规格。可见，再制造工程是一个以产品全生命周期设计和管理为指导，以优质、高效、节能、节材、环保为目标，以先进技术和产业化生产为手段，修复或改造废旧产品的一系列技术措施或工程活动的总称。

再制造的重要特征是再制造产品的质量水平和性能要达到甚至超过新产品，产品再制造可以节省 50% 左右的制造成本，节约 60% 的能源和 70% 的材料，大气污染物排放量降低 80% 以上。再制造迎合了传统生产和消费模式的巨大变革需求，是实现废旧机电产品循环利用的重要途径，是资源再生的高级形式，也是发展循环经济、建设资源节约型、环境友好型社会的重要举措，更是推进绿色发展、低碳发展，促进生态文明建设的重要载体。

8.3 闭环供应链协调与契约设计

8.3.1 闭环供应链协调的概念

供应链协调涉及计划、控制和调整企业内和企业间的物流过程，这主要是因为物流过程包含物料运输、供应链网络的信息流和资金流。供应链协调就是联合（结合、协调、调整、联盟）供应链成员的一系列目标（行动、目的、决策、信息、知识、资金等）使之达到供应链目标。供应链协调机制同样是供应链合作伙伴之间的决策、通信和交互的模式，可以帮助计划、控制和调整闭环供应链中所涉及的物料、零部件、服务、信息、资金、人员和知识之间的交流，并且支持闭环供应链网络中关键的经营过程。在协调的过程中，所有成员的所有决策行为都是为了实现系统的全局目标，也存在供应链上的某个成员通过某种激励试图改变另一个成员的行为。

虽然供应链协调的定义有不同的表述，但是关于供应链协调的核心理念是一致的，即供应链企业之间的集成化管理、协同决策与合作，从而实现共同目标、改进绩效、使客户满意。供应链协调问题可分为供应链配置（面向设计的）和供应链协调（面向执行的）两大类问题。如果将供应链配置看作供应链管理的第一阶段，那么供应链协调是指供应链设计完毕或者建立之后，供应链管理的第二阶段所涉及的一系列管理问题。

闭环供应链协调具体是指：在闭环供应链运作过程中，对闭环供应链各成员组织，包括供应商、制造商、分销商、零售商、第三方回收商等的一系列目标和经营运作活动进行集成化的管理和协同决策，以达到改善闭环供应链各成员绩效和闭环供应链整体绩效的目标。闭环供应链协调是闭环供应链管理的核心。

8.3.2 闭环供应链协调问题产生的原因

闭环供应链协调的主要问题是正向、逆向供应链资源的有效整合问题，包括物流、资金流、信息流的整合。物流整合主要包括：逆向物流如何充分利用正向物流相关资源提高运作效率，降低总成本。资金流整合主要包括：协调正向物流和逆向物流中的销售定价与回收定价，结合适当的利润分配机制，在实现个体利润最大化的同时使总体利润最优。信息流整合主要是如何在正向物流系统的基础上集成逆向物流信息，减少回收过程的不确定性，提高运作的透明度，进而提高成员之间的合作效率。

闭环供应链协调问题还包括一般意义上的供应链协调问题，比如局部最优化（双重边际化问题）、信息扭曲、牛鞭效应、利益冲突和隐藏行为等。这些问题将导致闭环供应链运作效率低、成本居高不下、整体利益不能达到帕累托最优等后果。

一般来说，闭环供应链协调问题产生的原因主要包括：信息不对称、分散决策、不确定性、机会主义和有限理性等。其中信息不对称、分散决策和不确定性属于客观原因，即由闭环供应链自身的结构特点和外部环境影响所致。机会主义和有限理性属于主观原因。主观原因并不是说原因本身是由主观造成的，而是考虑机会主义和有限理性是交易费用经济学中关于人性的两个基本假定，因此将其看作是"主观的"。从另一个角度看，交易费用经济学中关于人性的两个基本假设也是客观存在的。闭环供应链协调存在的主要问题是主观、客观因素相互作用的结果。

8.3.3 闭环供应链协调的类型

传统正向供应链的协调包括两个层次：一个层次是指供应商、制造商和零售商之间的相互协调;另一个层次是指供应商、制造商和零售商各自内部各种活动之间的协调。

正向供应链可以分为两个层次:一般协调和多厂商协调。一般协调又可以分为三个方面:供应和生产活动的协调、生产和分销活动的协调、库存和分销活动的协调。从功能方面也可以将供应链协调分为:买-卖协调、生产-分销协调、库存-分销协调。当然,从范围方面也可以将供应链协调分为三类:功能内协调、功能间协调、企业间协调。

从供应链总体视角出发,可以把协调划分为:非信息协调和信息协调。非信息协调主要是指完善供应链运作的实物供需条件,比如准时生产方式或零库存生产方式,其实现压缩库存的条件是要有良好的运输协调,能够做到及时到货不影响生产或销售。而信息协调主要是指整个供应链对内外部信息的掌握以指导供应关系。

按照传统正向供应链协调的分类依据,可以给出相应的闭环供应链协调的类型,不同的是,由于其增加了回收、再制造等逆向环节,因此闭环供应链协调更加复杂。目前国内外没有对闭环供应链协调进行明确、系统的分类,本书将闭环供应链协调分为如下几类(见表 8-1)。

表 8-1 闭环供应链协调的类型

分类依据	协调对象	协调范围		协调功能
类型	物流协调 信息流协调 资金流协调	企业间	垂直协调 水平协调	买-卖 生产-分销 库存-分销 回收-库存 回收-再制造 再制造-再分销
		企业内	功能间协调 功能内协调	

(1)按照协调对象分类。按照协调对象分类,闭环供应链协调可以分为物流协调、信息流协调和资金流协调。物流协调是指如何设计闭环供应链网络和回收渠道,及时将货物运输到目的地,以及如何协调库存、安排生产计划等与物流相关的协调过程。信息流协调是指闭环供应链成员企业间如何应用信息技术,实现信息共享,减少不确定性,加速供应链响应速度等与信息相关的协调过程。资金流协调是指闭环供应链成员如何通过定价、利润分配(比如收益共享、数量折扣、退货策略)等有关资金方面的策略来减少双重边际化效应,实现闭环供应链整体利润最大化。

(2)按协调范围分类。按照协调范围,闭环供应链协调可以分为企业间协调和企业内协调。

1)企业间协调。企业间协调是指制造商、分销商、零售商或第三方回收商之间的相互协调,以减少库存,降低成本,提高闭环供应链的运营管理水平和效率,从而提高闭环供应链的整体绩效。企业间协调又可分为垂直协调和水平协调。垂直协调是指贯穿于整个产品生命过程的相关企业(上下游企业)之间的协调,包括原材料采购到产品生产、销售、回收、再制造整个过程中所涉及的企业(制造商、零售商、第三方回收商)之间的协调。水平协调是指闭环供应链中处于同一地位的各企业之间的协调,比如各制造商或各分销商之间的协调。

2)企业内协调。企业内协调是指制造商、分销商、零售商或第三方回收商企业内部各部门之间活动的协调，比如产品开发、原材料采购、生产、销售等部门之间的协调。企业内部协调又可分为功能间协调和功能内协调。功能间协调是指不同功能部门之间的协调，比如再制造部门和销售部门、生产部门、信息部门之间的协调。功能内协调是指企业内一个部门中各项活动和过程的协调，比如再制造部门内产品拆卸、产品或零部件的再加工、质量检测等功能之间的协调。

（3）按协调功能分类。闭环供应链协调按照协调功能分类包括：买-卖、生产-分销、库存-分销、回收-库存、回收-再制造、再制造-再分销等功能之间的协调。例如，在回收和再制造功能的协调中，废旧产品的回收时间、数量和质量有很大的不确定性，对再制造产品出厂时间、数量和质量的影响较大，二者之间的协调可以科学预测和控制再制造产品的数量与质量。

8.3.4　闭环供应链协调机制设计

闭环供应链协调机制分为契约协调机制和信息协调机制两大类。

契约协调机制是指通过提供合适的信息共享和激励措施，协调双方利益，优化渠道绩效或效益的有关条款。即使供应链达不到最好的协调，也能存在帕累托最优解，即每一方的利益至少不比原来差。目前，可以将契约分为定价和订货量两大类，以及规范决策权、定价权、最少购买协议、柔性采购、回购、配额规则、订货提前期和产品质量协议八小类，这些内容均对激励和约束供应链上不同利益主体行为有较强的普适性。闭环供应链契约是闭环供应链协调的重要手段。由于契约将闭环供应链成员之间的权利、责任和任务进行分配，通过合同的形式确定下来，从制度上对合作双方加以约束，容易实施，具有较强的"硬性"约束力；有助于问题的明确描述，诸如提前期、废旧产品回收率等；有助于共同分担诸如市场需求、价格、生产过程、产品质量等各种不确定性因素产生的风险；可以描述相互之间的让步，具体化非合作行为的惩罚，进而有助于长期合作关系的建立，减少交易成本；可以用于识别闭环供应链低效率的原因，克服成员之间由于活动的外部性而造成的双重边际化问题，从而有助于闭环供应链渠道协调与整体绩效的改进。因此，闭环供应链的契约协调问题研究成为近年来理论界和企业界关注的热点。

信息协调机制是指不同主体或职能通过合作为实现某一结果而进行的信息交换，其主要是针对渠道成员在市场不对等时出现的信息不对称现象。常用到的信息协调机制是经济学中的委托代理理论，包含信号传递博弈、信息概念甄别博弈和贝叶斯博弈。

8.4　闭环供应链的发展与挑战

8.4.1　EPR 制度与闭环供应链

作为闭环供应链主要环节之一的再制造在西方已经有 50 多年的历史，已形成庞大的市场。到了 20 世纪末 21 世纪初，环境问题持续恶化和资源短缺使得闭环供应链受到全球更广泛的关注，欧盟在环境和资源保护方面的立法尤其广泛和深入。2000—2003年，欧盟相继颁布 WEEE（Waste Electrical and Electronic Equipment）、ELV3（End-of-Life Vehicle）等指令，强制要求电气电子设备、汽车等行业的制造企业承担其废旧产品的回收责任，并承担相关费用，即生产者责任延伸制度（Extended Producer Responsibility，EPR），否则对其进行销售限制。这些规定和标准不仅约束欧盟国家的企业，对在欧盟国家销售相关产品的企业同样有效。目前，全球已有30多个国家和地区实施了EPR制度，相关政策累计超过380项。其中，部分国家和地区建立了较为典型的EPR制度（见表8-2）。

表 8-2 国外典型的 EPR 制度

国家和地区	典型 EPR 制度	规制对象	具体内容
日本	废旧家电处理基金制度	空调、冰箱、液晶等离子电视、显像管式电视、洗衣机/干洗机	消费者将废旧家电交还零售商并承担相应费用，零售商将回收的废旧家电交给指定回收场所，指定回收场所进行废旧家电的回收、保管和移交，制造商/进口商去指定回收场所回收制造/进口废旧家电并进行循环再利用
德国	绿点回收体系	包装废弃物	政府制定包装废弃物的回收目标，生产商和销售商向第三方机构DSD公司支付"绿点"标志使用许可费，并在包装物上使用"绿点"标志，DSD公司统一组织回收和再利用这些包装废弃物
欧盟	WEEE 指令	废弃电器电子产品	在欧盟市场上，生产者对于销售的所有电器电子产品都需自行承担废弃后的回收处置费用，其中指令对废弃电器电子产品的种类、回收目标等方面作了规定

我国的废弃物数量和物品报废数量呈现上升趋势，以家用电器产品为例，2020年我国废弃电器电子产品理论报废数量约1.3亿台。未经过处理的报废电器电子产品，存在大量的有害物质，会对环境产生巨大的影响。因此，我国政府也开始积极倡导废弃废旧产品的回收处理活动，并先后出台了一系列法律法规和规划。

8.4.2 低碳与闭环供应链

再制造不仅能够帮助企业降低生产成本，还能够降低产品碳排放量、提高能源利用效率。《再制造术语》（GB/T 28619—2012）中明确回收零部件中的直接使用件和可再制造件经过简单清洗及加工可作为"基体"重新使用，与重新制作的新零件相比，可节约大量原材料，节省生产加工过程的能源消耗。2018年，联合国环境署国际资源小组发布的《重新定义价值——制造业革命：循环经济中的再制造、翻新、维修和直接再利用》报告指出，与传统OEM新产品生产相比，再制造能够减少80%～98%的新材料，在某些领域中能够减少79%～99%的温室气体排放量。由此可见，发展再制造是实现工业节能脱碳的重要途径。以日产JF011F型CVT变速箱为例，其再制造产品中单个主动带总成零件质量利用率可达77.31%。相比制造新产品，卡特彼勒公司通过再制造可以节约85%的能源消耗、85%的原材料消耗和85%的水资源消耗，并在这一过程中减少61%的温室气体排放量。由于节约了大量能源和资源，再制造产品相比同类新件，在具备相同质量、性能和质保承诺的前提下，价格最多可降低60%。

8.4.3 闭环供应链发展面临的挑战

随着生态环境的日益严峻，闭环供应链成为实现绿色可持续发展的重要手段之一，这也是降低碳排放目标下行业发展的必然趋势。实施闭环供应链需要完成以下攻坚任务。

首先，健全绿色设计推行机制。受产品设计、消费者使用等环节的影响，闭环供应链中回收得到的产品在质量方面很难保证一致。回收品能否用于再制造受回收品质量、拆解难易程度和再制造成本等因素的影响，而这些因素在很大程度上是由产品设计决定的。因此，《"十四五"工业绿色发展规划》指出，有必要强化全生命周期理念，全方位全过程推行工业产品绿色设计。选择一些生态环境影响大、产品涉及面广、产业关联度高的典型行业，创建绿色设计示范企业，探索行业绿色设计路径，带动产业链、供应链绿色协同提升；构建基于大数据和云计算等技术的绿色设计平台，强化绿色设计与绿色制造协同关键技术供给，加大绿色设计应用；聚焦绿色属性突出、消费量大的工业产品，制定绿色设计评价标准，完善标准采信机制，引导企业采取自我声明或自愿认证的方式，开展绿色设计评价。

其次，创建基于"互联网+"的废旧产品回收体系。闭环供应链的发展必须有完善的废旧物资循环利用体系作为保障。应将废旧物资回收设施、报废机动车回收拆解经营场地等纳入相关规划，保障合理用地需求，统筹推进废旧物资回收网点与生活垃圾分类网点"两网融合"，合理布局、规范建设回收网络体系。同时，要积极推行"互联网+回收"模式。加强废旧家电、消费电子等耐用消费品回收处理，鼓励家电生产企业开展回收目标责任制行动。因地制宜完善乡村回收网络，推动城乡废旧物资循环利用体系一体化发展，从而推动再生资源规模化、规范化、清洁化利用。

最后，构建完善的再制造品质量认证体系，提高消费者认可度。从再制造产品的市场认知度来看，公众对再制造产品的了解不够，存在偏见，对"翻新"、再制造之间的界限分辨不清。其根源在于中国市场上翻新产品鱼龙混杂，缺乏明确的生产工艺标准。事实上，再制造必须采用先进技术恢复原产品的性能，并兼有对原产品的技术升级改造，再制造后的产品性能要达到或超过新品。可以通过构建完善的再制造产品质量认证体系提高消费者对再制造品的认可度。

实践案例

戴尔全球回收计划

在电子、汽车、机械等行业，应用闭环供应链已成为成功的典范。目前，闭环供应链已被广泛应用于以下领域：第一，法律法规强制要求企业回收处理废弃产品的行业，包括报废汽车、废旧电器电子设备及废旧电池等。第二，企业能够从闭环供应链管理中直接获取经济效益的产品，包括使用过的金属和各类包装材料、废旧汽车、电器、计算机等。第三，通过接收顾客退换货和渠道退换货来提高顾客服务水平和增强竞争能力的行业，比如 B2B 和 B2C 电子商务企业、信息产品制造业等。

全球最大的电子回收计划

戴尔是世界上最大的计算机制造商和技术公司之一。2013 年，通过私募股权公司 Silver

Lake Partners 和戴尔创始人兼首席执行官迈克尔·戴尔的收购，它成为一家私营公司。戴尔提供范围广泛的 IT 硬件和软件产品与服务。其客户包括众多政府、大型企业、小型企业和消费市场。戴尔还销售第三方软件和硬件。它以其直销和定制模式及创新的供应链管理而闻名。

电子垃圾是世界上增长最快的垃圾流，总体回收率相对较低（全球约为 15%）。快速的技术创新和不断缩短的产品寿命是导致电子垃圾数量不断增长的因素之一。2022 年全球电子垃圾总量达到 6 200 万 t。从环境角度来看，负责任的电子废物处理很重要，并且具有良好的经济意义。2022 年全球电子垃圾的物质价值估计为 1 410 亿美元。这为创建可持续、更高效的产品生态系统开辟了许多尚未开发的潜力。

循环经济采用传统的、线性的"获取、制造和处置"模型，将产品从设计、工厂，到消费者，再到垃圾填埋场，转变为更高效的闭环生态系统。当不再需要时，可以将使用过的电子产品回收进行翻新并在二级市场上转售。无法修复或修复后不再经济的产品将被回收，以便回收有价值的和稀缺的材料。回收的旧产品可以被纳入新产品的设计和制造中，也可以在市场上出售供他人使用。

研究表明，大约 30% 的消费者在家中闲置着未使用的电子产品，一半的消费者不确定如何处理他们的旧电子产品。戴尔声称，类似的情况也存在于仓储旧设备的企业中。回收选项使各种规模的客户都可以轻松地以负责任的方式处理他们的旧电子产品，确保它们得到重复使用，或者在使用寿命结束时得到妥善回收。

电子垃圾材料的价值主要取决于金、铜和塑料的含量。塑料回收尤其具有挑战性，它是垃圾填埋场的主要"贡献者"。塑料是现代社会最有用和最重要的材料之一。由于耐用性、易于制造成复杂形状及其电绝缘特性，它在计算机中很受欢迎。然而，塑料的生产使用了大量的化石燃料。用燃料制造塑料需要大量能源，并且在该过程中释放的二氧化碳排放量相对较高。如果不促进塑料回收并减少其使用，那么人们对塑料的使用将是不可持续的。

戴尔采取了全生命周期的方法来改变其塑料的生产、使用和处置方式。例如，戴尔的产品设计从一开始就强调维修的便利性和可回收性。戴尔还不断寻找将可持续材料（比如回收塑料）融入产品和包装的方法。戴尔的全球回收计划使客户能够更轻松地处理旧电子产品。对于无法维修或重复使用的产品，戴尔为消费者提供免费回收，并为大客户提供方便、安全和合规的解决方案。

戴尔拥有全球最大的电子产品回收计划，该计划已在 83 个国家和地区开展。自 2008 年以来，该计划已回收了大约 80 万 t 电子产品。对于商业客户，戴尔通过资产转售和回收服务提供全方位的物流和处置能力。这包括数据安全、现场粉碎、回收和完整的可追溯性报告。戴尔与货运公司合作，提供戴尔品牌设备的免费回邮回收服务，为消费者提供更便捷的回收服务。在许多国家，该计划已经做到了上门取货。

戴尔的另一个计划是与 Goodwill 重新建立合作伙伴关系，旨在使废弃电子产品的回收变得更容易和更可获得。Goodwill 是一家致力于通过教育和培训帮助人们实现独立的非营利组织。该计划允许人们将任何品牌的旧电子产品送到美国 2 000 多个 Goodwill 地点，在任何条件下接受消费者提供的任何品牌的计算机设备并免费回收。

闭环再生塑料供应链

2014 年，戴尔推出了闭环再生塑料供应链，以加快实现使用 5 000 万磅[⊖]可持续材料的目标。从那时起，戴尔在新产品中已经使用了超过 1 050 万磅的闭环塑料。

戴尔与各种供应链合作伙伴合作实施该计划，需要收集、回收和使用电子垃圾来制造新的戴尔产品。先将塑料从各种回收流中分拣出来以做进一步加工，之后送到亚洲的制造合作伙伴；然后将塑料熔化并模制成新零件和计算机组件（闭环系统）。从收到设备进行回收到塑料作为新产品的一部分回到客户手中的整个过程，只需要不到 6 个月的时间。戴尔现在提供 90 多种使用闭环回收塑料制成的产品，比如平板显示器、台式机和一体机。

对于业务而言，闭环系统提供的价格比使用原始材料更稳定，因为原始材料的价格会随着石油成本波动而变化。闭环系统还减少了公司对环境成本高的原始材料的依赖，并建立了一种新的、可持续的再生塑料来源。此外，通过重复使用已经流通的塑料，戴尔正在减少电子垃圾、减少碳排放量并帮助推动 IT 循环经济发展。与原生塑料相比，闭环工艺的碳足迹降低了 11%。闭环塑料供应链提供对环境更有利的产品，这将逐步成为戴尔客户的另一项需求。

戴尔在回收和再利用废旧电脑塑料方面的领先地位对于电子行业向循环经济转型非常重要。闭环塑料的使用可能会产生对旧电脑塑料的需求，并提高电子产品塑料的回收水平，这反过来为新兴行业的人们创造了新的工作和机会。从"一切照旧"转向更可持续的全生命周期可以带来显著的好处。然而，这需要改变整个供应链、产品设计和制造、客户参与及使用后的收集和回收。为了建立新的供应链并生产足够数量的闭环塑料，戴尔将努力创建新的系统。

站在低碳供应链的角度，作为一条供应链的核心企业，如图 8-3 所示，需要从设计、采购、生产、销售、交付、消费和回收全链路来看，从产品全生命周期来看。在每个环节中，从设计环节节能环保理念的应用、回收材料的利用、标准化模块化的零部件设计、人机的低碳交互、包装的碳排放标识等，到采购生产等环节，都可以践行低碳实践。除了企业自身的范围一和范围二，供应链还要看到企业的上下游。因此，上游的原材料供应商也要把对应的从设计到回收的整条全链路进行梳理，落地低碳实践；下游的渠道客户这一端也同样包含整条链路，也要做好相关的活动梳理、碳排放核算和运营优化。如果企业实施了减碳措施，仍无法达成目标，那么还可以参与碳交易，通过购买配额、绿证、碳金融等手段达成目标，也可以开展生态汇碳，比如植树造林、固碳等。

🌐 思考与练习

1. 什么是闭环供应链？闭环供应链的管理要素有哪些？
2. 旧产品回收模式有哪些？相比于新产品，再制造产品的重要特征是什么？
3. 闭环供应链协调问题产生的原因有哪些？针对闭环供应中的问题，如何设计闭环供应链协调机制？
4. EPR 制度的含义是什么？EPR 制度对闭环供应链的发展有什么影响？
5. 低碳情境下闭环供应链面临怎样的机遇与挑战？

⊖ 1 磅 = 0.453 592 37kg。

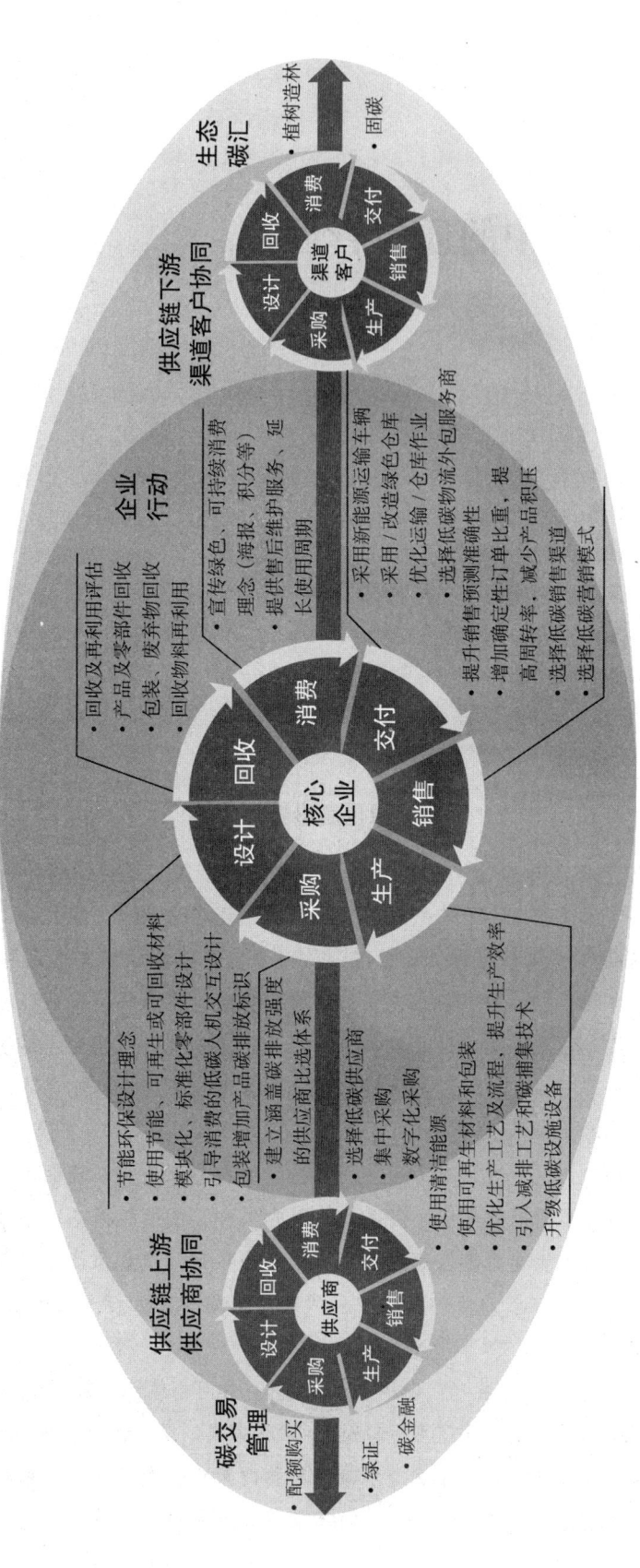

图 8-3 低碳供应链全局示意

第 9 章

低碳运营中的质量管理

学习目标

1. 了解绿色质量的内涵
2. 理解绿色质量管理的范围
3. 掌握绿色全面质量管理的模式与流程
4. 理解绿色质量认证的标准
5. 了解绿色背景下如何进行六西格玛管理

引例

宜家的绿色质量管理方案

宜家（IKEA）是全球知名的家具和家居用品零售商，以其可持续和环保的商业实践而闻名。宜家提倡绿色环保理念，不仅从自身情况出发，还在采购上把紧关口，严格监督供应商的产品，要求其必须达到相应的认证标准，从而为消费者提供精美实用且绿色环保的产品。同时，宜家还将产品与公益事业相关联，目前，它通过了森林经营认证和产销监管链审核，正在有计划地参与环保事宜，涉及包装材料和产品、森林、供货商、运输和商场环境等方面。以下对宜家在其产品设计、材料选择、供应链管理和零售操作中实施的一系列绿色质量管理措施做简要讲述。

（1）可持续材料的使用。宜家致力于使用可持续的材料，比如认证的木材、回收塑料和有机棉，并且对材料做了明确的规定，确保其使用的木材、纸张和棉花来源都是可持续的。

（2）使用节能和可再生能源。宜家投资可再生能源项目，比如风能和太阳能，以减少其运营中的碳排放量。它还在其商店和设施中采用节能措施，比如灯光使用 LED 照明并配有高效能源管理系统。

（3）产品设计和创新。宜家在产品设计中考虑到环保和可持续性，努力创造耐用、高效且有最小环境影响的产品。例如，它开发了可拆卸和可回收的家具，以促进产品的长寿命和循环利用。

（4）减少废物和循环利用。宜家实施了减少废物的策略，通过回收计划和再利用中心管理废物，鼓励消费者通过其回收和使用二手销售服务减少废物产生量。

（5）供应链管理。宜家与其供应商进行紧密合作并对它们实施监管，以确保其遵守环保政策和履行社会责任标准。宜家还对供应链成员进行定期审查，确保其符合自身的可持续性和环保目标。

通过这些措施，宜家不仅在其绿色质量管理实践中展现了对环境保护的承诺，而且还提高了其产品和服务的整体质量与可持续性。

资料来源：宜家以绿色循环"链"动可持续的未来，https://economy.gmw.cn/xinxi/2023-12/07/content_37014201.htm。

9.1 绿色质量概述

9.1.1 质量的内涵

从广义上讲，质量是指一种产品或服务持续地满足或超过顾客需要的能力。

20世纪70年代和80年代，外国公司（其中多数为日本公司）的产品由于非常重视质量及其他细节，在美国市场上夺取了很大的份额。在汽车行业，领先的日本汽车制造商本田、日产和丰田在美国汽车销售市场上销量领先，本田和丰田两大汽车制造商都在汽车质量和可靠性方面建立了相当高的声誉。这使得当时倾向于关注成本和生产率的美国公司改变了对质量的看法，美国公司开始采取一系列措施大规模地改进质量管理。由此可见，质量的重要性不是作为产品的一种特殊特征的附加品，而是产品或服务不可缺少的一个组成部分。

美国著名的质量管理专家朱兰从顾客的角度出发，给出了质量的定义，即"质量就是适用性"。其中适用性就是指产品和服务满足顾客要求的程度。质量的定义包括两方面的含义，即使用要求和满足程度。人们使用产品，总对产品质量提出一定的要求，而这些要求往往受到使用时间、使用地点、使用对象、社会环境和市场竞争等因素的影响，这些因素的变化会使人们对同一产品提出不同的质量要求。因此，质量不是一个固定不变的概念，它是动态的、变化的、发展的，随着时间、地点、使用对象的不同而不同。随着社会的发展、技术的进步，质量本身也在不断更新和丰富。

用户对产品使用要求的满足程度，反映在产品的性能、经济特性、服务特性、环境特性和心理特性等方面。因此，质量是一个综合的概念，它并不要求技术特性越高越好，而是追求性能、成本、数量、交货期、服务等因素的最佳组合，即所谓的最适当。

认识质量的一个着重点是产品或服务的特性在多大程度上满足或超过顾客的期望。质量包括产品质量与服务质量，分别对应有形产品与无形产品，二者具有不同的属性。顾客对质量的期望被分解为许多不同的方面或属性，顾客就是根据这些属性来判断产品或服务的质量水平的。

9.1.2 产品质量

产品质量（Quality of Product）是指产品适应社会生产和生活消费需要而具备的特性，是产品使用价值的具体体现。

产品质量包括产品内在质量和外观质量两个方面。其中产品的内在质量即产品的内在属性（见表9-1），包括性能、寿命、可靠性、安全性、经济性五个方面。产品的外观质量是指产品的外部属性，包括产品的光洁度、造型、色泽、包装等。产品的内在质量与外观质量相比，内在质量是主要的、基本的，只有在保证内在质量的前提下，外观质量才有意义。

表9-1 产品内在质量属性示例

属性	定义	示例
性能	产品的主要工作特征	汽车马力、电脑运行速度
寿命	产品正常情况下的使用期限	房屋的使用年限、电灯、电视机显像管的使用时数
可靠性	产品在规定时间、规定条件下使用，不发生故障的特性	电视机使用故障、钟表走时准确
安全性	产品在使用过程中对人身及环境的安全保障程度	热水器的安全性、啤酒瓶的防爆性
经济性	产品经济寿命周期内总费用的多少	空调、冰箱等家电产品的耗电量

9.1.3 服务质量

服务质量（Quality of Service）是产品生产的服务或服务业满足规定或潜在要求（或需要）的特征和特性的总和。产品质量属性并不适宜于描述服务质量。通常地，我们根据以下7个方面的属性来判断服务的质量水平（见表9-2）。

表9-2 服务质量属性示例

属性	定义	示例
视觉上的感受	设备、设施、人员和用于沟通的硬件的直观表现	餐厅的布置、医院的设备
便利性	服务的可接近性和可达性	服务供应者的地理位置、营业时间等
可靠性	独立地、一致地和准确地提供服务的能力	快递的及时送达
责任心	服务人员自愿帮助顾客处理异常情况的责任感	出现异常时迅速有效地采取行动，控制局势
响应	提供服务的快捷性	对投诉的回复，对排队的疏导
准确性	接待顾客的服务人员在该服务领域所具备的知识和提供可靠服务的技能	技能证书、职称等
周到	接待顾客的工作人员对待顾客的方式	对顾客的聆听、与顾客的沟通

9.1.4 绿色质量及绿色产品质量

1. 绿色质量

绿色质量，实际上就是在传统全面质量内涵的基础上，注入节约、和谐和环保的"绿色"观念，在满足消费者绿色需求的基础上，综合考虑社会、资源和环境的需求，使消费者的满意与社会发展、环境保护、能源节约等方面的满意相互协调。具体地说，绿色质量应考虑产品从市场定位、设计开发到原材料采购、生产加工，直至包装、运输、销售和回收等整个过程的质量能否满足消费者的绿色期望，是否符合节约资源和环境保护的要求。

2. 绿色产品质量

自20世纪90年代以来，可持续发展的绿色观念逐渐深入人心，越来越多的人在选择商品时把其对环境的影响看作一个非常重要的因素加以考虑,消费者对绿色产品的需求与日俱增。企业开始选择提供绿色产品,承担相应的绿色责任。

一方面,世界上几乎所有的商业活动都围绕着产品和服务,产品和服务的质量对于消费者来说拥有巨大的价值,对于组织的生存来说责任重大,产品质量形成过程中的资源使用、选择、处置的技术和管理问题都与可持续发展直接相关,因此从可持续发展的绿色角度来审视产品的质量具有重要意义。另一方面,随着绿色产品质量的提高,绿色消费者的满意度与忠诚度会相应增加,提供高质量绿色产品的企业在市场上的竞争力也大大提升。

由此,认识绿色产品、关注绿色产品的质量渐渐成为产品质量的重要发展趋势。

(1)绿色产品。绿色产品是指其在营销过程中具有比目前类似产品更环保的产品。狭义的绿色产品是指不包括任何化学添加剂的纯天然食品或天然植物制成的产品;广义的绿色产品是指生产、使用及处理过程符合环境要求,对环境无害或危害极小,有利于资源再生和回收利用的产品,比如由自然纤维、棉、麻和丝绸等天然作物制作而成的"自然生态服装"、绿色汽车、绿色冰箱、绿色电脑、绿色食品、绿色建筑等。简而言之,所谓绿色产品是指其在营销过程中具有比目前类似产品更具有环保性的产品。

(2)绿色产品特征。绿色产品与传统产品相比,有以下三个共同特征:首先,核心产品能够成功地满足消费者的主要需求,即于消费者的有用性;其次,技术和质量合格,产品满足各种技术及质量标准;最后,产品有市场竞争力,并且有利于企业实现盈利的目标。

特别地,绿色产品与传统产品相比还多一个最重要的基本标准,即符合环境保护要求。我们可以通过产品是否维护环境可持续发展和企业是否负应尽的社会责任两方面,来评价绿色产品的"绿色表现"如何。可以说,绿色产品与传统产品的根本区别在于其改善环境和社会生活品质的功能。

(3)绿色产品质量。绿色产品质量包括涉及节能、防止污染、废物回收和环境友好的产品特征、产品设计和产品包装等方面的内容。绿色产品质量的认定由绿色产品认证制度来保证。经过绿色产品认证,绿色产品进入市场的门槛得到提高,绿色产品更容易获得市场认可,从而具有更强的竞争优势。

9.2 绿色质量管理概述

9.2.1 质量管理的定义及内涵

1. 质量管理的定义

ISO 9000指出,质量管理(Quality Management)是在质量方面指挥和控制组织的协调的活动,具体是指确定质量方针、目标和职责,并通过质量体系中的质量策划、质量控制、质量保证和质量改进来使其实现所有管理职能的全部活动。

质量管理是组织管理职能的重要组成部分,必须由一个组织的最高管理者来推动;质量管理是各级管理者的职责,并且和组织内的全体成员都有关系,他们的工作都直接或间接地影响着产品或服务的质量,质量管理需要全体成员参与。因此,质量管理的涉及面很广。从横向来说，包括战略计划、资源分配和质量计划、质量保证、质量控制等系统活动；从纵向来说，包括质量方针、质量目标及质量体系。

2. 质量管理的内涵

质量管理的核心是制定和实施质量方针与目标。质量管理活动是以质量管理体系为依托，通过质量策划、质量控制、质量保证、质量改进等活动发挥其职能。这四项活动是质量管理的四大支柱工作，亦是质量管理的重要内涵。

（1）质量策划（Quality Planning）是指制定质量目标，并开发为达到这些目标所需要的手段和相关资源的行为。质量策划是现代企业质量管理步骤之中必不可少的环节，主要包括产品策划、管理和作业策划、编制质量计划、作出质量改进规定，是供应商为了满足产品、项目的质量要求进行的策划。

（2）质量控制（Quality Control）是指为满足质量要求所采取的作业技术和活动。为了达到对客户品质保证的要求，必须对整个产品的形成过程进行控制。质量控制是为了通过监视质量形成过程，消除质量环上所有阶段中引起不合格或不满意效果的因素，达到质量要求，获取经济效益而采用的各种质量作业技术和活动。质量检验从属于质量控制，是质量控制的重要活动。

（3）质量保证（Quality Assurance）是指为使消费者确信某实体能满足质量要求，而在质量体系中实施并根据需要进行证实的有计划、有系统的全部活动。质量保证分为内部质量保证和外部质量保证。内部质量保证是质量管理职能的一个组成部分，这是为了使企业各层管理者确信本企业具备满足质量要求的能力所进行的活动。外部质量保证是为了使用户和第三者确信供方具备满足质量要求的能力所进行的活动。

（4）质量改进（Quality Improvement）是指为向本组织及其顾客提供增值效益，在整个组织范围内所采取的提高活动效果与效率的措施。质量改进强调消除系统性的问题，对现有的质量水平在控制的基础上加以提高，使质量达到一个新水平、新高度。质量改进是企业跨部门人员参与实施的突破性改进，由企业各部门内部人员对现有过程进行渐进的持续改进活动。

9.2.2 质量管理体系

为了实现质量管理的方针、目标，提高质量管理的有效性，必须建立健全质量体系。质量体系（Quality System）是指实施质量管理的组织机构、职责、程序、过程和资源。质量体系是质量管理的组织保证，是质量管理的组织、程序与资源的规范化、系统化。

质量体系有两种形式，一种是用于内部管理的质量体系，一般体现为管理标准、工作标准、规章制度、规程等；另一种是用于外部证明的质量保证体系。质量管理体系应具有以下特性。

- 质量管理体系应具有符合性。欲有效开展质量管理，必须设计、建立、实施和保持质量管理体系。组织的最高管理者对依据 ISO 9001 国际标准设计、建立、实施和保持质量管理体系的决策负责，对建立合理的组织结构和提供适宜的资源负责；管理者代表和质量职能部门对形成文件的制定与实施、过程的建立和运行负直接责任。
- 质量管理体系应具有唯一性。质量管理体系的设计和建立，应结合组织的质量目标、产品类别、过程特点和实践经验。因此，不同组织的质量管理体系具有不同的特点。
- 质量管理体系应具有系统性。质量管理体系是相互关联和作用的组合体，包括：组织结构，涉及合理的组织机构和明确的职责、权限及其协调的关系；程序，即规定到位的、形成文件的程序和作业指导书，是过程运行和进行活动的依据；过程，即质量管理体系的有效实施，是通过其所需过程的有效运行实现的；资源，即必需、充分且适宜的资源，包括人员、资金、设备、料件、能源、技术和方法。
- 质量管理体系应具有全面有效性。质量管理体系的运行应是全面有效的，既能满足组织内部质量管理的要求，又能满足组织与顾客的合同要求，还能满足第二方认定、第三方认证和注册的要求。
- 质量管理体系应具有预防性。质量管理体系应能采用适当的预防措施，有一定的防止重要质量问题发生的能力。
- 质量管理体系应具有动态性。最高管理者定期批准进行内部质量管理体系审核，定期进行管理评审，以改进质量管理体系；还要支持质量职能部门（含车间）采用纠正措施和预防措施改进过程，从而完善体系。
- 质量管理体系应持续受控。质量管理体系所需过程及其活动应持续受控。
- 质量管理体系应最佳化。组织应综合考虑利益、成本和风险，通过质量管理体系持续有效运行使其最佳化。

9.2.3 质量管理的发展阶段

"质量管理"这一概念早在 20 世纪初就被提出，伴随着企业管理与实践的发展而不断完善，随着市场竞争的变化而不断发展。在不同时期，质量管理的理论、技术和方法都在不断发展与变化，并且具有不同的发展特点。按照质量管理的手段和方式划分，质量管理大概经历了以下四个阶段。

（1）传统质量管理阶段。传统质量管理阶段是工业革命之前的原始质量管理阶段。20 世纪以前，当时的工业仍是家庭生产和手工作坊的形式，质量理念虽然已经存在，但仍然是模糊、不统一的。这个时期的质量主要靠手工操作者本人依据自己的手艺和经验来把关，工人集操作者、检验者、管理者的角色于一身，因而又被称为"操作者的质量管理"。此阶段所谓的标准，其实质是工人长久积累的经验。

（2）质量检验阶段。工业革命之后，工厂逐渐取代了工场手工业，资本主义的社会化大规模生产开始出现。20 世纪初，人们对质量管理的理解还只限于质量的检验。质量检验所使用的手段是各种检测设备和仪表，方式是严格把关，进行百分之百的检验。其间，美国出现了以泰勒为代表的"科学管理运动"。"科学管理"提出了在人员中进行科学分工的要求，并将计划职能与执行职能分开，中间再加一个检验环节，以便监督、检查对计划、设计、产品标准等项目的贯彻执行。此即计划设计、生产操作、检查监督各由专人负责，从而产生了一支专职检查队伍，构成了一个专职的检查部门，质量检验机构就这样被独立出来。

起初，人们非常强调工长在保证质量方面的作用，将质量管理的责任由操作者转移到工长，故被人称为"工长的质量管理"。后来，随着企业生产规模的扩大和产品复杂程度的提高，产品有了技术标准（技术条件），公差制也日趋完善，各种检验工具和检验技术随之发展，大多数企业开始设置检验部门。质量检验这一职能又由工长转移到专职检验人员，他们采用各种精密仪器，对成品进行严格把关，质量管理进入"检验员的质量管理"阶段。

（3）统计质量控制阶段。质量检验是在成品中挑出废品，以保证出厂产品质量。但这种事后检验无法在生产过程中起到预防、控制的作用，一旦发现不合格品，企业只能被动接受损失，并且百分之百的检验会产生巨大的费用。当生产规模进一步扩大时，这些弊端就突显出来。1924 年美国数理统计学家 W. A. 休哈特（W. A. Shewhart）提出了控制和预防缺陷的概念，并成功创造了"控制图"，把数理统计方法引入质量管理中，将质量管理推进新阶段。

统计质量控制阶段的特征是数理统计方法与质量管理的结合。数理统计理论被应用在质量管理领域，能够找出产品的异常波动，并进行及时控制和预防，把生产的各个环节控制在正常状态下。在这样的控制下，质量改善的成效极为显著。

但这种方法也存在缺陷，它过分强调质量控制的统计方法，使人们误认为"质量管理是统计专家的事"，使多数人望而生畏。同时，它对质量的控制和管理只局限于制造与检验部门，忽视了其他部门的工作对质量的影响，不能充分发挥各部门和广大员工的积极性，导致员工参与度不高，从而制约了其推广和应用。

（4）全面质量管理阶段。从 20 世纪 60 年代开始，进入全面质量管理阶段。首先，自 20 世纪 50 年代以来，科学技术迅速发展，出现了许多大型产品及系统工程，对质量的要求大大提高，单纯依靠统计质量控制已无法满足市场要求。因为整个系统工程与试验研究、产品设计、试验鉴定、生产准备、辅助过程、使用过程等每个环节都有着密切关系，仅仅靠控制过程是无法保证质量的。这就要求从系统的观点出发，全面控制产品质量形成的各个环节、各个阶段。其次，由于行为科学在质量管理中的应用，其主要内容就是重视人的作用，认为人受心理因素、生理因素和社会环境等方面的影响，因而必须从社会学、心理学的角度去研究社会环境、人的相互关系及个人利益对提高工效和产品质量的影响，发挥人的能动作用，调动人的积极性，加强企业管理。最后，"保护消费者利益"运动的发生和发展，迫使政府制定法律，制止企业生产和销售质量低劣、影响安全、危害健康的劣质产品，要求企业对所提供产品的质量承担法律责任和经济责任，不仅要保证提供的产品性能符合质量标准规定，而且还要保证产品在售后正常使用过程中使用效果良好，要安全、可靠、经济。于是，在质量管理中提出了质量保证和质量责任问题，这也要求企业建立全过程的质量保证系统，对企业的产品质量实行全面的管理。

全面质量管理强调执行质量是企业全体员工的事情，各个环节都要关注质量并为之努力，全体人员都要树立质量意识并且勇于承担质量改进的职责。与统计质量管理相比，全面质量管理使得全体员工都参与到企业的质量计划之中，而不仅仅是依靠固定的方式。全面质量管理挖掘企业全体人员的潜能，综合各个学科、各种分析工具，上下各部门同心协力，将全过程的质量做得优秀、经济、安全和可靠。

9.2.4　绿色质量管理的含义

质量管理的思想和方法对提高企业的竞争力起着重要的作用。但随着可持续发展意识的不断增强，忽略环境影响的传统管理模式也需得到完善。面对全球绿色意识不断高涨的局面，必须把环境友好及增进健康的绿色观念融入全面质量管理中，以获得可持续的竞争力并改进过程。

企业绿色质量管理是企业将节约、和谐和环保的"绿色"观念融于企业的全面质量管理中，将绿色质量作为质量战略目标，在传统全面质量管理的基础上，注重对生命、资源、环境的管理，全员共同参与，承担产品、过程或服务的全生命周期的质量责任。它在追求超越传统企业组织范围的经济、社会、资源与环境大系统平衡的同时，注重满足顾客的绿色需求，同时获得自身可持续的发展。

9.2.5　绿色质量管理的特征

第一，超越传统的全面质量，追求广义的绿色质量。传统的全面质量在提供满足顾客需求的产品性能之外，还包括交货时间、使用效率、寿命周期、可维修性和质量成本等要素，缺乏对资源与环境因素的考虑，质量涉及的范围相对工业生态系统是狭隘的。广义的全面质量应是企业绿色质量，即在全面质量管理界定的质量含义的基础上融入节约、和谐、环保的绿色观念。

第二，质量要求导向的延伸。随着经济的发展，质量管理的理论、方法也在动态发展，早期的质量要求就是产品质量要求，即产品的适用性，之后质量要求进一步发展到除了产品本身，还要保证工作质量和服务质量，而后再进一步发展到满足消费者需求、市场需求。绿色质量管理下的质量要求会继续延伸，在更大的工业生态系统范围内产生影响，即满足包括环境市场在内的扩大的市场的要求。

第三，质量管理范围的扩大。质量管理的范围从传统的以产品为核心，发展到产品形成的过程，以至于发展到今天的过程网络，即企业的整个组织。但面对可持续发展，它的范围仍然是有限的，它忽略了产品生产过程中对环境产生的影响，忽略了资源的使用效率，以及产品进入消费领域之后到最终寿命结束时对环境的影响。绿色质量管理下的质量管理范围将是超越企业组织的范围，即产品–过程–企业组织–超越企业组织。

第四，绿色质量管理战略思想与方法的统一。传统的企业环境质量管理采用清洁生产技术、实施 ISO 14000 认证、产品生命周期评价方法及绿色设计、绿色制造等方法，多数属于方法和手段，没有上升到企业战略高度，缺少相应的质量文化。企业推行绿色质量管理，首先要建立绿色质量战略，指导思想在先，技术方法跟进，建立绿色质量管理体系、模式，将各种绿色技术、方法有效地结合，使思想与方法统一起来。

第五，内部质量与外部质量的统一。传统的全面质量管理更多关注的是企业组织内部的质量。组织外部质量，即产品消费过程中及消费终止时的处置仍然可能会污染环境，而对环境影响程度的大小取决于产品质量的设计与形成过程。因此，绿色质量管理要求企业承担终身责任，将企业外部质量内部化，内外的协调统一，有助于整体生态环境的绿化。

9.2.6 绿色质量管理的形成机理

（1）循环经济理论。循环经济（Recycle Economy，也称 Circular Economy）是以清洁生产技术、环境无害化技术、废弃物回收利用和再资源化技术为先导，以对环境友好的方式利用自然资源，推动传统的经济流程从开环型转向闭环型、循环型，以实现资源消耗减量化和利用高效化、废弃物资源化和无害化，并实现经济活动的生态化和循环化。为推进循环经济发展，政府必须通过构建政策与法规体系，激励和约束企业行为、环境行为，为企业绿色化管理和生产提供支持，并进行相应的约束。

（2）西方环境伦理学。西方环境伦理学产生于 20 世纪 30 年代，其创始人是法国学者、诺贝尔和平奖获得者阿尔贝特·施韦泽（Albert Schweiter）和美国学者奥尔多·利奥波德（Aldo Leopold）。环境伦理学主要研究人与自然之间的伦理关系，以及受人与自然关系影响的人与人之间的伦理关系，包括企业环境伦理观及尊重自然观。基于此，企业应实施绿色质量管理，对环境承担起应尽的责任和义务。

（3）绿色技术创新。绿色技术创新一般是对以保护环境为目标的管理创新和技术创新的统称。绿色技术创新可以分为绿色管理创新、绿色工艺创新和绿色产品创新三大类。绿色技术创新工艺、产品或管理方式的产生使环境保护成为可能，比如企业通过材料创新，可以开发和利用量多价廉的普通材料代替量少价高的稀缺材料，降低由于使用不可恢复资源而增加的成本。

（4）面向国际绿色壁垒的绿色竞争。随着全球贸易自由化和经济一体化程度的不断加深，环境保护逐渐成为服务于各国贸易保护政策的武器，一种新的非关税壁垒——绿色壁垒逐渐构建起来。发达国家的绿色壁垒成为企业外部竞争的压力，我国企业要尽力冲破这道障碍。要减少绿色壁垒对我国出口贸易的影响，就必须走绿色化发展道路。企业应确保实施绿色质量管理策略，争取在国际市场的绿色竞争中立于不败之地。

9.3 绿色全面质量管理

9.3.1 全面质量管理

全面质量管理理论诞生于 1961 年，最早提出全面质量管理概念的人是美国的阿曼德·V. 费根鲍姆（Armand V. Feigenbaum），但全面质量管理最早实行却是在日本和西欧的一些国家。以日本为例，自朱兰和戴明博士访日后，日本将全面质量管理与本国实际相结合，取得了巨大的成功。全面质量管理对第二次世界大战后日本的经济复苏作用匪浅。如今，经历了 60 余年的完善和发展，全面质量管理已演化成一种综合、全面的经营管理理念和方式。

全面质量管理是指一个组织以质量为中心，以全员参与为基础，目的在于通过顾客满意和本组织所有成员及社会受益，最终达到长期成功的管理途径。

随着可持续发展意识的不断提高，忽略环境影响的传统竞争模式发生了改变，环境保护问题成了继质量、成本、实效、服务等四大竞争要素之后，与企业竞争力关系密切的第五大竞争要素。面对全球绿色意识的不断高涨，必须将环境友好和增进健康的绿色观念融入全面质量管理中，以获得可持续的竞争力和过程改进。

1. 全面质量管理的含义

全面质量管理之所以被称为全面，在于它是全过程、全员、全质量、多方法的质量管理。

全过程的质量管理是指，从市场调查、产品设计、试制、生产、检验、仓储、销售和售后服务的各个环节都应该牢固树立"顾客第一"的思想。全员的质量管理是指，各部门任何一名员工都有责任共同做好工作，生产出质量达标的产品；组织必须向员工授权，广泛地采用团队形式作为授权载体，依靠团队发现和解决问题。全质量的质量管理不仅包括产品或服务质量，还包括工作质量的严格要求，这也是产品质量的前提；同时，不仅关注产品的适用性，而且重视产品及生产过程的安全性、经济性、环保性。多方法的质量管理，是一门综合运用统计学、行为学、心理学、信息技术等各种学科方法、受顾客驱动的学问。

质量管理中广泛使用的质量管理方法涉及七种传统的工具，包括调查表、分层法、直方图、散布图、排列图、因果图、控制图；还有七种新工具，包括系统图、关联图、KJ法、矩阵图、矩阵数据分析图法、PDPC法及箭线图法。9.3.3节将详细介绍以上方法。

2. 全面质量管理的 PDCA 循环

PDCA 循环又叫质量环，是管理学中的一个通用模型，最早由休哈特于1930年构想出来，后来被美国质量管理专家戴明在1950年再度挖掘并加以广泛宣传，运用于持续改善产品质量过程，如图9-1所示。P（Plan）计划，包括方针和目标的确定及活动规划的制定；D（Do）实施，根据已知的信息设计具体的方法、方案和计划，再根据设计进行具体运作实现计划中的内容；C（Check）检查，总结执行计划的结果，明确效果，找出问题；A（Action）处置，对成功的经验加以肯定并予以标准化，对于失败的教训也要总结重视，对于没有解决的问题提交给下一个 PDCA 循环去解决。

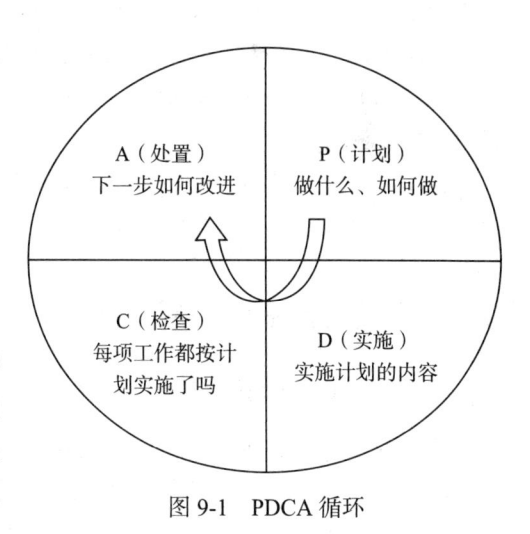

图 9-1 PDCA 循环

PDCA 循环分四个阶段实施，其基本内容如下。

- 阶段一（P）：制定质量目标、活动计划、管理项目和措施方案。首先，分析质量现状，找出存在的质量问题，采用调查表、排列图、直方图、控制图等工具收集有关数据。其次，采用鱼骨图和头脑风暴法等方法分析质量问题产生的各种原因或影响因素。再次，采用排列图和相关图等方法找出影响质量问题的主要原因。最后，针对主要原因制定对策，采取措施，提出执行计划，采用5W2H法。
- 阶段二（D）：按照预定的质量计划、目标和措施落实执行。
- 阶段三（C）：把执行的结果与预定的目标对比，检查与分析。
- 阶段四（A）：总结经验，提出下一个目标。首先，根据检查的结果总结成功的经验和失败的教训，把成功的经验纳入有关的标准和制度，包括修订相关程序或流程，把失败的教训总结整理记录在案，防止再发。其次，提出该循环尚未解决的问题，并将其转入下一个PDCA循环，作为下一个循环中的计划目标。

PDCA循环的基本内容如图9-2所示。

由图9-2可知，PDCA循环大环套小环，一环扣一环，小环保大环，推动大循环。这些循环包括公司级的大循环、部门级的小循环、班组级的更小循环，上一级大循环是下一级小循环的依据，下一级小循环是上一级大循环的组成部分和具体保证。

PDCA循环每转动一次就提升一步。PDCA循环呈螺旋式上升和发展，每一项计划指标都要有保证措施，一次循环解决不了的问题，必须转入下一轮循环解决。通过循环往复，质量问题不断被解决，工作质量、管理水平和产品质量不断提高。

图9-2 PDCA循环基本内容

PDCA循环是综合性的循环。PDCA循环的四个阶段紧密相连，甚至有时边计划边执行，边执行边检查，边检查边总结，边总结边改进，活动调整交叉进行。

PDCA循环是动态的循环。PDCA在动态循环中不断进入更高一级，提升工作质量和产品质量始终处在动态过程中，永无止境。

9.3.2 质量管理五大核心工具

1. 产品质量先期策划

产品质量先期策划（Advanced Product Quality Planning and Control Plan，APQP）是一种结构化的方法，用来确定和制定确保其产品使顾客满意所需的步骤。产品质量先期策划的目标是促进与所涉及每个人的联系，以确保所要求的步骤按时完成。有效的产品质量策划依赖高层管理者对努力达到使顾客满意这一宗旨的承诺。

（1）APQP的目的：制订产品质量计划来开发产品，满足顾客要求，达到顾客满意；及时完成关键任务；按时通过生产件批准；持续地满足顾客的需求；持续改进。

（2）APQP的益处：引导资源，使顾客满意；促进对所有更改的早期识别；避免晚期更改；以最低的成本及时提供优质产品。

（3）APQP 的五个过程：计划和定义，产品设计开发和验证，过程设计开发和验证，产品和过程确认，反馈、评定和纠正措施。

产品质量策划进度示意如图 9-3 所示。

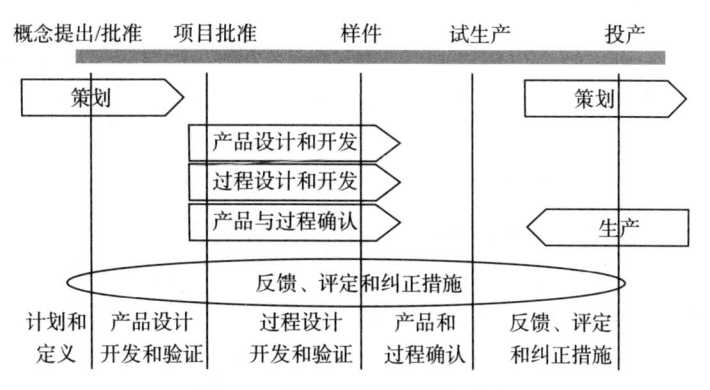

图 9-3　产品质量策划进度示意

2. 失效模式和效果分析

失效模式和效果分析（Failure Mode and Effect Analysis，FMEA）是一种用来确定潜在失效模式及其原因的分析方法。具体来说，通过实行 FMEA，可在产品设计或生产工艺真正实现之前发现产品的弱点，在原形样机阶段或大批量生产之前确定产品缺陷。

FMEA 最早是由美国国家航空航天局形成的一套分析模式，其是一种实用的解决问题的方法，可适用于许多工程领域。目前世界上许多汽车生产商和电子制造服务商（EMS）都已经采用这种模式进行设计和生产过程的管理与监控。

FMEA 有三种类型，分别是系统 FMEA、设计 FMEA 和工艺 FMEA。其具体内容包括以下几点。

（1）确定产品需要涉及的技术、可能出现的问题，包括后续几个方面：设计的新系统、产品和工艺；对现有设计和工艺的改进；在新的应用中或新的环境下，对以前的设计和工艺的保留使用；形成 FMEA 团队，理想的 FMEA 团队应包括设计、产组装、质量控制、可靠性、服务、采购、测试及供货方等所有有关方面的代表。

（2）记录 FMEA 的序号、日期和更改内容。保持 FMEA 始终是一个根据实际情况变化的实时现场记录，需要强调的是，FMEA 文件必须包括创建和更新的日期。

（3）创建工艺流程图。工艺流程图应按照事件的顺序和技术流程的要求而制定。实施 FMEA 需要工艺流程图，一般情况下不要轻易变动工艺流程图。

（4）列出所有可能的失效模式、效果和原因及对于每项操作的工艺控制手段。对于工艺流程中的每项工艺，应确定可能发生的失效模式；对于每种失效模式，应列出一种或多种可能的失效影响；对于每种失效模式，应列出一种或多种可能的失效原因。现有的工艺控制手段是基于检测失效模式的方法，避免一些根本的问题。

（5）对事件发生的频率、严重程度和检测等级进行排序。

3. 测量系统分析

数据是通过测量获得的，测量是赋值给具体事物，以表示它们之间关于特殊特性的关系。这个定义由 C.Eisenhart 首次给出。赋值过程定义为测量过程，而赋予的值定义为测量值。

测量系统分析（Measurement System Analysis，MSA）是指通过统计分析的手段，对构成测量系统的各个影响因子进行统计变差分析和研究，以得到测量系统是否准确、可靠的结论。

近年来，MSA 已逐渐成为企业质量改进中的一项重要工作，企业界和学术界都对 MSA 给予了足够的重视。MSA 也已成为美国三大汽车公司质量体系 QS 9000 的要素之一，是六西格玛质量计划的一项重要内容。目前，以通用电气为代表的六西格玛连续质量改进计划模式，即确认（Define）、测量（Measure）、分析（Analyze）、改进（Improve）和控制（Control），简称 DMAIC。

从统计质量管理的角度来看，MSA 实质上属于变异分析的范畴，即分析测量系统所带来的变异相对于工序过程总变异的大小，以确保工序过程的主要变异源于工序过程本身，而非测量系统，并且测量系统能力可以满足工序要求。MSA 针对的是整个测量系统的稳定性和准确性，需要分析测量系统的位置变差、宽度变差。在位置变差中包括测量系统的偏倚、稳定性和线性。在宽度变差中包括测量系统的重复性、再现性。

测量系统可分为"计数型"及"计量型"测量系统两类。测量后能够给出具体的测量数值的为"计量型"测量系统；只能定性地给出测量结果的为"计数型"测量系统。"计数型"测量系统分析通常利用假设检验分析法来进行判定。"计量型"测量系统分析通常包括偏倚（Bias）、稳定性（Stability）、线性（Linearity）及重复性和再现性（Repeatability & Reproducibility，R&R）。上述两种分析在测量系统分析的实际运作中可同时进行，亦可选择进行，根据具体使用情况确定。

4. 统计过程控制

统计过程控制（Statistical Process Control，SPC）主要是指应用统计分析技术对生产过程进行实时监控，科学地区分出生产过程中产品质量的随机波动与异常波动，从而对生产过程的异常趋势提出预警，以便生产管理人员及时采取措施，消除异常，恢复过程的稳定，从而达到提高和控制质量的目的。

5. 生产件批准程序

生产件批准程序（Production Part Approval Process，PPAP）规定了包括生产和散装材料在内的生产件批准的一般要求。该程序用来确定供应商是否已经正确理解顾客工程设计记录和规范的所有要求，以及其生产过程是否具有潜在能力，在实际生产过程中是否按规定的生产节拍产出满足顾客要求的产品。

PPAP 必须适用于提供散装材料、生产材料、生产件或维修零件的内部和外部供应商现场。对于散装材料，除非顾客要求，PPAP 可不做要求。

9.3.3 统计质量控制

1. 统计控制方法

统计控制方法以 1924 年休哈特提出的控制图为起点，近百年来有了很大的发展，现在包括很多种方法。这些方法可大致分为以下三类。

（1）常用统计管理方法。常用统计管理方法又称初级统计管理方法，主要包括控制图、因果图、相关图、排列图、直方图等。运用这些工具，可以从经常变化的生产过程中，系统地收集与产品质量有关的各种数据，并用统计方法对数据进行整理、加工和分析，进而形成各种图表，计算某些数据指标，从中找出质量变化的规律，实现对质量的控制。

（2）中级统计管理方法。中级统计管理方法包括抽样调查方法、抽样检验方法、官能检查方法、实验计划法等。这些方法不一定需要企业全体人员都掌握，主要是被有关技术人员和质量管理部门的人使用。

（3）高级统计管理方法。高级统计管理方法包括高级实验计划法、多变量解析法。这些方法主要用于复杂的工程解析和质量解析，而且要借助计算机手段，通常由专业人员使用。

统计质量管理方法是进行质量控制的有效工具，但在应用中必须注意以下几个问题，否则无法取得应有的效果。这些问题主要是：第一，数据有误。数据有误可能是由两种原因造成的，一是人为地使用有误数据，二是未真正掌握统计方法。第二，数据的采集方法不正确。如果抽样方法本身有误，则其后的分析方法再正确也是无用的。第三，数据的记录、抄写有误。第四，异常值的存在。通常在生产过程中取得的数据总是含有一些异常值，它们会导致分析结果有误。

2. 质量管理传统工具

常用的质量管理传统工具主要包括七种，即调查表、分层法、直方图、散布图、排列图、因果图、控制图。这七种方法简要介绍如下。

（1）调查表。调查表（Data Collection Form）又称检查表、核对表、统计分析表，用来系统地收集和积累数据，确认事实，并对数据进行粗略整理和分析。在现场质量管理中，可根据收集数据的目的和数据类型等，自行设计所用的表格，常用的调查表有不合格品项目调查表、缺陷位置调查表、质量分布调查表和矩阵调查表。

（2）分层法。分层法（Stratification Method）就是把性质相同的、在同一条件下收集的数据归纳在一起，以便进行比较分析。因为在实际生产中，影响质量变动的因素有很多，如果不把这些因素区别开来，难以得出变化的规律。分层法可根据实际情况按多种方式进行，比如按不同时间、不同班次进行分层，按使用设备的种类进行分层，按原材料的进料时间、原材料成分进行分层，按检查手段、使用条件进行分层，按不同缺陷项目进行分层等。分层法经常与调查表结合使用。

（3）直方图。直方图（Histogram），又称质量分布图，是通过对测定或收集的数据加以整理，判断和预测生产过程质量与不合格品率的一种常用工具。直方图法适用于对大量计量值数据进行整理加工，找出其统计规律，分析数据分布的形态，以便对其总体的分布特征进行分析。直方图的基本图形为直角坐标系下若干依照顺序排列的矩形，各矩形底边相等，被称为数据区间，矩形的高为数据落入各相应区间的频数。直方图能形象、直观、清晰地反映产品质量的分布情况，观察直方图时，应该着眼于整个图形的形态，对于局部的参差不齐不必计较。同时，要根据形状判断它是正常型还是异常型，如果是异常型，还要进一步判断它是哪种类型，以便分析原因，采取措施。

（4）散布图。散布图（Scatter Diagram）是研究两个变量之间相互关系的图示方法，是一种简单的回归分析技术。在质量管理中，常常需要研究两个或多个变量之间的关系，其中有些是确定的函数关系，有些则是相关但不完全确定的关系，这些关系即散布图的研究对象。在散布图中，成对的数据形成点子云，研究点子云的分布状态，即可推出数据间的相关程度。例如，研究成对出现的（X，Y）变量时，当 Y 值随 X 值的增加而增加时，则称二者为正相关关系；反之，当 Y 值随 X 值的增加而减少时，则称二者为负相关关系。

（5）排列图。排列图（Pareto Diagram）又叫帕累托图，全称是主次因素分析图，它是一种在将质量改进项目从最重要到最次要进行排列时而采用的简单的图示技术。排列图建立在帕累托原理基础之上。美国质量管理专家朱兰把帕累托原理应用到质量管理中，发现尽管影响产品质量的因素有许多，但关键的因素往往只是少数几项，它们造成的不合格品占总数的绝大多数。质量管理运用排列图对有关产品质量的数据进行分类排列，用图形表明影响产品质量的关键所在，从而了解对质量影响最大的因素，制定有针对性的措施，以改善质量取得最佳效果。

（6）因果图。因果图（Cause and Effect Diagram）是以结果为特性，将原因作为因素，将它们用箭头联系起来，表示因果关系的图形。因果图又叫特性要因图，或形象地称为树枝图或鱼刺图，是由日本质量管理学者石川馨在 1943 年提出的，所以也称石川图。因果图利用头脑风暴法的原理，集思广益，寻找影响质量、时间、成本等问题的潜在因素，从产生问题的结果出发，首先找出产生问题的大原因，然后再通过大原因找出中原因，再进一步找出小原因，依此类推下去，步步深入，一直到能够采取措施为止。

（7）控制图。控制图（Control Chart）又称管制图，是一种有控制界限的图，用来区分引起质量波动的原因是偶然的还是系统的，可以提供系统原因存在的信息，从而判断生产过程是否处于受控状态。控制图按其用途可分为两类，一类是供分析用的控制图，用控制图分析生产过程中有关质量特性值的变化情况，看工序是否处于稳定受控状态；另一类是供管理用的控制图，主要用于发现生产过程中是否出现了异常情况，以预防产生不合格品。控制图根据数据的种类不同，基本上可以分为两大类：计量值控制图和计数值控制图。计量值控制图一般适用于以长度、强度、纯度等为控制对象的场合，属于这类控制图的有单值控制图、平均值和极差控制图、中位数和极差控制图等。计数值控制图以计数值数据的质量特性为控制对象，属于这类控制图的有不合格品率控制图（P 控制图）和不合格品数控制图（Pn 控制图）、缺陷数控制图（C 控制图）和单位缺陷数控制图（U 控制图）等。

3. 质量管理新工具

以下将介绍质量管理的七种新工具，即系统图、关联图、KJ 法、矩阵图、矩阵数据分析图法、PDPC 法、箭线图法。

（1）系统图。系统图（Systematic Diagram）又叫树图，是将目的和手段相互联系起来逐级展开的图形表示法，利用它可系统分析问题的原因并确定解决问题的方法。系统图的具体做法是对要达到目的所需要的手段逐级深入，图 9-4 展示了一个系统图。

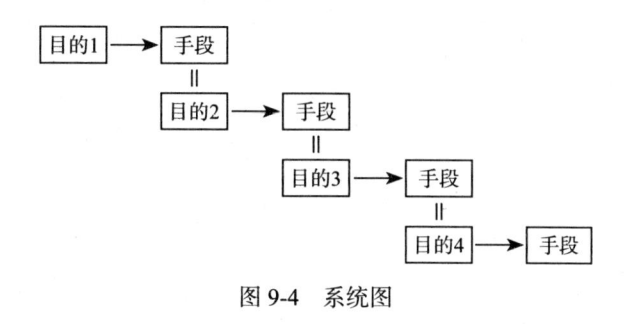

图 9-4　系统图

（2）关联图。关联图（Inter Relationship Digraph）又称关系图，是用来分析事物之间原因与结果、目的与手段等复杂关系的一种图表，它能够帮助人们从事物之间的逻辑关系中，寻找出解决问题的办法。关联图是根据事物之间横向因果逻辑关系找出主要问题的最合适的方法，图 9-5 展示了一个关联图。

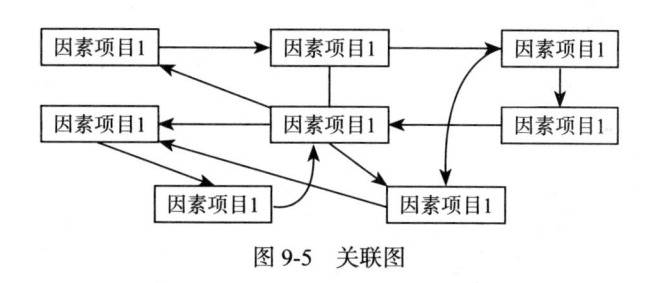

图 9-5　关联图

（3）KJ 法。KJ 法（KJ Method）也称亲和图法（Affinity Diagram），是由日本的川喜田二郎开发出的一种创造性问题解决法，KJ 是其名字的首字母缩写。KJ 法针对那些未来要解决的问题或未知、未接触过的领域的问题，收集有关的想法、意见等语言文字资料，并根据其内在的相互关系（亲和性）做成归类合并图，从中找出应解决的问题并明确问题的形态。KJ 法具有与统计方法不同的鲜明特点，属于问题发现型方法，而非假设查证型方法。该方法对收集到的语言文字资料侧重于综合分析和分层，主要用感情、灵感等来归纳问题，无须量化，这是其与其他几种工具的不同之处。

（4）矩阵图。矩阵图（Matrix Diagram）是通过多因素综合思考，探索解决问题的方法。矩阵图借助数学上矩阵的形式把影响问题的各对应因素列成一个矩阵图，然后根据矩阵的特点找出确定关键点的方法，图 9-6 展示了一个矩阵图。

（5）矩阵数据分析图法。矩阵数据分析图法（Matrix Data Analysis Chart）是多变量质量分析的一种方法。矩阵数据分析图法与矩阵图有些类似，其主要区别在于，矩阵数据分析图法不是在矩阵图上填符号而是填数据，形成一个数据分析的矩阵。其基本思路是通过收集大量数据，组成相关矩阵，求出相关系数矩阵，并求出矩阵的特征值和特征向量，确定出第一主成分、第二主成分等。通过变量变换的方法，将众多的线性相关指标转换为少数线性无关的指标（由于线性无关，在分析与评价指标变量时，切断了相关性的干扰，易于找出主导因素，做出更准确的估计），显示出其应用价值，这样就找出了进行研究攻关的主要目标或因素。所以，它是质量管理七种新工具中唯一利用数据分析问题的方法。矩阵数据分析图法可以应用于市场调查，新产品开发、规划和研究，以及工艺分析等方面。其主要用途有以下几个方面：根据市场调查的数据资料，分析用户对产品质量的期望；分析由大量数据组成的不良因素；分析复杂因素相互交织在一起的工序；把功能特性分类体系化；进行复杂的质量评价；分析曲线的对应数据。

		A		
		a_1	a_2	a_3
B	b_1			
	b_2			
	b_3			

图 9-6　矩阵图

（6）PDPC 法。过程决策程序图（Process Decision Program Chart，PDPC）是为了达成目标计划，尽量导向预期理想状态的一种手法。PDPC 法是在制订计划阶段或进行系统设计时，事先预测可能发生的障碍（不理想事态或结果），从而设计出一系列对策措施以最大的可能引向最终目标（达到理想结果）。该法可用于防止重大事故的发生，因此也称重大事故预测图法，如图 9-7 所示。

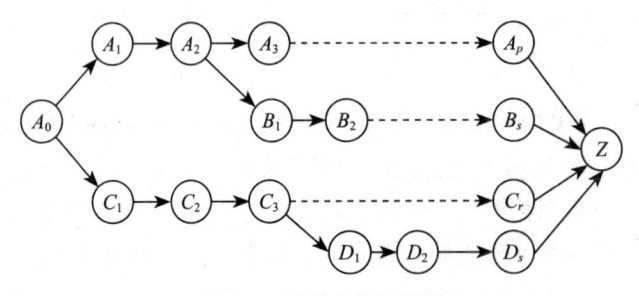

图 9-7　过程决策程序图

（7）箭线图法。箭线图法（Arrow Diagram Method）又称矢线图法或双代号网络图法（AOA），是关键线路法（CPM）和计划评审技术（PERT）在质量管理中的具体应用。

9.3.4　绿色全面质量管理

1. 绿色全面质量管理的定义

绿色质量管理是站在社会经济发展对环境应是健康及友好的高度，将企业可持续发展与资源可持续利用的绿色管理理念融入企业的全面质量管理之中，将绿色质量作为企业质量管理的战略发展目标，强调企业在环境保护和资源节约上的绿色质量责任，在保证传统全面质量管理效应的基础上，追求满足顾客的绿色需求和企业自身的可持续发展。绿色质量管理也可以扩展为绿色全面质量管理，由于绿色全面质量管理与传统的全面质量管理都是围绕产品、过程或体系而开展的活动，所以存在很多共同之处。

2. 绿色全面质量管理与全面质量管理的关系

（1）绿色全面质量管理与全面质量管理的共同之处。首先，两者都是以顾客为关注焦点。不论是全面质量管理还是绿色全面质量管理，质量管理活动的最终输出结果都是产品或服务，所以顾客对产品或服务的需求是企业组织首先要考虑的。企业应制定与顾客需求一致的质量方针和目标，保持与顾客的沟通，测量顾客的满意度，真正为顾客着想，生产健康产品。

其次，两者都重视领导者的作用。不论是全面质量管理还是绿色全面质量管理，在管理思想的建立、管理活动的执行中，领导者都起着关键的作用，他们不仅要制定适宜的质量方针和质量目标，而且要创造和提供一个良好与稳定的工作环境，激励员工创造性地工作，以实现质量方针和目标。

再次，两者都关注团队的作用。两种管理思想的执行都需要全体员工的参与，企业各级人员都是企业组织之本，只有团队共同参与，才能使他们的才干为企业组织带来收益。质量活动的展开要确定各部门、各层次的质量目标，明确各类员工的质量职责，进一步提高组织的绩效。

最后，两者都强调持续改进。对已确立的质量管理体系进行持续改进是企业组织的永恒目标，持续改进符合质量管理的基本思想——PDCA 循环，PDCA 分别代表计划、执行、检查、处理四个阶段的循环上升。质量管理与一切事物一样是在不断发展变化的，都有一个不断适应、更新的过程，质量的改进是无止境的。

（2）绿色全面质量管理与全面质量管理的不同之处。目前的全面质量管理由于环境方面的局限，没能达到真正的"全面"，全面质量管理的概念里没有考虑到环境因素，而质量在严格意义上的定义，不只是持久性地满足传统意义上的顾客需求，还应该是能够保持和谐友好、更高层次的满意价值，而且应该是在生产过程中和最终的产品处理上对自然环境无害。绿色全面质量管理与全面质量管理的不同之处可以从以下几个方面说明，如表 9-3 所示。

表 9-3 绿色全面质量管理与全面质量管理的比较

对比因素	绿色全面质量管理	全面质量管理
实现目标	组织、社会、环境系统综合满意	顾客和组织满意
管理目标	努力减少产品和生产过程对环境的影响，达到零影响	达到零缺陷，持续改进，并努力减少最终产品的检验
管理范围	组织、社会、环境大系统	企业组织
质量职责	企业内部与外部的统一，产品的终身职责	企业内部与产品、过程、体系相关的职责
环境保护	绿色质量管理本身注重环境保护的战略思想，结合清洁生产、ISO 14000 认证、产品生命周期评价等方法	全面质量管理的概念中不涉及，但手段、方法涉及，比如清洁生产、ISO 14000 认证、产品生命周期评价等

(续)

对比因素	绿色全面质量管理	全面质量管理
战略决策	注重长期发展，组织与组织、环境之间保持协调发展，追求共赢	企业组织利益最大化，保持与供方双赢
驱动力	顾客绿色需求驱动	顾客需求驱动
发展方向	在绿色质量战略指导下，加强环境保护、和谐发展的观念，对绿色技术与方法的深入研究	在零缺陷的驱使下，将采取减少废物和排放量，向绿色质量资源策略发展

3. 绿色全面质量管理的实施原则

（1）超越满足顾客绿色需求，追求使所有相关方满意。企业应关注、识别、满足顾客和其他相关方的绿色需求与期望，包括当前的、潜在的和未来的需求，确保使所有各相关方均能获益。

（2）以人为本、全员参与绿色质量管理。企业高层管理人员倡导将绿色质量作为企业质量目标，积极发挥合作精神，调动员工的积极性，共同关注企业的发展。

（3）全过程绿色质量管理。从研究市场、开发产品开始，经设计、制造、交付、售后服务、消费过程到寿命结束的处置的所有过程，可以将其分为内部过程和外部过程，运用绿色质量管理的过程方法，对有关质量的开发、产生、形成、实现、营销和维护的所有因素实施基于节约资源和环境污染的预防为主的控制，将外部过程质量内部化，使可能的质量问题消除在形成之前或过程之中。

（4）承担终身质量责任。绿色质量管理追求基于企业、社会、资源与环境协调发展的大系统的综合满意，注重产品全生命周期的质量，进入消费领域直至生命周期结束后的处置的外部质量对环境的影响，直接与企业的设计、生产、包装等过程有关，强调外部质量应该内部化，企业承担终身责任。

（5）科学的、切合实际的质量决策和绿色技术质量方法。为了成功地实现绿色质量管理，必须始终以科学的、切合实际的质量决策来确定质量方针和目标，正确进行质量定位。在绿色质量战略下，企业制定质量发展的方针、目标，同时运用过程方法，建立绿色质量管理体系。绿色质量管理体系始终坚持用有效的绿色技术质量方法来分析，促进节约能源、环境保护，以进一步解决质量问题。

（6）持续改进、追求卓越。为实现企业的可持续发展，需要寻求不断的改进，从资源、技术、方法、环境等多方面分析，在原有基础上不断创新。

（7）与供方、环境共利。从整个生态系统的角度去考虑人与自然的利益和谐，人类要认识到包括人类在内的一切事物在本质上是相互联系的，要建立与供方、环境共利的关系，在自然系统价值的限度内实现共赢。

4. 绿色全面质量管理的实施举措

（1）树立绿色质量管理新概念。

（2）进行绿色技术开发与创新。

（3）实施绿色生产。

（4）积极参与绿色认证。

9.3.5 绿色质量管理体系模式

1. 传统质量管理体系模式

2000 年版的 ISO 9000 质量管理标准,采用过程模式对企业的质量管理体系进行描述。在该标准中,过程是指通过使用资源和管理将输入转化为输出的活动;组织内诸过程的系统应用,连同这些过程的识别和相互作用及其管理,可被称为"过程方法"。过程方法是质量管理的八项原则之一,企业质量管理体系的建立是基于过程方法来实现的,即以过程为基础,识别和管理所使用的过程及过程之间的相互作用,并着眼于对具体过程的控制,包括对每个过程的输入、输出、资源、活动的控制和过程之间相互作用的控制,以实现每个过程的预期结果。

传统的质量管理体系模式是以过程为基础的质量管理体系模式,该模式包括输入部分、过程转换部分、输出部分。中间的转换过程起到桥梁的作用,是将输入转化为输出的重要过程。中间的转换过程也是增值的过程,这一过程的全部活动是从识别和掌握顾客的需求和期望开始,到满足顾客的全部需求和期望为止,包括管理职责,资源管理,产品实现,测量、分析和改进四大质量体系过程要素(见图 9-8)。

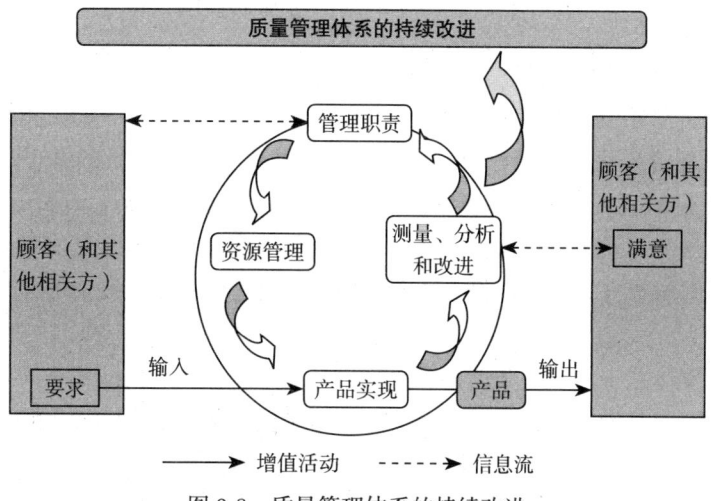

图 9-8 质量管理体系的持续改进

- 管理职责:描述管理过程的监督活动,以确保为满足顾客要求的所有过程步骤被遵循。
- 资源管理:对过程提供适当和充分的资源(技能、人员、设备设施)以达到顾客满意。
- 产品实现:包括策划、理解顾客要求、设计、采购、生产质量控制、后勤需求保障等步骤,以生产预定的产品。产品实现是以顾客及其期望和要求为导向的过程。
- 测量、分析和改进:包括对顾客要求的过程和最终产品的符合性确认,以及通过纠正和预防措施实施的持续改进。
- 输入:描述产品实现过程必须根据顾客的要求策划、运作、监测和改进。
- 输出:描述产品实现过程必须以顾客满意为目标,并以持续增强顾客满意为目的而不断改进。

在可持续发展战略要求下，这种顾客至上的质量发展策略无法满足可持续发展的要求，并且无法拥有长期的可持续的竞争力。

2. 传统质量管理体系模式的不足

（1）传统的基于过程方法的质量管理体系模式关注的是正产出，即预期的产品。从可持续发展的角度来评判，这种模式存在时代的局限性：它忽视了生产过程中给环境带来破坏的负产出。只有集"正负产出"为一体的"综合质量观"才是完整的和全面的质量管理，并且在满足顾客要求的同时，使相关方的利益也得到实现。

（2）传统的基于过程方法的质量管理体系模式，其基本宗旨是让顾客满意（包括社会和组织内成员的满意），但它的服务对象仍然是狭隘的，仅停留在具体的服务对象——顾客、组织的层面上，以顾客需求为出发点和以满足顾客需求为归宿，而从可持续发展的要求出发，它忽略了资源与环境的可持续发展要求。

（3）传统基于过程方法的质量管理体系模式，没有采取对于输入和输出的具体环保控制对策，缺乏对产品生命周期全过程的研究，无法适应可持续发展的要求。可持续发展观念的提出及相关环境保护概念、清洁生产技术方法的产生，使得传统的基于过程方法的质量管理体系模式逐步向集绿色、环保、和谐于一体的新的过程管理模式转变。

3. 绿色质量管理体系模式的新特征

质量管理的一个重要思想和原则就是持续改进，质量管理是不断发展变化的，是逐步完善和不断适应环境变化和更新的过程。传统的以顾客满意为宗旨的基于过程方法的质量管理体系模式，在 21 世纪全球可持续发展战略环境下，显示出模式自身的部分不足，须对模式进行改进和创新。只有基于过程方法的绿色质量管理体系模式才能实现企业的可持续发展，带来可持续的竞争力。基于过程方法的绿色质量管理体系模式要能够体现和谐性和可持续性。

绿色质量管理体系中体现的和谐性主要是指企业、顾客、环境三者之间的和谐共存。企业追求的"绿色"效益最大化，是以环境资源和环境生态不被破坏为前提的；顾客的满足适宜化，在实现物质方面需求满足的同时，精神和生存、生活环境也要适宜。

绿色质量管理体系中体现的可持续性主要是指企业的生产活动可持续性、顾客的需求和满足可持续性及环境资源和生态的可持续性。生产活动要实现可持续，资源的来源要持续；顾客的需求要持续，企业的生产活动就要持续进行。而这些的实现是建立在环境资源和生态可持续性的基础之上的。

绿色质量管理体系过程模式的可持续性和和谐性的特征，主要体现在其过程模式的输入、输出及质量管理体系的四大过程要素等方面。其输入因素、输出因素及四大过程要素具有与传统模式不同的特点。

（1）输入过程。绿色质量管理体系以和谐、可持续发展为主要思想，在这个体系下的输入因素要尽量做到以下几点。

- 尽量采用可再生、储量丰富的资源。要实现绿色质量管理，就要实现生产活动的可持续性。生产离不开资源的支持，只有资源的可持续才能实现生产的可持续。因此，在生产过程中，要尽量采用可再生或储量丰富的资源。
- 尽量采用环境中的循环能量。能量也是企业生产所必需的，传统能源即将枯竭，而企业的生产活动要持续进行，采用环境中的循环能量可以有效地保护环境，同时减少企业的生产成本。
- 合理地使用人力资源。21世纪最缺乏的就是人才，人力资源已成为关系企业生存和发展的根本。

（2）管理职责。在管理职责方面，绿色质量管理体系除了要求最高管理者在改进质量管理体系的承诺方面需要进行基本活动外，还要求最高管理者识别影响组织业绩的重要活动和过程及其相互关系，对过程进行设计、控制和持续改进，同时还应规定组织业绩的测量方法。

在满足需求方面，绿色质量管理体系除了要满足顾客的基本需求，还要考虑产品与环境的和谐性，以及员工、投资者、供方和社会的需求与期望，同时更全面地考虑法律法规方面的要求。

在管理评审方面，绿色质量管理体系考虑的面更宽，范围更广。例如，在管理评审的输入方面，要考虑其他的输入，包括生产与环境的和谐性、改进情况和结果、顾客满意的测量、竞争性的水平对比、改进的机会、法律法规的变化及质量活动的财务效果等。

（3）资源管理。绿色质量管理体系中的资源管理控制是在全面质量管理的基础上进行的，除了全面质量管理体系中的资源管理控制，绿色质量管理体系要考虑对资源（包括人力资源在内）的合理、有效、适度的利用，以使其能持续循环利用，解决或者缓解资源紧缺的问题。

- 对人力资源的管理控制。绿色质量管理体系要对员工的参与、员工的能力和培训等进行详细的指导。例如为了达到提高组织业绩的要求，组织应该对员工进行培训的内容、培训计划和方法及通过培训使员工具备的能力等方面进行详细的说明。
- 对其他资源管理的管理控制。绿色质量管理要对组织的其他资源，比如信息资源、供方和合作者、自然资源、财务资源等如何进行有效的管理提出应考虑的问题和改进指南。

（4）产品实现。绿色质量管理体系是通过过程方法提出的对组织质量管理体系的有关要求。而产品的实现过程是将顾客和相关方及环境的需求通过一系列的转化，最终形成有形产品以满足顾客的物质和精神需要及环境要求，或转化成顾客需要的服务过程。在这个过程中，绿色管理尤为重要，比如产品的绿色设计和绿色开发过程、基于节约资源和环境保护的评审过程、对相关方的需要进行识别和评价过程、绿色采购过程、清洁生产和绿色服务运作过程及有关的有效控制过程等。由于产品的实现过程对于满足顾客和相关方及环保的需要都是最为关键的一环，绿色质量管理体系要对其进行严格把关。

（5）测量、分析与改进。绿色质量管理体系不仅要对体系业绩进行测量和监控，而且还要求对相关方满意程度及环境的可持续发展要求进行测量和监控。对于数据分析，绿色质量管理体系要考虑的信息包括以下方面：顾客满意与不满意、与顾客要求的符合性、产品特性与趋势及产品、生产、消费与环境的和谐性等方面，同时要将来自组织各部门的信息和数据进行汇总分析，从而评价组织的整体业绩及整个生产过程与环境的和谐度。

在过程改进方面，为了提供顾客满意的产品或服务并满足环境可持续发展的要求，绿色质量管理体系提出，要对不合格的产品提出纠正和预防措施，要提高组织内部的有效性和效率、环境的可持续性及顾客和其他相关方的满意程度，并对所有过程和活动规定提出过程改进的方法。

（6）输出过程。

- 正输出的产品、服务。正输出的产品和服务是满足顾客与相应方要求，并实现其需求，同时满足环境法律、法规要求的产品和服务。对这部分产品和服务，应严格按照企业的绿色质量管理体系来控制，可以采用六西格玛质量管理，在保证企业"绿色"效益最大化的前提下，尽量减少负产品的出现。同时，对正输出产品和服务的控制还要正确、全面分析顾客和相关方及环境法规的要求，尽量减少误差，实现顾客和相关方及环境的和谐共赢。
- 负输出的产品、服务及控制。负输出的产品、服务主要是指与输入的顾客和相关方的需求信息及环境可持续发展要求有偏差的那部分产品和服务。这些产品和服务虽然不满足企业生产的质量目标，但是全面绿色质量管理体系要保证满足环境可持续性发展的要求。因此，绿色质量管理体系对这部分负输出的产品、服务有大致两种处理方法：一是企业内部的转换及控制；二是企业间的循环及控制。

企业内部的转换及控制是指在负输出的产品和服务中，那些可以被本企业再重复利用的部分。这样的负输出产品和服务主要包括原材料的浪费、需要进一步加工的次品及可以作为原料重新利用的废品等。原材料取用方式的改进可以实现资源的充分再利用，要加大此方面的研发，实现原材料的零耗费取用；而需要进一步加工产品，是产品实现过程中控制不当造成的，要及时查明原因，改进控制方法，减少这部分的出现；对于可以作为原料重新进行生产的废品，要对质量进行控制。虽然它的出现并没有浪费原材料，但是浪费了能源和人力资源，所以针对这一部分，要对生产过程进行严格的六西格玛控制，尽量减少这类负产品的出现。

企业间的循环及控制是指在负输出的产品和服务中，那些可以被本企业重复利用的和可以转移到其他企业进行利用的部分，在处理后，可以输出不同于原产品和服务的新的产品和服务。

企业间循环和控制的实现要求这些企业要尽量一致地采用质量体系，循环要尽量及时。企业要采取一体化战略或者建立同盟关系。只有保证企业间关系的稳定性，才能有效地处理负输出的产品和服务，达到全面绿色质量管理体系的要求。

基于绿色质量管理体系过程模式的输入、输出及质量管理体系的四大过程要素的分析与传统的体系模式相比较，绿色质量管理体系过程模式更加注重可持续性与和谐性，即满足顾客需求要与节约资源、环境保护保持和谐，这样才能实现真正意义上的可持续发展。传统的质量管理体系模式需要进一步完善，只有基于过程方法的绿色质量管理体系模式才能实现企业的可持续发展，拥有可持续的竞争力。

9.3.6 绿色质量管理的实施流程

绿色质量管理主要有以下四个实施流程。

（1）需求计划流程：调研客户和市场对绿色产品的需求，并对各种绿色方法的实用性和可行性进行规划。

（2）过程管理流程：结合企业自身情况，在生产的不同阶段设计并实施不同的绿色质量功能，比如绿色设计、绿色采购和绿色制造等。

（3）质量监督流程：企业要保证绿色质量管理体系的有效性，要对生产设施和材料、人员培训、产品运输和售后服务等多个环节进行质量管控。

（4）持续改进流程：企业不仅要考虑生产、销售和物流等传统质量管理的正向流动过程，还要结合环境保护理论的新趋势，对生产周期结束后的产品逆向质量管理循环的过程（如产品回收、再利用）进行持续改进。

9.4 绿色质量认证

9.4.1 ISO 9000 和 ISO 14000

ISO 9000 与 ISO 14000 是质量管理与保证的国际标准。1987 年，国际标准化组织首次颁布了以上两个标准，目的是帮助企业建立高效的质量体系。如今 ISO 9000 已经成为企业业务往来中质量管理方面最为重要的参考文件，而 ISO 14000 的主要关注点则是在环境管理方面。

（1）ISO 9000。ISO 9000 标准的制定是基于 ISO 9000：2000 文件中定义的质量管理八大原则，包括：顾客关注度、领导力、人员参与、流程方法、系统的管理方法、持续改进、基于事实的决策方法与互惠互利的供应商关系。与环境管理相关的 ISO 14000 标准则强调环境责任。

目前，ISO 9000 标准的认证形式有三种：第一方认证，即企业按照 ISO 9000 标准对自身进行评审；第二方认证，即客户审核供应商；第三方认证，即由一个具有认证权威资格的国家标准或国际标准认证机构充当评审。

（2）ISO 14000。ISO 14000 定义了三套与环境相关的方法：其一是对空气、水和土壤质量的定义；其二是环境管理所要求的战略方法；其三是鼓励将环境因素考虑到产品设计之中。

根据质量管理标准对质量进行认证，是现代质量管理步骤中必不可少的环节。认证的一个基本要求是企业要对诸如过程控制、检查、采购、培训、包装、交付使用等业务活动进行检查、优化并做出计划。质量认证也称合格评定，按认证的对象分为产品（服务）质量认证和质量体系认证两类；按认证的作用可分为安全认证和合格认证。产品质量认证是依据产品标准和相应技术要求,经认证机构确认并通过颁发认证证书和认证标志,来证明某一产品相应标准和相应技术要求的活动。质量体系认证通常通过国家或国际认可并授权、具有第三方法人资格的权威认证机构来进行。

9.4.2 绿色产品认证

绿色产品认证是由国家推行的自愿性产品认证制度,更关注产品的消费端,强调消费引领。认证是国际通行、社会通用的质量管理手段和贸易便利化工具,是市场经济条件下加强质量管理、提高市场效率的基础性制度。

绿色产品认证指标遵循"生命周期理念、代表性、适用性、兼容性、绿色高端引领"的原则。围绕消费升级需求,绿色产品认证作为高端品质认证的一部分,将致力于优化产品供给,营造良好的消费环境,更好地满足消费者对美好生活的需要。国家按照统一目录、标准、评价、标识的方针,将环保、节能、节水、循环、低碳、再生、有机等产品整合为绿色产品。

(1)评价绿色产品标准的技术要求。绿色产品评价标准基于全生命周期理念,对组织层面和产品层面提出基本要求和覆盖资源、能源、环境、品质的评价指标要求,如图9-9所示。

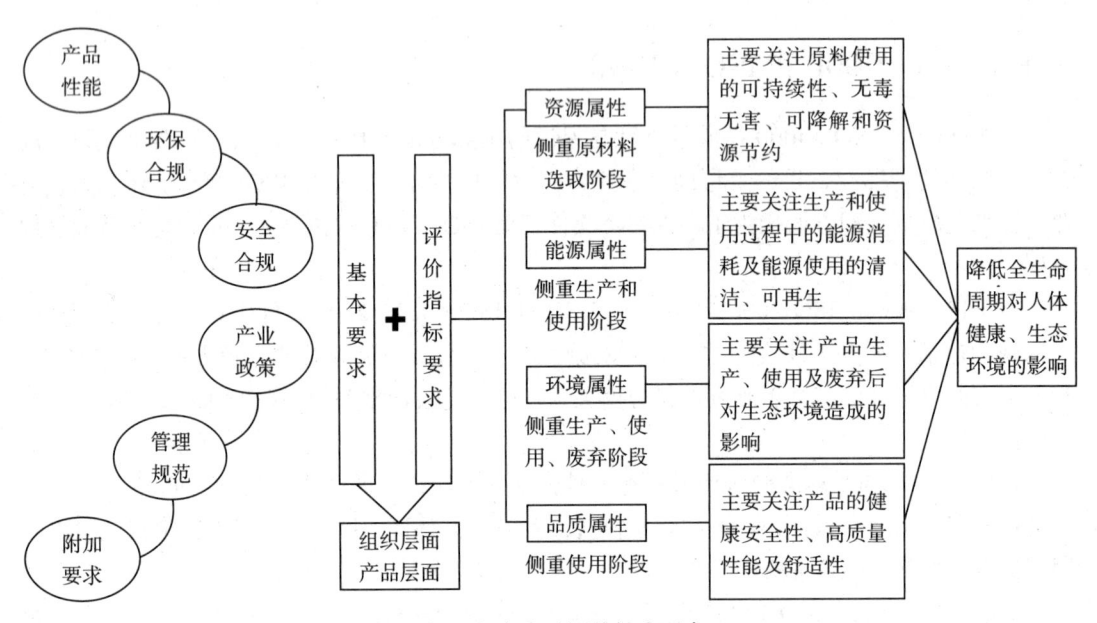

图9-9 绿色产品评价标准要求

(2)绿色产品认证流程。绿色产品认证模式为:初始检查+产品抽样检验+获证后监督检查,具体流程如图9-10所示。

由图9-10可知,绿色产品认证整个流程遵循典型的产品认证流程,依托专业认证公司实施,随时可以申报,工作流程相对固定,资料要求相对复杂,并且要求进行产品抽样检验,获证后每年需要持续监督检查,审核与检查要求相对更全面和严格。

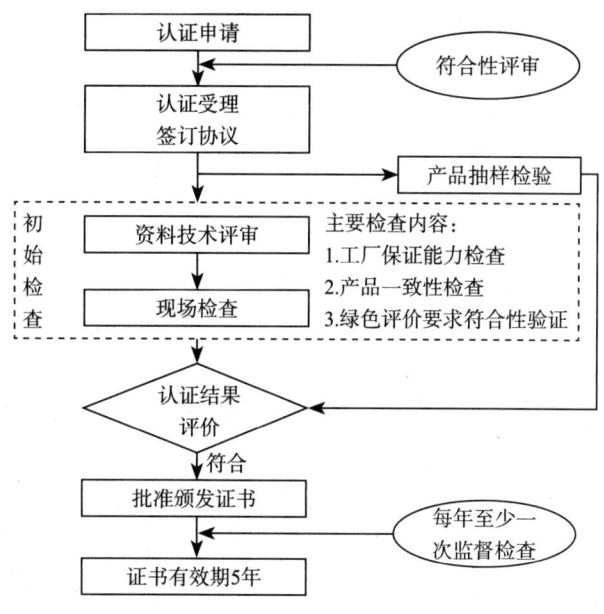

```
                  ┌──────────┐
                  │ 认证申请 │ ←─── ( 符合性评审 )
                  └────┬─────┘
                       ↓
                  ┌──────────┐
                  │ 认证受理 │
                  │ 签订协议 │
                  └────┬─────┘
                       ↓                ┌──────────────┐
   ┌──────────────────────────────┐ ←── │ 产品抽样检验 │
   │   ┌──────────┐   主要检查内容：    └──────────────┘
 初│   │资料技术评审│  1.工厂保证能力检查      │
 始│   └────┬─────┘   2.产品一致性检查        │
 检│        ↓         3.绿色评价要求符合性验证 │
 查│   ┌──────────┐                          │
   │   │ 现场检查 │                          │
   │   └────┬─────┘                          │
   └────────┼────────────────────────────────┘
            ↓
       ◇认证结果◇ ←───────────────────────────┘
        评价
         │符合
         ↓
    ┌──────────────┐
    │ 批准颁发证书 │ ←── ( 每年至少一次监督检查 )
    └──────┬───────┘
           ↓
    ┌──────────────┐
    │ 证书有效期5年│
    └──────────────┘
```

图 9-10 绿色产品认证流程

（3）绿色产品认证设计标准。

- 独立性：认证机构必须完全独立于被认证的组织。
- 诚实性：认证机构在所有交易中必须真实、准确和一致。
- 透明度：认证过程必须透明，所有相关信息应以消费者易于获取和理解的形式提供给消费者。
- 有意义和可验证的标准：标准集必须与被认证的产品明确相关，并且应该是客观的，并通过某种确定的衡量标准进行验证。
- 安全、健康和环境：消费者关注产品制造的健康和安全及环境影响。
- 立即识别生态标签：消费者应该能够立即识别产品上的生态标签及其含义。
- 认证机构的认证：认证机构本身应得到第三方的独立认证，以确保认证机构保持可接受的质量标准。

（4）建立绿色产品认证的意义。建立统一的绿色产品标准、认证、标识体系是推动绿色低碳循环发展、培育绿色市场的必然要求；是加强供给侧结构性改革、提升绿色产品供给质量和效率的重要举措；是引导产业转型升级、提升中国制造竞争力的紧迫任务；是引领绿色消费、保障和改善民生的有效途径；是履行国际减排承诺、提升我国参与全球治理制度性话语权的现实需要。将标准、认证与绿色发展理念有效衔接，将更有利于形成绿色发展的市场引导机制和技术支撑体系。

9.4.3 低碳标签

经济的高速增长伴随着高碳排放，因此会产生巨大的减排压力。高能耗问题严重制约了经济社会的可持续发展，一些国家主要是通过解决能源供应和能源消费问题来减少排放量的，而能源的供给受到能源结构和社会经济发展的制约。相比英国、美国、日本等发达国家，中国的碳标签制度起步较晚，发展过程中还存在许多不确定性。作为世界上最大的碳排放国，中国面临着巨大的碳减排压力。

1. 碳标签

碳标签是各国在全球气候变化背景下实现绿色经济的重要工具，是针对日益严峻的环境状况制定的标准。碳标签是指在产品的整个生命周期（包括原材料、制造、储存和运输、废物和回收）中，使用可量化指标确定的温室气体排放。碳标签反映了与生产过程相关的二氧化碳水平，因此它可以被视为一种政策、方法或环境管理工具，旨在鼓励消费者和生产者支持与保护环境，而不是一种强制性措施。

碳标签的出现可以有效地将产品的环境信息直接告知消费者。一方面，当消费者掌握了产品的信息和价值时，他们可以做出理性的决策。另一方面，碳标签信息使消费者进一步认识到自身消费对气候变化的潜在影响，从而引导低碳消费，促进节能减排。

发展中国家是能源消费和碳排放的主力军，在应对全球变暖方面发挥着重要作用，因此在发展中国家实施碳标签也很重要。

企业在产品上附加碳标签信息，可以增加消费者对环境的知情权，从而提高消费者对环境保护的参与度。消费者对低碳产品的需求又引导企业注重绿色生产，推出低碳产品，有利于减少温室气体排放量。因此，碳标签制度可以消除企业和消费者之间的信息不对称，为政府、企业和消费者参与低碳经济建设、促进节能减排搭建桥梁。节能减排路径如图9-11所示。

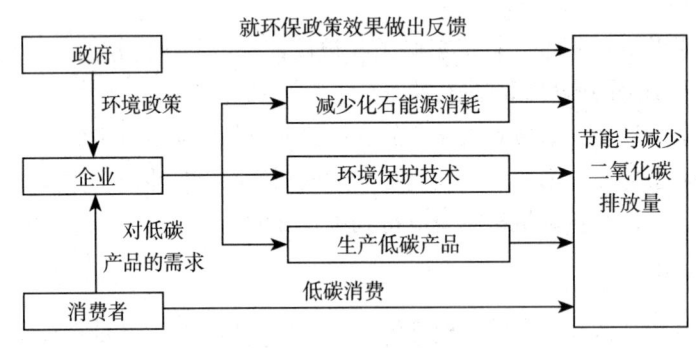

图9-11 节能减排路径

2. 低碳标签的实施

过去，政府和企业是减少碳排放量的主要力量。具体而言，政府通过环境政策控制企业的化石能源消费，或鼓励增加清洁能源在能源结构中的比例，以减少二氧化碳排放量。然而，由于各个区域所处位置不同，能源结构的调整是一个缓慢的过程，因此除降低能源消耗外，消费行为的变化也是节能减排的关键。

第一，由于公众是低碳标签产品的最终消费者，因此他们对低碳标签产品的态度具有重要意义。因为环境是一种公共资源，很难界定责任主体，而低碳消费又是推动低碳经济转型的关键，因此政府有必要加大宣传力度，促使消费者树立环保意识。例如，有必要将生态环境的现状和重要性纳入教育体系，使公众认识到消费者应与政府和企业共同努力，推动低碳经济发展。

第二，政府应制定相关措施，提高低碳标签披露信息的透明度。例如，电子产品的碳标签会计标准和会计流程可以通过官网媒体披露。此外，还需要建立一个公共服务平台，解答消费者对低碳标签的疑虑。只有消费者信任低碳标签披露的信息，才有利于低碳标签产品的推广。

第三，公众对低碳标签的意识也很重要，因为公众只有在对低碳标签有更深的认识时才愿意支持低碳标签产品。具体而言，政府可以通过广播、电视、报纸等大众媒体，加大对低碳标签的宣传，介绍低碳标签产品在促进低碳环保方面的作用，从而引导消费者树立低碳消费意识。

低碳标签在指导低碳经济和减缓全球变暖方面发挥了积极作用，通过绿色消费实现低碳生活，将为子孙后代创造更美好的生活环境，推动可持续发展。

9.5 六西格玛管理

著名的六西格玛（Six Sigma）方法起源于 20 世纪 70 年代，是当时摩托罗拉公司为了应对来自日本企业的质量挑战而采取的一种质量管理方法。然而，真正使六西格玛享誉全球的却是美国通用电气公司。1995 年通用电气公司的首席执行官杰克·韦尔奇毅然引入六西格玛管理方法，对员工展开"黑带""绿带"培训，并且把六西格玛拓展到公司所有的经营领域。1996 年公司六西格玛培训净支出 2 亿美元，节省成本 1.7 亿美元，但到了 1998 年公司就因此节省 75 亿美元，1999 年节省 160 亿美元，如此辉煌的业绩使得六西格玛管理方法名声大噪，通用电气公司也一直稳居《财富》世界 500 强企业的前列。

从统计意义上讲，西格玛的意思是标准差，"6"的意思就是 6 倍标准差，代表着产品质量合格率达 99.999 66% 以上，即每 100 万个产品或操作之中最多只有 3.4 个残次品或失误，但以上这些只是六西格玛的最终成果，并不是实施的步骤和过程。真正的六西格玛是以这些统计数据为基础的一个围绕顾客追求产品高质量的管理方法和理念，而不仅仅是 0.000 34% 这个统计意义上的数字。

9.5.1 六西格玛管理的特点

（1）对顾客需求的高度关注。六西格玛管理从更为广泛的视角关注影响顾客满意度的所有方面。六西格玛管理的绩效评估首先从顾客开始，其改进的程度通过对顾客满意度和价值的影响来衡量。六西格玛的质量背后是极高的顾客要求符合性和极低的缺陷率，它把顾客的期望作为目标，并且不断超越这种期望。企业的质量管理可以先从三西格玛开始，然后是四西格玛、五西格玛，最终达到六西格玛的水准。

（2）高度依赖统计数据。统计数据是实施六西格玛管理的重要工具，一切以数字说话，所有的生产表现和执行能力都量化为具体的数据，成果一目了然。决策者及经理人可以从各种统计报表中找出问题所在，真实掌握产品质量状况和顾客抱怨情况等，而改善的成果，如成本节约和利润增加等，也都以统计资料与财务数据为依据。

（3）重视改善业务流程。传统的质量管理理论和方法往往侧重结果，通过在生产的终端加强检验及开展售后服务来确保产品质量。然而，生产过程中产生的废品已经对企业造成损失，售后维修需要花费企业额外的成本支出。更为糟糕的是，由于一定比例的废品已司空见惯，员工逐渐丧失了主动改进的意识。

六西格玛管理将重点放在消除产生缺陷的根本原因上，认为质量是靠流程优化而不是通过对最终产品的检验来实现的。企业应该把资源放在认识、改善和控制原因上而不是放在质量检查、售后服务等活动上。质量不是企业内某个部门和某个人的事情，而是每个部门及每个人的工作，追求完美应该成为企业中每个成员的行为。六西格玛管理有一整套严谨的工具和方法来帮助企业推广实施流程优化工作，识别并排除那些不能给顾客带来价值的成本浪费，消除无附加值活动，缩短生产经营循环周期。

（4）突破管理。掌握了六西格玛管理方法，就好像找到了一个重新观察企业的放大镜。实施六西格玛管理方法的企业的员工会惊讶地发现，缺陷犹如灰尘，存在于企业的各个角落，管理者和员工应该主动而为，不断寻找问题，不断改善质量，使企业始终处于不断改进质量的过程中。

（5）倡导无界限合作。六西格玛管理扩展了合作的机会，当员工认识到流程改进对于提高产品品质的重要性时，就会意识到在工作流程中各个部门、各个环节的相互依赖性，从而加强部门之间、上下环节之间的合作和配合。由于六西格玛管理所追求的品质改进是一个永无终止的过程，而这种持续的改进必须以员工素质的不断提高为基础，因此，有助于形成勤于学习的企业氛围。事实上，导入六西格玛管理的过程本身就是一个不断培训和学习的过程，通过组建推行六西格玛管理的骨干队伍，对全员进行分层次的培训，使员工都了解和掌握六西格玛管理的要点，充分发挥其积极性和创造性，在实践中不断进取。

由于六西格玛的主要目标是减少缺陷，缺陷的减少将意味着节约大量资源，这对于促进资源的可持续性至关重要。然而，节约资源并不是六西格玛的目标，因此它可以被认为是该方法实施的副产品。因此，六西格玛不仅有助于提高产品质量与优化企业运作，而且可以对环境产生积极的影响。

9.5.2　六西格玛方法

（1）六西格玛的统计方法。参考质量统计方法相关内容可知，在满足正态分布 $N(\mu, \sigma^2)$，规格上界为 USL 和规格下界为 LSL 时，得到的不合格率为

$$P(x < \mathrm{LSL}) + P(x > \mathrm{USL})$$
$$= 1 - \Phi\left(\frac{\mathrm{USL} - \mu}{\sigma}\right) + \Phi\left(\frac{\mathrm{LSL} - \mu}{\sigma}\right)$$

当设计的公差是 $\pm 6\sigma$，即 $\mathrm{USL} = \mu + 6\sigma$，$\mathrm{LSL} = \mu - 6\sigma$ 时，不合格率为

$$1-\Phi(6)+\Phi(-6) = 0.0018\text{ppm}$$

在这样的情况之下，每100万件产品之中只有0.0018件不合格品。这已经是非常高的合格率了，在实际生产中不用这么高的精度，而且它有可能带来高成本，所以我们允许现实中的分布中心和公差中心有1.5σ的偏移，可以是往左边或者往右边的偏移。

此时，左半部分的曲线超出规格下界的部分已经非常少，由于中心离规格下界的距离已经是7.5σ，因此左半边的不合格可以忽略为0。

$$1-\Phi(4.5\sigma)+0 = 3.4\text{ppm}$$

即在100万件产品之中有3.4件不合格品。

（2）六西格玛质量改进方法。从上面的数学过程可以看出，σ的上升不是简单的线性上升，而是巨大的成倍数的上升，从4σ到5σ再到6σ的改善，是一个漫长的过程。

六西格玛质量改进（Improvement for Six Sigma，IFSS）方法把组织的活动看成一个输入和输出的过程，找出对于顾客而言关键的质量问题（输出），并分析它的影响因素（输入），以消除有缺陷的输入。在这个改进过程中，整个组织团队使用的是同一种方法，即DMAIC方法：界定（Define）、测量（Measure）、分析（Analysis）、改进（Improvement）和控制（Control），它也是基于戴明环发展而来的。

- 界定阶段的主要任务是确定该项目的关键顾客，辨别顾客的关键需求，并且识别顾客需求和实际流程能力之间的差距，将差距比较大的作为亟待改善的对象，确定项目。
- 测量阶段的用途是对流程中影响差距的环节进行量化，判断是在硬性技术问题上有误还是在管理方式上有误，制订合适的数据采集计划，如此在下一环节进行分析时就有了方向。
- 分析阶段要综合运用各种质量管理的方法和工具，尤其是统计分析工具，筛选出引起质量缺陷的原因。特别是要根据帕累托原理，重视少数重要的关键原因，这样既不会消耗团队太多的精力和资源，又能一步步地将真正的原因找出来。
- 改进阶段要针对质量问题，对分析阶段得到的少数关键因素做进一步研究，判定它们是不是真的对输出有影响，找出最佳的解决方案，拟定行动计划并加以实施。
- 控制阶段为项目付出努力得到想要的效果后，应使它能够持续下去，并防止回到原来的状态。因此，要对改进后的新流程展开监测以保持较高的水平。

9.5.3 绿色背景下的六西格玛

随着客户、监管机构的要求不断提高，社会和环境绩效的压力越来越大，可持续性如今已成为组织战略的当务之急。精益六西格玛（Lean Six Sigma，LSS）是精益生产与六西格玛管理的结合，其本质是消除浪费。LSS管理的目的是通过整合精益生产与六西格玛管理，吸收两种生产模式的优点，弥补单个生产模式的不足，达到更佳的管理效果。LSS不是精益生产和六西格玛的简单相加，而是二者的互相补充、有机结合。

精益减少浪费的一种方法是减少缺陷。有缺陷的产品必须被处理掉，因此一些宝贵的资源被丢弃了。"精益"还有助于创建更绿色的供应链，通过排除不增加产品价值的浪费使供应链更有效，减少不必要资源的使用，鼓励采用可回收材料，分担环境风险和减少运输时间。

精益旨在节约资源，而绿色也旨在通过回收、再利用和再制造实现同样的目的。精益和绿色都保持着与减少浪费、缩短交货时间、进行产品设计、使用各种方法和技术管理人员、优化组织和供应链关系相关的协同作用，因此精益和绿色结合有助于消除不必要的用水与用电，应对资源开发、污染、垃圾、温室效应等问题。ISO系统有助于识别导致浪费的过程，因此可以通过鼓励减少资源消耗为精益和绿色计划提供协同作用。

六西格玛的目的是减少过程中的错误和缺陷，往往会减少资源的消耗，因为更高的准确性意味着更少的资源将被浪费。六西格玛已经成功地用于减少资源消耗。精益和六西格玛的原则是，一旦发现质量和运营管理问题，就应立即解决它们，这大大促进了可持续发展。

思考与练习

1. 什么是绿色质量？什么是绿色产品质量？其关系是什么？
2. 什么是绿色质量管理？绿色质量管理与传统质量管理有何区别？
3. 绿色质量管理与全面绿色质量管理有怎样的关系？
4. 六西格玛对质量管理有什么影响？
5. 低碳目标下质量管理面临怎样的机遇与挑战？

第 10 章

低碳运营绩效评价

学习目标

1. 了解运营管理中绩效评价的基本内容与类型
2. 理解低碳运营绩效的发展、概念、问题与挑战
3. 掌握低碳运营绩效评价在指标设计层面的原则与结构
4. 掌握低碳运营绩效评价的模型与方法

引例

希尔顿、中国中车与国家电网的绿色转型之路

绩效评价是企业实施激励管理的重要依据，而绩效管理则是在绩效评价基础上进行的管理活动。所谓绩效管理，是指各级管理者和员工为了达到组织目标，共同参与的绩效计划制订、绩效辅导沟通、绩效考核评价、绩效结果应用、绩效目标提升等持续循环的过程。当前，低碳运营成为企业重要的转型方向，而低碳运营与管理的水平在很大程度上要通过绩效评价进行诊断。下面将通过一些例子进行阐释。

希尔顿：云系统接入助力环保绩效

希尔顿是一家领先的酒店公司，在113个国家和地区拥有近6 000家酒店、超过954 000间客房。希尔顿是业内首批加入气候集团EP100活动的公司之一，承诺在所有运营中实施能源管理系统，并到2030年将能源生产率提高40%。

希尔顿2008年开发出的LightStay系统，旨在管理希尔顿旗下每家酒店的环保绩效。具体来看，基于云系统提供的一个数字接触点，使每家酒店都可以轻松跟踪其公用事业消耗，确定和实施最佳实践，并努力实现年度减排目标。

通过LightStay，希尔顿大大减少了能源使用和废弃物，并通过运营节省了超过10亿美元的累积公用事业成本。除了节省资源和公用事业成本，希尔顿的企业责任计划通过提高会员忠诚度和客户价值为公司创造了无形价值。在2018年的一项客户调查中，该公司发现大约有1/3的受访者在预订房间前考虑了酒店的社会和环境努力。

中国中车：绿色数据平台为绩效评价保驾护航

为践行低碳战略目标，中国中车部署了以轨道交通装备为核心，风电装备、新能源商用车、新材料为重要增长极及若干业务增长点的"一核三极多点"业务结构。在轨道交通领域，重点打造"产品+""系统+"业务新格局。在风电装备领域，首个海外项目顺利并网，逐步形成了较为完整的技术链和产业链。在新能源商用车领域，中国中车的新能源客车产业规模已稳居行业第三。在其他战略新兴领域，完成了第一个"自主投资、自主设计、自主建设、自主运营"的屋顶光伏电站项目，确定了中车屋顶光伏建设的新模式。据了解，2021年中国中车煤炭消费总量2.8万t标煤，同比2015年下降92%。此外，中国中车持续完善能源管控模式，19家子公司在生产经营过程中成功应用了能源管控及关键设备效能监控系统，形成6种管控模式并推广。搭建"中车能碳智云管控平台"，帮助千吨标煤以上企业实现用能远程在线监控，下设"绿色绩效指标数据平台""碳核算数据平台"等，绿色核心数据资产初显成效，为绿色挖掘、大数据分析等提供了空间。中国中车的绿色转型卓有成效，已经实现了由被动粗放型管理向主动体系化管理的跨越，目前正快速向"绿色低碳"精细化管理跨越。

国家电网：发力消费端，推进电气化和节能提效

在能源消费侧，国家电网全面推进电气化和节能提效。一是强化能耗双控，坚持节能优先，把节能指标纳入生态文明、绿色发展等绩效评价体系，合理控制能源消费总量，重点控制化石能源消费。二是加强能效管理，加快冶金、化工等高耗能行业用能转型，提高建筑节能标准。以电为中心，推动风光水火储多能融合互补、电气冷热多元聚合互动，提高整体能效。三是加快电能替代，支持"以电代煤""以电代油"，加快工业、建筑、交通等重点行业电能替代，持续推进乡村电气化。四是挖掘需求侧响应潜力，构建可中断、可调节多元负荷资源，完善相关政策和价格机制，引导各类电力市场主体挖掘调峰资源，主动参与需求响应。预计2030年，电能占终端能源消费比重将达到35%以上。

资料来源：1. 什么是可持续酒店？八个海外酒店绿色低碳实践案例分享，https://zhuanlan.zhihu.com/p/583981999；
2. 中国中车股份有限公司2021年社会责任报告，https://www.doc88.com/p-26916190969206.html；
3. 为实现"碳达峰、碳中和"目标贡献智慧和力量，http://www.chinapower.com.cn/dww/jdxw/20210224/53903.html。

10.1 传统绩效评价简介

企业绩效是企业在一定时期内的经营业绩或经营成果，即企业在一定时期内利用其所拥有的资源从事经营活动所取得的成果。相应地，绩效评价是指对某个单位、某个地区的工作，采用特定的指标体系，对照统一的评价标准，通过运用一定的数理方法，全面、客观、公正、准确地评价它们所取得的业绩和效益。

10.1.1 传统绩效评价的构成要素

为了得到准确的评价结果,在进行企业绩效评价时,需要同时考虑评价指标、评价标准、评价方法、结果及应用等绩效评价系统的构成要素。

绩效评价指标是衡量绩效目标实现程度的考核工具,一般包括指标名称、指标定义、标志和标度等内容。因此,绩效评价指标回答了"从哪些方面进行评价""评价什么"等问题。

绩效评价标准是对评价指标属性参数值进行比较和判断的参考对象基准,以此掌握评价对象的优劣高低。典型的绩效评价标准具体包括:计划标准、行业标准、历史标准。因此,绩效评价标准回答了"各项指标应达到的水平"。

绩效评价方法是指用于分析绩效数据,得出评价结论的各种经济分析、评估和评价的方法,常见的绩效评价方法包括"层次分析法(AHP)""模糊综合评价法""数据包络分析法(DEA)""360度绩效评价法"。因此,绩效评价方法解决了"某个具体指标如何评价"的问题。

绩效评价结果是指根据绩效评价分数及分析得出的评价结论,以评价得分、评价类型和评价级别等方式进行呈现。绩效评价结果常常用来优化流程、调整目标,进而提升整体绩效。因此,绩效评价结果关系到"绩效评价如何优化管理实践"的问题。

10.1.2 传统绩效评价的类型

绩效评价按照标准不同能够划分为多种类型。

(1)按照评价的组织者进行划分,绩效评价整体上包括政府或官方性质评价、社会评价、高校自愿接受和委托开展的评价、企业内部自我评价等类型。在分类上,绩效评价可以分为政府和民间两类,前者更多是对国有企业的评价,后者则涉及大学等科研机构和企业自身。

(2)按照评价比较的范围进行划分,绩效评价可以分成企业内、行业内、跨行业三种,分别涉及对企业内部各部门员工的工作绩效进行评价、对同行业内的企业绩效进行比较评价、对不同行业的企业绩效进行比较评价。企业内评价有助于形成自我诊断、自我监督、自我管理的系统,及时反馈问题,并采取措施进行纠偏。行业内评价则是考察行业内部其他优秀企业的做法,寻找及提升竞争优势。跨行业的绩效评价有利于跨行业知识交流,能够激发新想法、新产品与新技术的产生。

(3)按照评价对象的层次进行划分,企业内绩效又可细分为个人绩效、团队绩效、组织绩效。个人绩效是指组织中的成员个体实现工作目标的成效情况。团队绩效是指团队为完成既定目标所采取的行为及其结果,以及未来工作能力的提升。其核心是团队成员在进行个人水平的任务工作与组织水平的团队协作时,产生的一种多级过程。组织由多个团队构成,作为一个多元的有机整体,组织绩效是指组织在一定时期内所完成任务的数量、质量、效率和效果。

10.1.3 传统绩效评价的内容

绩效评价的内容通过评价指标体现,评价指标的名称、属性能够较为清晰地刻画绩效内容。而评价指标常常依托绩效评价理论或模型，比如平衡记分卡和"3E"理论。

传统的绩效评价在评价内容上重点关注财务指标。财务指标是指总结和评价企业财务状况与经营成果的相对指标，常见的财务指标有总资产、固定资产、流动负债、净资产利润率、营业收入等，也有根据企业行业特性具体设置的财务指标，比如医疗行业的药品收入、卫生材料收入等。

财务指标具有易于获取、操作便捷、对比方便等优势，但企业价值不只体现于利润的创造，企业同样还要承担一定的责任与义务。因此，非财务指标也是重要的一环。在非财务指标中，企业社会绩效指标较为常见，比如雇佣关系、劳资水平、职业健康与安全、培训与教育、遵纪守法和产品责任等内容，这也可以进一步细分为社会效益和社会影响两个方面。

环境绩效同样属于非财务绩效，是指人们在防治环境污染、减少生态破坏、改善环境质量等环境相关方面所取得的成绩。在分析环境绩效时，当前对于企业低碳运营的重视程度相对不足，低碳发展越来越引起人们的关注并逐步成为企业管理过程中不可或缺的一环，而这也将深深影响企业运营绩效的评价。

10.1.4 绩效评价与绩效管理

绩效评价是指对某个单位、某个地区的工作，采用特定的指标体系，对照统一的评价标准，通过运用一定的数理方法，全面、客观、公正、准确地评价它们所取得的业绩和效益。

绩效管理通常是指通过绩效评价对被评对象按照设定的指标，对照一定的标准进行对比分析，对被评对象在一定时期内的工作进行考察、评定、奖励及培训等相关活动，以此建立起激励与约束机制，促进它改善经营管理，实现其总体战略目标。

绩效管理的核心是一系列活动连续不断的循环过程，一个绩效管理过程的结束是另一个绩效管理过程的开始，完整的绩效管理应当包含绩效计划（Performance Planning）、管理绩效（Managing Performance）、绩效考核（Performance Appraisal）和奖励绩效（Rewarding Performance）四个环节。因此，从两者的关系来看，绩效评价是绩效管理的重要组成部分，更是绩效管理的有效工具和重要抓手，是开展绩效管理工作的前提和基础。绩效评价的有效与否直接影响到绩效管理工作开展的效果。

10.2 低碳运营绩效评估的概述

10.2.1 低碳运营绩效的发展

1. 低碳经济对企业绩效的影响

低碳经济是碳生产力和人文发展水平不断提高的结果，作为一种新的经济形态，具有低能耗、低污染、低排放和环境友好的突出特点。在宏观目标上，低碳经济旨在实现控制温室气体排放和发展社会经济的共同愿景，正因如此，低碳经济要求企业主动适应环境变化，考虑尽可能多的方面，并立足实际构建低碳发展战略。具体来说，企业需要由传统战略管理向低碳战略管理变革、传统生产模式向低碳生产模式变革、传统供应链管理向低碳供应链管理变革。

（1）战略管理的转变。在战略目标上，企业要借助可持续发展对消费者的低碳需求进行引导，而不是坚持单一满足市场需求的盈利导向。在战略理念上，要从"获取竞争优势、资源能力提升"向"环境友好的企业环境共存协同"转变。在企业使命上，要从片面的"企业自身发展"提升为"低碳社会、低碳生活"的多元使命。

（2）生产模式的转变。在生产目标设置上，不仅要实现企业利益最大化，还须降低能耗、减少温室气体排放量。在能源体系上，要从煤炭、石油等化石能源逐步过渡到可再生能源或清洁能源。在技术体系上，要从以产品为导向的高耗能生产技术转变为低碳生产和绿色技术。

（3）供应链管理的转变。在供应链管理的前提假设上，要重点强调环境意识和生态管理视角。在供应链管理的目标上，要从"追求整个供应链综合管理成本最小化"发展为"打造绿色供应链体系，使整个供应链实现低碳环保、节能高效"。在供应链管理的内容上，要从单一的"源头供应商到最终消费者的各个环节"扩展为"涉及低碳回收环节，实现供应链循环"的综合模式。

2. 低碳运营绩效的发展背景

低碳运营绩效的发展背景包含经济、政治、社会、技术四大维度。

（1）经济背景。碳排放市场建设取得成效，对企业提出了更高的要求，企业需要通过绩效评价影响投资者选择并提升自身市场竞争力。为了实现低碳发展目标，我国已经进行了多年的探索。理论界讨论了建立碳市场体系、增设碳税等多种方式。在实践端，国内碳交易市场在探索中不断完善，从2013年开始，北上广深等多个省市开始了碳交易试点，并先后出台了《碳排放权交易管理办法（试行）》等多项重要文件，最终全国碳市场于2021年7月正式上线。一方面，随着我国碳交易市场的逐步发展和完善，碳信息披露机制必将逐步完善。另一方面，碳交易市场的发展也要求企业在低碳管理上有所建树。对此，一种重要的方式便是借助绩效评价，客观反映现状，以此减少企业运营过程的碳排放量，提高企业竞争力，实现可持续发展。

（2）政治背景。作为碳排放大国，发展低碳经济，成为我国当前的必然选择，而为了更好地引导企业，多级政府已先后出台了多项政策、文件，对企业行为产生影响。政策文件制定主体可以分为中央政府和地方政府两个层级。为了推动低碳经济的发展，中央多部委近些年来做了多方位的部署。2020年12月，生态环境部公布了《碳排放权交易管理办法（试行）》（以下简称《办法》），该《办法》包含七个章节，对碳排放交易做了大致的规划，搭建交易机制为企业开展低碳运营管理提供外部激励，而在监督方面的规划也对企业管理提出了更高的要求，这使得绩效评价的价值得到凸显。2021年10月，中共中央、国务院提出了《关于完整准确全面贯彻新发展理念做好碳达峰碳中和工作的意见》，强调了能源效率和规范化的核算体系，并要求完善企业相关的低碳信息披露，这使得企业层面的低碳运营、绩效评价更为重要。地方政府同样响应中央号召，在试点阶段出台了众多地方性文件，比如《重庆市碳排放权交易管理暂行办法》《湖北省碳排放权管理和交易暂行办法》《广东省碳排放管理试行办法》。

（3）社会背景。社会力量包括社会组织和公众等多元主体，主要起到督促信息公开、外部举报监督等多种作用。首先，社会公众需要了解企业低碳会计信息，这将有助于改善他们和企业之间的关系，为企业的生产经营提供更友善的空间。在企业低碳会计信息以外，低碳运营绩效的评估、分析和公布是未来的重要方向。其次，社会力量会起到有效的监督作用。加大低碳环保宣传力度并发挥第三方公众的监督作用，会对企业低碳行为产生重要影响。例如，在旅游运营管理方面，行业协会、非政府社会组织和社会公众等外部主体的规范与监督，日渐成为景区低碳运营的关键因素。当前，企业界和理论界关于企业社会责任的争论已经基本达成共识，普遍认为企业应该承担社会责任。低碳运营绩效评估能够对企业运营的整体状况有较为完整、清晰的认识，有助于企业承担社会责任，持续稳定发展。

（4）技术背景。随着研究、实践的深入，节能减排技术逐步走向成熟，低碳发展的内涵更为清晰、明确。大力发展先进低碳技术是节能减排最为关键的因素，目前低碳技术主要包括碳减排技术、碳效率技术、碳捕获和储存技术及碳汇技术等。在技术发展的同时，企业低碳绩效评价也在不断完善，使企业对于低碳经济的内涵、低碳经济的实现、指标体系的建立有了更为清晰的认识。早年的低碳绩效评价指标可以分为两类：一是低碳经济类指标，二是与低碳相关的环境指标。经过一段时间的发展，我国已经开始对低碳经济进行多维度的分析与评估，并将综合绩效评价体系在不同领域进行探索，在企业端也进行了一定的尝试。

10.2.2　低碳运营绩效的定义

1. 低碳运营绩效的概念

低碳运营的关键是低碳化，对象是整个业务流程；低碳绩效的核心是低碳化运作的成效，实现可持续发展。企业低碳运营绩效是指企业以低碳运营战略为指导，以资源整合、技术革新为手段，在低碳产品设计、低碳采购、低碳生产管理、物流管理、库存管理等多个运营、管理环节中取得的发展成效，包括环境、经济、社会等多个维度。需要从低碳运营和低碳绩效两个路径出发，来解析低碳运营绩效的内涵。

（1）低碳运营。低碳运营是指"将碳效率整合到业务流程的规划、执行和控制中，以获得竞争优势"。低碳运营与低碳供应链的建设息息相关，低碳供应链是指"在原材料的采购、生产、销售等活动中都采用低碳化运作管理，并尽可能地降低供应链在产品整个生命周期的碳排放"。

（2）低碳绩效。低碳绩效是指"企业在低碳运营模式下的企业运作绩效，包含两方面的内容：一是降低碳排放量的绩效，二是企业的经济收益。"此时，低碳绩效需要在凸显低碳成效的同时，兼顾经济社会发展效益，实现多维度的统一。

2. 低碳运营绩效的相关概念

低碳运营绩效涉及较多内容，有诸多类似概念，需要进行辨析。以绩效为主线，重点讨论低碳、运营等方面的近似概念，能够较好地厘清概念间的异同。目前，相似概念有以下三对：低碳项目绩效与低碳运营绩效、碳绩效与低碳运营绩效、绿色绩效与低碳绩效等。

（1）低碳项目绩效与低碳运营绩效。两者在对低碳的追寻上存在共性，包括能源结构和碳排放量限制等方面。但项目管理往往围绕特定的项目主题展开，将低碳经济与项目绩效相结合，低碳项目绩效所涉及的领域比低碳运营绩效要丰富得多，目前低碳项目绩效涉及公共工程项目、移民搬迁项目等主题。另外一个差异则在于指标体系的构建逻辑，低碳项目绩效常依托各个项目进程进行绩效评价，在各个进程中设计考核对象，比如在项目前期投入、项目中期运营、项目产出时期等阶段开展项目绩效评价。

（2）碳绩效与低碳运营绩效。碳绩效是指企业在能源的消耗、生产工艺的改进、温室气体及污染气体的排放等方面采取相应措施而达到的节能减排效果。碳绩效强调的是企业在一定时期内对碳减排所做出的努力及取得的结果，是环境绩效的一个关键方面。这两个概念的核心均是低碳，但在适用范围和评价对象方面差异明显。在适用范围上，低碳运营绩效聚焦于运营管理，不涉及或较少涉及企业其他管理活动。在评价对象上，碳绩效集中于节能减排等环节维度，与低碳绩效的早期理解类似，但其并未关注经济效应等维度。尽管碳绩效与低碳绩效之间存在差异，但前者的部分内容可以被后者包含。

（3）绿色绩效与低碳绩效。绿色绩效更关注污染处理、清洁生产，低碳绩效则围绕碳排放的控制展开，由于污染处理也包含温室气体的排放，这两个概念实际上有较多的联系。绿色绩效与低碳绩效均涉及经济效益、社会效益等其他维度，并强调技术革新在绩效实现上的作用。两者的差异性则体现在"绿色""低碳"这两个概念上。绿色管理强调企业生产经营中始终考虑环境保护，把节约资源、减少和降低污染作为经营活动的中心。从绿色行为的角度来看，绿色绩效需要在整个运行过程中都体现绿色化的要求，包括在绿色制造环节提高资源利用效率、减少污染排放，比如使用绿色能源、保证清洁的生产过程、供应绿色产品三个方面的内容。

最后，"循环经济"也是经常被提及的概念，但循环经济属于物质闭环流动型经济，是构建绿色生态经济和低碳经济的路径或方法，侧重于物质循环，比如废弃物的再利用、资源化、再筹划和再创造。

10.2.3 低碳运营绩效的意义

开发各种低碳技术并投入运营能使企业获得先发优势，争取行业变革的主动权，同时低碳供应链的发展摒弃了先污染后治理、先低端后高端、先粗放后集约的发展模式，是实现经济发展与资源环境保护双赢的必然选择。企业低碳运营的意义已得到学界和实践界的充分肯定。好的绩效评价能够对提升企业能力起到引导和激励作用，而且对于形成技术创新能力的资源配置和战略决策产生影响。结合低碳经济发展趋势，当前进行企业低碳运营绩效评估有四个方面的意义。

（1）纵向比较企业低碳运营管理现实与规划目标之间的距离。基于纵向视角，从历史发展的维度出发，能够帮助企业理解低碳运营在过去、现在及规划目标之间的差距，理解在哪些方面实现了进步、哪些方面出现了退步。在纵向把握本企业低碳管理发展规律的基础上，向内发力，进行技术变革、管理优化，缩小当前值与目标值之间的差距，可以促进低碳运营管理的实现。

（2）横向呈现各个企业低碳运营管理的进展快慢。横向视角应采用"对标"原则，确定有挑战性并且能够赶超的标杆企业。具体来说，通过呈现同类企业的低碳运营情况，并对其进行科学分层，确定高中低等多类赶超目标，在横向理解同行业低碳运营水平的基础上，向外借力，借鉴其他企业的低碳运营技术，缩短自身与标杆企业的距离，赶超并逐步确定行业内低碳运营的领先地位。

（3）对企业来说，准确衡量自身低碳转型的程度，进行过程优化。已经有企业尝试运用不同的方法构建低碳绩效评价体系，这些尝试涉及企业财务、环境影响等多个领域，但对运营管理涉及较少。而作为企业低碳化的重要一环，开展企业低碳运营绩效评价，能够弥补上述空白并最终实现"自查自管"，在过程优化方面取得进步。

（4）对政府来说，了解企业实际，出台合适的鼓励与惩罚举措。企业的行为在很大程度上与政府政策相关，宏观经济政策对企业融资、会计选择、经营业绩等均有较大影响，以低碳运营绩效评价结果为抓手，有助于政府决策层设计适当的政策，从政策奖惩出发，对企业低碳运营行为进行有效引导，最终实现社会整体层面的可持续发展。

10.2.4　低碳运营绩效面临的问题

由于生产方式、经营目标及技术体系的调整，现有的企业绩效评价难以满足低碳发展要求，呈现出以下不足或难点。首先，需要澄清低碳绩效的核心内涵，厘清其与相关概念的关系。其次，需要设计评价指标及其权重，以反映企业低碳发展状态。再次，需要协调低碳维度与财务、社会等其他维度，并最终实现综合评价。最后，需要重新讨论并优化调整现有评价方法、模型的适用性。

同时，发展低碳经济客观上要求企业必须有效利用创新能源技术和减排技术，并围绕可持续健康发展的战略目标，重新构建战略业绩评价指标。因此，推动企业实现清洁高效生产，提升竞争力，需要低碳运营绩效的完善与发展。当前，低碳运营绩效评价需要解决以下两个问题。

（1）低碳运营绩效评价指标内容的分析。在分析低碳运营绩效所涉及的内容时，需要重点理解低碳运营绩效评价指标体系。绩效评价指标体系是指由内部存在一定联系的可以评价、衡量和考核被评价对象绩效执行情况的系列指标组成的系统，通常采用一定的数理方法，对采集的相关指标进行定量或定性评价，从而得出被评价事项整体效益情况，这需要一整套运作体系。从定义上可以看出，指标体系由诸多相互联系的要素构成，包括指标建议的原则、指标考察的内容、各级指标及其相互关系、指标自身的属性等。

（2）低碳运营绩效评价模型与方法的探索。低碳运营与企业运营管理的共性使得现有绩效评价模型仍具有一定的适用性，但两者的差异也表明现有模型、方法需要优化与完善。因此，在低碳运营绩效方面，评价模型和评价方法需要长期探索。需要回答的问题包括但不限于：传统的评价模型适用情况究竟如何？传统模型需要调整的内容是什么？改进的方向在哪里？改进优化过程中又需要遵循怎样的原则？怎样检验新建模型的实际效果？评价方法是否需要调整？方法的具体细节可能产生哪些变动？

10.3 低碳运营绩效评价的指标设计

低碳经济评价指标的设置能够为低碳经济的客观评价奠定基础，指明低碳经济的发展方向。低碳运营绩效评价的指标主要包含原则和依据、指标结构、评价内容三部分内容。在设计低碳运营指标体系时，需要考虑以下几个具体问题。

（1）考虑运营管理的局部与整体。运营管理涉及企业的方方面面，在进行绩效评价时，需要判断究竟要做的是某个运营环节的绩效评价还是企业整体运营过程的绩效评价。前者如"物流管理"，此时绩效评价体系要尽可能具体，把物流管理上的特殊性内容体现出来，如"及时交付率"背后的碳排放情况；后者则更为宏观，需要把运营管理各子模块的共性特征提取出来。

（2）考虑不同行业在侧重点上的不同，掌握行业特征并调整具体指标。汇总近些年来低碳绩效评级体系所面向的行业，如表10-1所示。[○] 可以看到评价的行业不同，其各级指标差异极度明显。例如，在评价煤炭企业低碳绩效时，可以独立设立资源开采这类二级指标；在评价农业低碳绩效时，环境质量适宜性则被单独提及；旅游业的服务质量在旅游行业运营管理中成为率先考虑的维度。综上所述，在评价低碳运营绩效时，需要认识到各行各业的评级体系并不完全相同，需要找到某一行业的代表性指标。另外，可比性原则也极为重要，有代表性的指标应该对于整个行业适用，而不是某家企业的"专长"。

表 10-1 低碳运营绩效的行业差异

所在行业	指标情况	
	一级指标	二级指标
煤炭业	低碳经济绩效指标体系	资源开采、能源利用、环境保护、低碳潜力
农业	低碳农业产业园绩效评价	经济指标、社会指标、资源循环利用、污染控制力、环境质量适宜性、碳排放控制力
建筑业	低碳经济下建筑业效率评价体系	环境指标、社会指标、经济指标
地产业	低碳地产供应链整体绩效评价指标体系	财务运营、客户服务指标、业务流程指标、低碳研发能力指标、低碳节能指标
旅游业	绿色旅游供应链	旅游服务质量、低碳化水平、企业总体盈利能力、业务流程水平
石油化工业	石化企业低碳绩效评价指标体系	财务状况、客户状况、内部业务流程状况、学习与成长状况

（3）考虑绩效评价是对企业做综合评价还是单方面地评价低碳情况。如果只是单纯想要了解碳排放情况，那么"碳绩效"评价体系就能发挥很好的作用。目前碳绩效主要涉及的是

○ 将各研究中最高层级的指标视为一级指标，由于不同指标体系有不同的设计，这里做了简化处理。

二氧化碳排放的测度，其核心是碳排放，能对"碳"本身有极为清晰、完整的刻画。具体来说，在评价碳绩效时，可以从企业碳投入与产出绩效出发，考虑碳源、资金、人员、设备、碳排放强度、碳处理能力等指标。而如果要做绩效综合评价，则需要综合考虑企业在运营中的财务、环境、社会等多方面的影响。

10.3.1 评估指标的设计原则

绩效评价体系在设计时都需要遵循一定的依据和原则，设计依据更多涉及政府文件、行业规范等成文内容，具有较强的约束力和强制性；设计原则强调指标体系要满足某些特性，比如全面性、可得性、可比性等。

在依据上，从环境绩效评价出发，企业可以依托国际标准化组织（ISO）设计的 ISO 14000 环境管理系列标准和 ISO 14031 环境绩效评价标准，或是各级地方政府的环保文件。目前各地在环境保护方面已经积累了一定的经验，比如北京市曾出台《北京市大气污染防治条例》及《北京市水污染防治条例》。

在设计绩效评价时，普遍需要遵循可获得性、可操作性、多类型指标相结合等原则。具体到低碳绩效评价，需要遵循以下设计原则。

（1）可得性原则。指标的可得性尤其重要，由于低碳经济具有公共物品、综合性、长远性的特性，低碳绩效评价体系长期存在难以实证测量与检验等问题，一方面可获得的数据难以全面体现企业低碳发展情况，另一方面能够较为全面反映低碳运营状态的指标难以获得。因此，低碳绩效评级体系在设计时应当保证指标能够获得，且较为容易获得，并尽可能让设计的指标反映真实情况。

（2）可比性原则。可比性原则是指所有指标数据都应确保能够在同一维度、采用统一的标准进行比较，且尽可能地兼顾不同企业、不同地区的多样化特点。绩效评价的可比性通过设置不同评价对象共有的因素来实现，可以表现为横向可比性和纵向可比性两类。可比性较高的指标体系，有助于提高会计信息的有用性和决策相关性。同时，低碳运营历史相对短暂，过去的可参照对象较少，进一步凸显了"可比性原则"的重要性。

（3）全面完备性原则。全面完备性原则是指标体系的评价标准和方式能够全面覆盖各类评价对象的属性，具有一定的覆盖广度及刻画深度。对于低碳运营而言，运营管理中的很多细节都需要考虑全面性原则，即在建立绩效评价指标体系时，应涵盖企业生产经营的各个要素和环节，使指标体系全面反映各有关要素和各有关环节的关联，刻画出彼此间相互作用的过程。

（4）效率与效益相结合原则。效率指标关注资源投入与产品、服务产出之比。效益指标则关注有益影响和有利效果。低碳经济是提高资源的利用效率使企业获得最大收益的经济发展方式，其绩效评价指标设置应将企业的生产经营效率评价指标和运营效益评价指标有效地结合起来。

（5）定性和定量相结合。定性指标是指不能直接量化而需通过其他途径实现评估的指标，通常需要借助领域专家的经验来进行评估；定量指标是指指标可以通过量化的值来刻画，通常依据目标任务的完成情况来确定。定性和定量指标相结合有助于综合性地评价企业低碳运营现状，在主观性与客观性之间得到良好的平衡。

（6）凸显低碳经济内涵原则。低碳经济作为一种新的经济发展模式，以可持续发展的理念为指导，以技术创新、制度创新、产业转型及新能源开发等为手段，以降低煤炭与石油等高碳能源消耗、减少温室气体排放为内容，以实现经济社会发展与生态环境保护双赢的经济发展形态为目的。在设计评价指标时，需要牢牢把握低碳经济发展的内涵，凸显低碳经济特征，使评价体系真正与低碳经济相匹配。

10.3.2 评估指标体系的指标结构

评价指标体系结构是指该评价指标体系在指标层级、指标数量、指标隶属情况等多个维度上的情况。从低碳绩效评价出发，通过总结低碳运营的具体特征，发展出低碳运营绩效的指标结构。

早期的低碳绩效评价只关注低碳本身，虽然也采用综合评价体系，但仅从低碳本身出发，通过多个二级指标描述低碳这一个方面。例如，设立碳排放、碳源控制两个二级指标，前者包含碳排放总量、人均碳排放量、能源强度、碳强度，后者则涉及化石能源消耗总量、煤炭在能源消耗结构中的占比、可再生能源在能源结构中的占比。这样的评价体系能够很好地刻画低碳这一维度，但在经济、社会等方面却有所忽略。

由于低碳经济在评价时较为模糊、难以量化，因此在指标类型上要处理好财务指标与非财务指标、定量指标与定性指标、主观指标与客观指标之间的关系（见图10-1）。

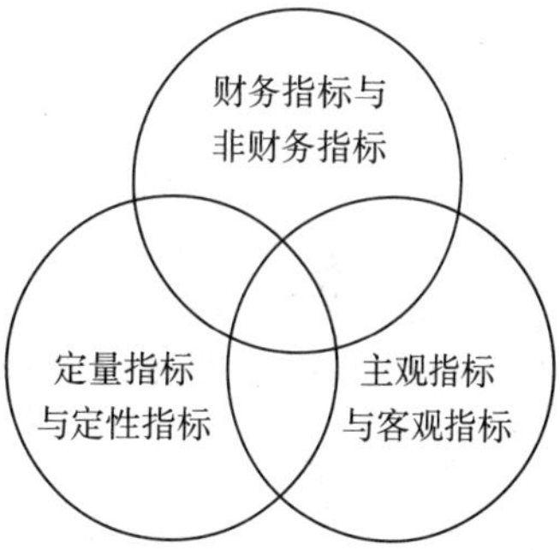

（1）财务指标与非财务指标。从财务指标和非财务指标出发，将企业低碳特征融入其中，构建指标体系。例如，财务指标按照财务效益、资产营运、偿债能力和发展能力四大类指标设计，非财务指标则可考虑技术、员工、顾客多个方面。

（2）定量指标与定性指标。从定量指标与定性指标出发，低碳绩效评价需要结合定量与定性两种类型，定量指标的保留体现了客观性、保证了可比性，而定性指标的引入能够解决部分定量指标获取难度大等问题。例如，在设计物流企业低碳物流能力时，可以考虑设置新能源运输工具使用比例、低碳包装使用率等定量指标，也须加入企业员工低碳意识、低碳理念宣传等定性指标。

图 10-1　指标类型间的关系

（3）主观指标与客观指标。从主观指标与客观指标出发，主观指标主要由专家打分完成，能弥补客观指标缺少价值判断等问题。例如，在评价低碳企业管理体系时，可以设置年工业能源总消耗量等客观指标和企业低碳能力建设等主观指标。

需要特别强调的是，各种指标分类方式并不完全互斥，分类标准不同，指标归类也有差异。在部分情景下，量化指标与财务指标有较高的重合度，也正因如此，企业常常将财务指标直接视为定量指标。与之对应，定性指标也多是主观指标。

10.3.3 评估指标体系的内容

运营管理和低碳管理均是较为广泛的内容，企业本身也存在诸多情况，不同的地域环境、不同的行业类型均会影响评价体系的构建。同时，低碳经济不是贫困的经济，基于企业低碳绩效评价的最终目的是实现经济效益、低碳效益和社会效益的统一、共赢。绝对不能将环境成效当作低碳绩效的唯一内涵，不能为了环境保护，停止组织管理与价值创造。在绩效评价的指标体系上，需要包含环境、经济、社会在内的多个维度。

在评价指标体系上，低碳运营应当包含运营成效、环境影响、社会价值三大维度，这些维度由若干具体的评价指标支撑。另外，基于以往低碳绩效评价指标体系，财务指标与非财务指标能够较好地实现指标属性的划分。这样一来，一个评价指标首先要判断对应的评价维度，即运营成效、环境影响、社会价值三者中的一个，其次细分其指标属性，即属于财务指标还是非财务指标，如图10-2所示。

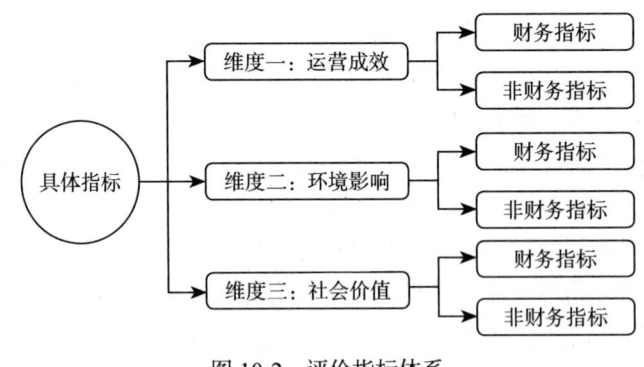

图 10-2 评价指标体系

维度一：低碳绩效指标体系下的运营成效

对于企业低碳运营成果，可以从低碳经济指标、低碳技术指标、低碳能源指标、低碳设施指标四个方面设置评价指标。典型的低碳经济指标包括低碳资产比率、低碳资产收入率、绿色产品数量、低碳产品销售率、低碳产品营业成本利润率。同时，这一维度也需包含产品销售率、总资产周转率、主营业务收入增长率等常用经济指标，其余具体指标见附录10.1。这里重点介绍特有的低碳运营成果指标。

（1）低碳资产比率与低碳资产收入率。低碳资产比率是指某一时点企业的低碳资产额占全部资产总额的百分比，低碳资产收入率则是指企业一定时期销售低碳产品、提供低碳劳务等所实现的收入额与其同期低碳资产平均占用额的比率。低碳资产是指企业用于低碳治理与低碳保护的资产或生产低碳产品的资产。目前与低碳资产相关的概念还有低碳负债，这些内容对于掌握低碳会计信息具有重要意义。

（2）低碳产品销售率、低碳产品营业成本利润率与绿色产品数量。低碳产品是指在生产到消费的整个链条上具备节能、减排作用的产品。2013年3月，国家发展和改革委员会与国家认证认可监督管理委员会发布了《低碳产品认证管理暂行办法》。2015年，原国家质检总局与国家发展和改革委员会联合发布了《节能低碳产品认证管理办法》。目前我国已开展环境标志框架下的低碳产品认证，包括"中国环境标志–低碳产品""产品碳足迹标志"和"产品碳等级标志"。低碳产品销售率能够较好地反映业务流程情况。在低碳产品评价上，企业低碳产品销售率、增长率、利润率、能耗效率及企业低碳设备的生产力等都可以作为企业碳审计的效果指标。

（3）低碳信息共享率、低碳信息流通速率。低碳信息资源是指经过加工整理的、有使用价值或者潜在使用价值的低碳信息及信息集合。在特征上，其具有海量性、复杂性、不稳定性、专业性强、涉及面广等特性。对于供应链来说，信息的流通和供需情况是重要的绩效评价内容。供应链信息共享率是及时享有信息的节点企业数占总节点企业数的比例；信息流通速率或信息传递及时率则是某时间段及时传递信息数量/该时间段传递信息总数；信息利用率则是利用的信息数与经过加工处理的信息总数之比。

（4）低碳环保投资增长率、低碳技术研发费用增长率、低碳工艺或材料投入增长率、环保资金投入变化率。低碳技术创新是提高工业低碳技术水平，降低工业碳排放强度的最有效途径。当前，大规模投资低碳环保的企业仍比较有限，技术投入主要寄希望于国家投入和税收引导。对此，企业需要加大低碳技术研发投入，比如设立专项资金、研发项目用于节能减排技术的探索。上述几个指标将投资的去向限定为低碳环保领域，以此对企业的行为进行引导。

（5）低碳产品或服务增加的比例，人均低碳产品研发率和节能、低碳、环保产品认证率。低碳技术领域是一个依赖大量研发投入的高技术领域，低碳技术创新活动一旦失败，将面临巨额的研发投入损失。因此，对于低碳绩效的研发投入不能只关注投资规模和变化情况，还要聚焦科研产出和效率。在这方面，低碳产品或服务增加的比例是最为直接的评价指标。节能、低碳、环保产品认证率则是一个间接的评价指标。而人均低碳产品研发率则是通过低碳专利数量/研发人员总数计算而来的。

（6）人均可再生非商品能源使用量、非化石能源占一次能源消费结构的比重、清洁能源使用率、资源综合利用率。在所有的终端能源消费类型中，化石能源的使用是造成温室气体排放的最主要原因，因此控制能源消费量、提升利用效率并最终转变能源消费结构显得尤为重要。人均可再生非商品能源使用量是可再生非商品能源使用量与企业员工总数之比；非化石能源占一次能源消费结构比重是非化石能源消耗量与一次能源消耗量之比；清洁能源使用率是清洁能源使用量与能源消费总量之比。企业资源综合利用率则涉及企业核心产品，在分析钢铁等重工业企业时，资源综合利用率是重要的低碳绩效指标，可以通过"原材料消耗量/企业粗钢合格产出量"计算得到。

维度二：低碳绩效指标体系下的环境影响

低碳绩效指标体系下的环境影响包括环境影响、环境治理、环境管理三个层面。其中，环境影响主要是指环境污染物的排放，环境治理则反映了企业为改善环境绩效在环境保护方面的投入，环境管理指标反映的是企业在环境领域标准化、规范化上做出的努力，体现了企业对待生态环境保护的态度。下面将对这些指标的内涵及计算方式做具体介绍。

（1）环境影响：各类温室气体及废弃物的排放。二氧化碳是主要的温室气体，但并不是温室气体的全部，当前温室气体包括二氧化碳、甲烷、氧化亚氮等，因而在特定情景下，评价企业运营的环境影响不能只看二氧化碳排放量。由于温室气体和废弃物的排放与企业生产经营活动直接相关，而企业产品和产值是生产经营的结果，这就使得"单位产品的温室气体排放量""单位产值的温室气体排放量"成为较为合适的评价指标。单位单品的温室气体排放量即每生产一单位产品会造成温室气体的排放总和。低碳经济并不仅仅是低碳本身，还关联着环境友好、绿色发展，因此也需要考虑废弃物的排放情况。目前，废弃物排放量主要是指"工业三废"，即工业废水、废气和固体废弃物的排放量。无论是温室气体指标还是废弃物指标，其水平高低都与企业的生产工艺和设备技术相联系，这与企业在环境治理方面的投入息息相关。

（2）环境治理：各类温室气体及废物的处置与达标。"人均碳排放"这一指标常常用来分析一个国家或地区的低碳发展程度，以"二氧化碳排放量/企业员工总数"所得到的"企业人均碳排放指标"能够在产品、产值以外反映企业在低碳发展与人力管理方面的综合情况。除此之外，环境治理指标更多体现在"比率"的变动上。"达标率"反映了现行标准下企业生产运营的合规程度；"减少率""处理率""去除率"都指向排放和污染物的减少；"废弃物回收率""工业废弃物综合利用率"则体现了循环经济的发展思想。其中，工业废弃物综合利用率 =[企业当年处置量 + 综合利用量（包括处置利用往年量）]/ 当年企业产生量总和。

（3）环境管理：标准认证与外部奖惩。ISO 14000 系列标准涉及一系列环境管理体系，其目的主要是鼓励环境管理在全球范围内形成统一标准；通过持续不断的环境审计，促使企业提高环境测量方面的能力；强化全球贸易，解决贸易障碍。这一体系由于具有很强的影响力，因此成为重要的评价指标。除此之外，外部的奖惩能够帮助企业意识到自身的低碳运营问题，更好地承担环境保护责任。具体来说，低碳环保处罚率是指企业在一定时期内，由于违反低碳、节能、环保相关法律法规被处以的罚款金额占其同期营业收入的百分比；环保奖项获取数则是企业年度环保奖项获得次数。

维度三：低碳绩效指标体系下的社会价值

社会绩效通常意义上是指个体或组织采取对社会有益的行为或提供促进社会发展的产品与服务，从而推动社会不断进步。结合低碳发展的实际要求，从产品责任、商业道德、劳动就业、社会影响四个方向能够构建出相对完备的社会绩效评价指标体系。下面将对各个指标做具体分析。

（1）产品责任：标准化认证与顾客的反馈。ISO 9000 质量管理体系标准并不是一个标准，而是一种标准的统称，由于质量管理理念深入人心，将"是否通过 ISO 9000 认证"作为一个评价指标具有较好的效果。顾客的满意度、投诉率、保持率均是企业绩效评价的常用指标，其中顾客保持率是指继续保持与老顾客交易关系的比率，也被称为顾客忠诚度。"顾客对低碳的认同度"则是低碳绩效评价中的特有指标，企业能够通过自身的产品、服务及宣传对顾客认知和行为产生影响。借鉴低碳认同度的概念，"顾客对低碳的认同度"是指顾客对低碳理念的认同程度。在评价时，其可作为定性指标，分为"优秀""良好""一般""差"和"极差"5个级别；也可以做定量计算，即：顾客对低碳的认同度＝认可低碳产品、服务的顾客数／同行业同类产品顾客总数。

（2）商业道德：财税与诚信履约。依法纳税是企业社会责任的重要内容，税金实缴率＝本年纳税额／本年销售收入。由于企业运营活动离不开各方面信息的交汇融合，与其他主体的合作可以由合同履约情况体现出来，合同履约率＝全年严格完好执行的合同份数／全年的合同总份数。

（3）劳动就业：就业、培训与观念。就业人数和职工工资情况有直接的数据来源，获取难度较低，而面向低碳相关的员工培训投入则需要具体计算。员工低碳培训的投入主要涉及培训人次数及培训费用，培训人次数是指过去一年接受过低碳培训的员工数。低碳培训费用率则是企业一定时期内，用于对职工进行节能降耗等低碳知识培训的费用占其同期营业收入的百分比。另外，员工的低碳环保意识是培训成效的重要检测指标，由于没有统一的评价方法，企业可以自行设计相应的调查问卷了解情况。

（4）社会影响：收入、投入与社会满意度。"低碳公益活动投入"这一指标反映企业对低碳社会建设的责任和使命，主要是通过记录企业低碳公益活动投入人数、时长、企业的环保意识和对其他公益活动的参与程度来完成评价。社会贡献度＝企业对社会贡献总额／资产平均总额，是指企业为社会、国家所做的贡献。社会满意度则有较为多样的计算方法。

10.4 低碳运营绩效评价的模型与方法

低碳运营绩效是一个新兴的概念，相应地，在开展相应评价时，需要更多地借鉴已有的模型和方法。在评价模型上，平衡记分卡是当前较为主流的模型，目前也有借助这一模型完成低碳绩效评价的实例。当然，从根本上讲，并不能完全照搬模型，需要结合低碳经济的核心特征进行调整与完善。在评价方法上，低碳运营绩效评价与企业绩效评价并无明显差异，主要的评价方法均可采用。由于模型与方法存在一定的关联性，因此，本节将完成以上两部分内容的介绍。在评价模型上，本节将重点介绍平衡记分卡（BSC）及其拓展；在评价方法上，本节将简要呈现现有研究、实践中采用的方法。

10.4.1 评价模型：平衡记分卡

平衡记分卡（又称平衡计分卡）作为一种较为全面的绩效评价模型能够很好地进行多维度评价。不同于传统的绩效评价模型，平衡记分卡最早由罗伯特·卡普兰（Robert Kaplan）和大卫·诺顿（David Norton）在20世纪90年代提出，在考核维度指标上保留了传统的衡量当前业绩的财务指标，同时引入了衡量公司未来业绩的驱动因素指标，包括客户、内部流程、学习与成长三个层面的指标，并通过不同侧重与相互融合推动企业不断进步、不断优化，服务于整体的发展战略（见图10-3）。

"财务""客户""内部流程""学习与成长"是平衡记分卡的四大维度。财务维度考查的主要是公司为股东创造的价值，客户维度考查的是直接客户对公司业绩表现的评判，内部流程维度考查的是公司对内部业务动作的管理水平，学习与成长维度考查的是公司不断创新、改善以实现持续增长的能力。

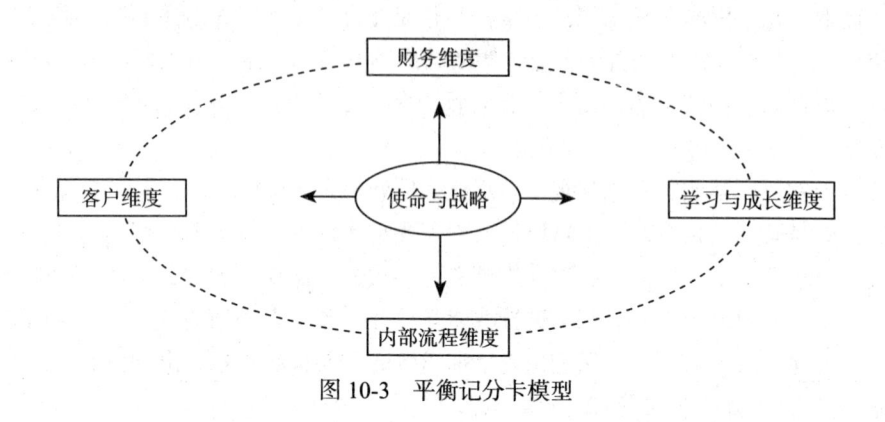

图 10-3　平衡记分卡模型

具体到低碳绩效评价本身，在 2010 年便有使用平衡记分卡的四个维度进行低碳绩效评估的实践，目前使用或借鉴平衡记分卡完成低碳绩效评价的方法主要有以下三种（见图 10-4）。

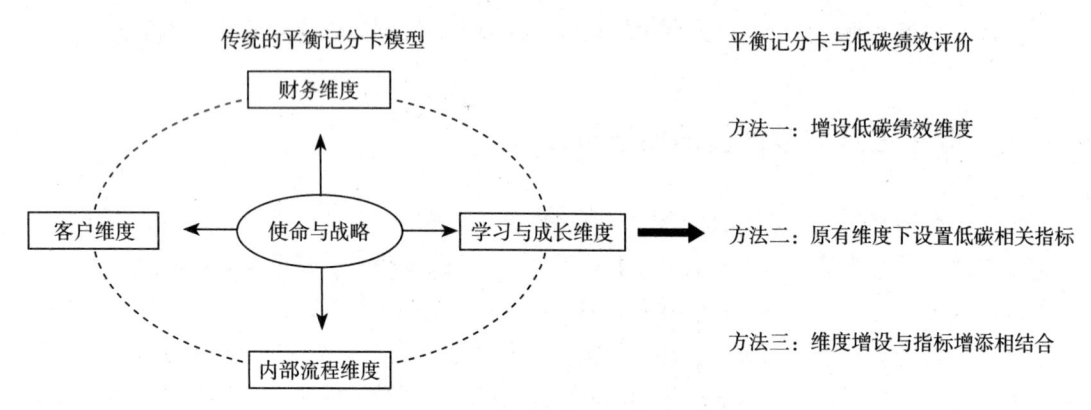

图 10-4　平衡记分卡模型与低碳绩效评价

方法一：在平衡记分卡四大维度的基础上，增设低碳绩效维度

总的来说，直接增设低碳环保维度，能够解决平衡记分卡模型缺少低碳评价指标的问题，但由于平衡记分卡的四个维度并不是相互独立的，它们是一条因果链，展示了业绩和业绩动因之间的关系，这种直接增加低碳维度的"嫁接"方式很容易忽略已有四个维度间的互动关系，打破已有的平衡。

下面介绍一个具体的例子。在搭建"低碳经济下煤炭企业供应链绩效评价指标体系"时，就有实践直接"嫁接"了平衡记分卡。具体来说，在设计指标时增设了"社会责任维度"和"低碳环保维度"，其中社会责任指标包含"社会公益救济捐赠""提高生活就业率""生活保险费用支出"，低碳环保指标则体现了煤炭企业的特征，包含"采区回采率""煤炭洗选率""废物回收收益率""低碳环保资金投入率"，可以看到低碳环保维度中，低碳指标只是其中的一个方面。

方法二：维持平衡记分卡四大维度，在每个维度下设置低碳相关指标

增添指标可以分为只在一个维度下增添和多个维度同时增添两种情况。直接增添指标保持了原有模型的基本逻辑，但容易出现某个维度指标增添过多、某个维度几乎没有变化的情况，不利于维持各维度间的均衡状态。

具体来说，在进行石化企业低碳经济绩效综合评价分析时，内部业务流程维度可以增设多个与低碳相关的准则层与具体指标，比如包含节能率、二氧化碳减排量、二氧化硫排放量在内的节能减排准则层，包含科技创新变化率、累计授权专利数量的低碳潜力准则层。有的探索则更为详尽，在客户维度上增加了低碳产品销售比例、寿命结束后可回收产品比重、万元收入碳排放量三个低碳相关指标；在内部流程维度上则设置了五分制的"低碳转向规划指标"并由专家打分完成评价；内部学习与成长维度则设置了员工低碳观念、新低碳产品项数、低碳投资比例、低碳投资增长率等指标。

方法三：维度增设与指标增添相结合

低碳理念下的平衡记分卡需要增加低碳环保维度，同时改进原有四个维度的指标设计，以考虑企业对环境的影响，最终实现企业低碳发展。其中，低碳环保维度是对企业低碳发展的成果考核，主要指标包括单位产值能耗、清洁能源使用率、次生资源再利用、单位利润排碳量、污染物减排率等。在新财务维度则引入"碳资产收益率"等生态指标，新客户维度则需要计算企业提高的绿色效益，新内部运营维度可增设绿色技术占研发费用比率，新学习与成长维度则注重员工低碳环保理念。维度增设与指标增添相结合的方式，需要分析更多的指标、维度，会明显增加逻辑梳理、指标操控方面的难度，但如果处理得当，其评价能够较为全面地反映基本情况。

10.4.2 评价模型：多模型的综合应用

平衡记分卡在低碳绩效评价领域得到了广泛应用，但也有研究指出这些模型在评价低碳经济时仍有不足，比如平衡记分卡没有很好地解决每个利益相关者的诉求、其设定的环境相对封闭。与此同时，绩效棱柱模型作为一种新的绩效评价模型正逐渐引起人们的关注，这一模型用五个方面分别代表组织绩效中具有内在因果关系的五个关键要素，即利益相关者满意度、利益相关者贡献、组织战略、业务流程和组织能力，最终呈现出一种棱状结构，如图10-5所示。可以看到这一模型不同于平衡记分卡模型，对利益相关者的诉求有了更好的分析，覆盖了客户以外的其他利益相关者。将平衡记分卡与绩效棱柱模型

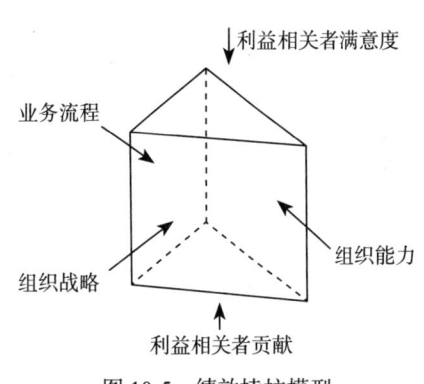

图10-5 绩效棱柱模型

放到一起，可以很清晰地看到两种模型的差别，如表 10-2 所示。

表 10-2　平衡记分卡与绩效棱柱模型的比较分析

比较方法	平衡记分卡	绩效棱柱模型
平衡记分卡	—	指标的系统性与简练性：由平衡记分卡衍生的指标体系具有系统性和简练性。绩效棱柱模型涉及大量绩效指标的取得和分析，过于繁多复杂 操作可行性：平衡记分卡的制定思路与评价体系目前已发展得比较完善。绩效棱柱模型是新近的研究成果，目前在实际中应用并不多，还需要继续探讨
绩效棱柱模型	对利益相关者的考虑：绩效棱柱模型全面考虑了利益相关者的满意和贡献。平衡记分卡仅考虑到顾客层面，存在片面性	—

因此，有必要将平衡记分卡与绩效棱柱模型相融合，分别汲取这两种模型的优势，以此得到一个新的评价模型。将这两种模型相结合，可以将评价维度扩展为六个，分别是财务、内部业务流程、利益相关者、创新与成长、环境、社会，在六个维度下重新调整评价指标。下面将以物流企业低碳绩效评价为实例，具体分析新模型各个维度的内涵。

（1）财务维度。调整后的财务维度除了要维护股东的利益，还需要最大化利益相关者的利益，综合提升盈利能力。

（2）内部业务流程。业务流程包括内部流程和外部流程，需要在满足财务目标、利益相关者诉求的同时，通过内部流程优化，降低不必要的成本，达到要求的生产率和效率。

（3）利益相关者。在该维度下，企业除了要为利益相关者提供利益，还需要关注利益相关者为企业创造的价值，最终实现双赢。这些利益相关者包括投资者、顾客、员工、供货商、政府等多元主体。

（4）创新与成长。通过持续的创新、研发投入，为效率提升创造条件，最终实现稳定、可持续的发展。

（5）环境。环境维度与企业的环境认知、公众利益、法律法规息息相关。企业在进行低碳运营时，既需要提升效率，也需要达到环境、低碳法律法规制度的要求。

（6）社会。这一维度要求企业不仅要遵守法律法规，还要达到社会和相关团体的期望，最终建立良好的企业社会形象。

以物流企业为例，通过对传统平衡计分卡模型进行重组，在综合两个模型各自的优缺点后，得到一个评价低碳经济下物流企业绩效状况的多维度综合模型，其结构如图 10-6 所示。

10.4.3　评价方法：指标筛选方法

德尔菲法也称专家调查法，是指由企业组成一个专门的预测机构，包括若干专家和企业预测组织者，按照规定的程序征询专家对未来市场的意见或者判断，然后进行预测的方法。

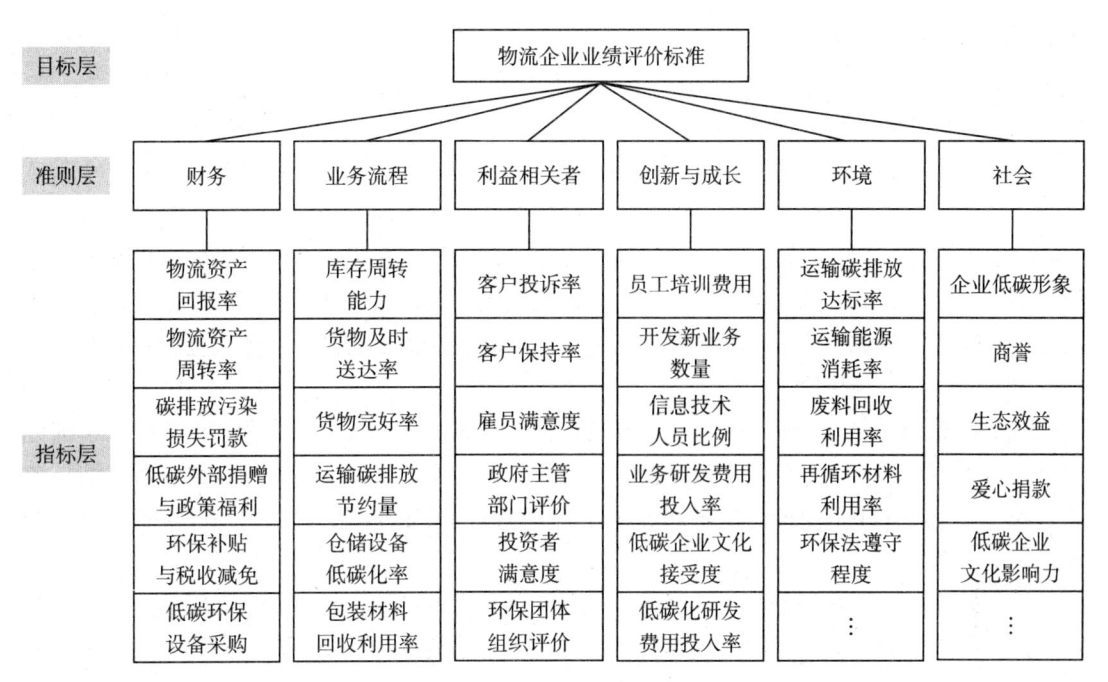

图 10-6 多模型结合后的低碳运营绩效模型结构

目标层：物流企业业绩评价标准

准则层：财务 | 业务流程 | 利益相关者 | 创新与成长 | 环境 | 社会

指标层：

财务	业务流程	利益相关者	创新与成长	环境	社会
物流资产回报率	库存周转能力	客户投诉率	员工培训费用	运输碳排放达标率	企业低碳形象
物流资产周转率	货物及时送达率	客户保持率	开发新业务数量	运输能源消耗率	商誉
碳排放污染损失罚款	货物完好率	雇员满意度	信息技术人员比例	废料回收利用率	生态效益
低碳外部捐赠与政策福利	运输碳排放节约量	政府主管部门评价	业务研发费用投入率	再循环材料利用率	爱心捐款
环保补贴与税收减免	仓储设备低碳化率	投资者满意度	低碳企业文化接受度	环保法遵守程度	低碳企业文化影响力
低碳环保设备采购	包装材料回收利用率	环保团体组织评价	低碳化研发费用投入率	⋮	⋮

图 10-6 多模型结合后的低碳运营绩效模型结构

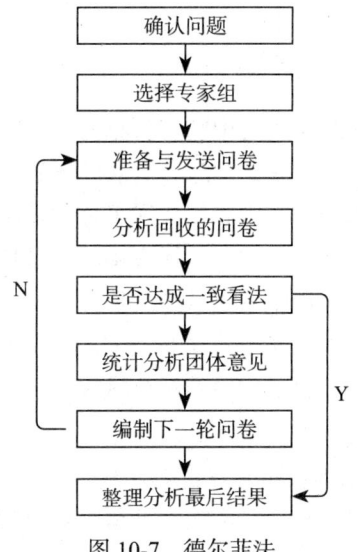

图 10-7 德尔菲法

德尔菲法本质上是一种反馈匿名函询法。其大致流程是：在对所要预测的问题征得专家的意见之后，进行整理、归纳、统计，再匿名反馈给各专家，再次征求意见，再集中，再反馈，直至得到一致的意见（具体流程见图 10-7）。根据相关的一系列系统规定，专家采用匿名的方式提出相关意见，而且团队成员之间不能相互讨论，只能和调查评价的对象发生联系以获取相关资料，通过多次调查，专家反复进行问卷填写，不断地修改完善其个人对所提问题的看法，经过多轮的反复询问调查、归纳修改，最后将专家意见汇总成基本一致的看法，作为问题的最终预测结果。专家意见法的使用范围较广，局限性较小，而且评价结果的真实性也比较可靠。其过程可简单表示如下：匿名征求专家意见 – 归纳、统计 – 匿名反馈 – 归纳、统计，如此若干轮后停止。

由此可见，德尔菲法是一个利用函询形式进行的集体匿名思想交流过程。它有三个明显区别于其他专家预测方法的特点，即匿名性、反馈性、统计性。

（1）匿名性。因为采用这种方法时所有专家组成员不直接见面，只是通过函件交流，这样就可以消除权威的影响。匿名性是德尔菲法极其重要的特点，从事预测的专家彼此互不知道其他有哪些人参加预测，他们是在完全匿名的情况下交流思想的。后来改进的德尔菲法允许专家开会进行专题讨论。

（2）反馈性。该方法需要经过 3～4 轮的信息反馈，在每次反馈中调查组和专家组都可以进行深入研究，使得最终结果基本能够反映专家的基本想法和对信息的认识，所以结果较为客观、可信。小组成员的交流是通过回答组织者的问题来实现的，一般要经过若干轮反馈才能完成预测。

（3）统计性。最典型的小组预测结果是反映多数人的观点，至多概括地提及一下少数派的观点，但是这并没有表示出小组不同意见的状况。而统计回答却不是这样，它报告 1 个中位数和 2 个四分点，其中一半落在 2 个四分点之内，一半落在 2 个四分点之外。这样，每种观点都包括在这样的统计中，避免了专家会议法只反映多数人观点的缺点。

10.4.4 评价方法：权重确定方法

指标权重是指该指标在整个系统评价中的相对重要程度，各个指标的权重高低会直接影响最终的评价结果，因此需要通过科学的程序、有效的方法来完成权重确定。指标权重的确定方法整体上可以分为主观赋权法、客观赋权法和组合赋权法。主观赋权法主要由专家进行打分，因此专家个人的主观因素影响较大，包括直接的专家打分、程序相对规范的层次分析法、德尔菲法和环比评分法等。客观赋权法从原始数据出发，从样本中提取信息，通过一定的数学方法来计算权重，包括最大离差法、类间标准差法、CRITIC 法和熵值法等。组合赋权方法则综合考量了主客观因素，目前常用的组合赋权法包括加法合成法、乘法合成法、级差最大化法、客观修正主观法等。

对于低碳绩效评价而言，在确定指标权重时，更多采用层次分析法和熵值法两种方法。由于本书篇幅限制，加之上述方法在运筹学相关书籍中有更为详细的介绍，故在此只对这两种方法做简要介绍。

权重确定方法一：层次分析法

层次分析法是匹兹堡大学的托马斯·L. 萨蒂（Thomas L. Saaty）教授于 20 世纪 70 年代初期提出的，其将一个复杂的多目标决策问题分解成多个目标或标准，然后把单排序权重和总排序权重计算的每一层作为一个系统方法的优化目标或多目标决策。

运用层次分析法进行指标权重确定主要包含以下步骤。

（1）建立层级结构模型。层次分析法在层次结构上，一般包括三个因素：目标层、准则层、方案层。目标层是决策的目的,与要解决的问题相关。准则层是指要考虑的因素、决策的准则。方案层则是决策时的备选方案,也就是绩效评价中的各个指标。层次分析法对每层的数量没有明确的要求,但也有研究指出每一层次中各元素所支配的元素一般不要超过 9 个。

(2)构造判断矩阵。从层次分析法的第二层开始,都需要构造判断矩阵。构造判断矩阵需要结合"指标相对重要性等级表"(见表 10-3),这个过程牵扯到评价者的个人判断,因此具有一定的主观性。其中,若因素 i 与因素 j 的重要性之比为 a_{ij},那么因素 j 与因素 i 重要性之比为 $a_{ji}=1/a_{ij}$。

表 10-3 指标相对重要性等级表

指标相对重要程度	重要性定义	具体说明
1	同等重要	元素 i 与元素 j 同样重要
3	一般重要	元素 i 比元素 j 稍微重要一些
5	比较重要	元素 i 比元素 j 更为重要一些
7	非常重要	认为元素 i 比元素 j 重要很多,且有明显证据
9	极其重要	强烈感觉元素 i 比元素 j 重要得多
2、4、6、8	相邻指标中间值	两个相邻判断值的中值

构造好的判断矩阵如表 10-4 所示。

表 10-4

A	B_1	B_2	B_3
B_1	1	1/5	1/3
B_2	5	1	3
B_3	3	1/3	1

(3)层次单排序及其一致性检验。同一层次因素对于上一层次因素中某因素相对重要性的排序权值即层次单排序,比如方案层对于上一层的准则层、准则层对于上一层的目标层。该步骤整体上又可分为将原始矩阵转换为正规化矩阵、计算最大特征根 $\lambda_{\max}$、一致性检验三个步骤。

首先,通过归一化处理,将原始矩阵转换为正规化矩阵,再通过计算得到每个特征向量 w_i,得到相应的矩阵 W。结合原始矩阵和矩阵 W,可以解得 AW 矩阵。其次,参照下列公式,计算最大特征根 $\lambda_{\max}$。最后,进行一致性检验,主要检验专家填写的判断矩阵是否具有一致性,从而确保思维的前后一致、统一,这主要是通过计算一致性比例 CR 来实现的。其中 RI 需要通过查表获得;CI 则需要用到以下公式进行计算。对于计算得到的 CR,当 CR < 0.1 时,一般认为判断矩阵 A 是满意一致性矩阵;当 CR=0.1 时,一般认为判断矩阵 A 是完全一致性矩阵;当 CR > 0.1 时,则认为判断矩阵 A 不具有一致性。

$$\lambda_{\max}=\frac{1}{n}\sum_{i=1}^{n}\frac{AW_i}{w_i}$$

$$CR=\frac{CI}{RI}$$

$$CI=\frac{\lambda_{\max}-n}{n-1}$$

（4）层次总排序及其一致性检验。某一层次所有因素对于最高层（总目标）相对重要性的权值即层次总排序，比如方案层对于最高一级的目标层。在计算总排序的 CR、CI 时，需要单独求出各个单排序相应的 CR、CI 值，并按照一定的公式进行加总。由于层次总排序与层次单排序具有一定的相似性，这里就不再做更多介绍了。

权重确定方法二：熵值法

层次分析法在评价时很容易受到主观因素的影响，相比之下熵值法基于客观数据能够更好地给出指标权重。熵值法中的熵是对不确定性的一种度量，一项指标不确定程度越小，熵值越小；不确定程度越大，熵值越大。基于这样的思想，熵值小的指标能够承载更多的信息，相应地作为一项评价指标，其权重也应更大。运用熵值法计算指标权重时，需要获取之前过去一段时间内的具体数值，以此作为计算的依据。在操作上，熵值法主要包含四个步骤：设定数据矩阵、数据归一化、计算信息熵、计算权值。

（1）设定数据矩阵。熵值法所分析的主要是已有的客观数据，将这些数据按照矩阵的形式排列。原始的数据矩阵如下所示，x_{ij} 表示第 i 年第 j 个指标的数值。

$$A = \begin{pmatrix} x_{11} & \cdots & x_{1j} \\ \vdots & & \vdots \\ x_{i1} & \cdots & x_{ij} \end{pmatrix}$$

（2）数据归一化。由于原始数据可能存在计量单位不统一的问题，需要对数据进行归一化处理（也称作规范化处理），即将各类绝对数值转化为相对数值。在转化时，需要区分正向指标和负向指标。正向指标是指大者为优的指标，负向指标是指小者为优的指标，其处理方式如下所示。

$$\text{正向指标：} x_{ij} = \frac{x_{ij} - \min(x_j)}{\max(x_j) - \min(x_j)}$$

$$\text{负向指标：} x_{ij} = \frac{\max(x_j) - x_{ij}}{\max(x_j) - \min(x_j)}$$

（3）计算信息熵。在完成归一化处理后便可以计算指标的变异性，将归一化后的数据用 X_{ij} 来表示，而指标的变异性通过计算得到的 p_{ij} 来体现，熵值则通过 e_j 来完成计算。

$$p_{ij} = \frac{X_{ij}}{\sum_{i=1}^{n} X_{ij}}, (i = 1, 2, 3, \cdots, n ; j = 1, 2, 3, \cdots, m)$$

$$e_j = -k \sum_{i=1}^{n} p_{ij} \times \ln(p_{ij}), (j = 1, 2, 3, \cdots, m)$$

其中，$k = \frac{1}{\ln(n)}$。

（4）计算权值。计算完熵值以后，需要比较信息熵 e_j 与 1 之间的差值，我们将其称为差异性系数或差异性因数 g_j。进一步地计算权值 w_j。

$$g_j = 1 - e_j$$

$$w_j = \frac{g_j}{\sum_{j=1}^{m} g_j}, \ (j = 1, 2, 3, \cdots, m)$$

10.4.5 评价方法：结果计算方法

通过以上两种方法得到指标权重后，还需要具体计算各个指标的得分情况，这也需要一定的评价方法。对于低碳运营绩效来说，目前使用较多的方法有数据包络分析法和模糊综合评价法。由于数据包络分析主要面向多个评价对象，适用范围相对有限，在此重点介绍用于单一评价对象的模糊综合评价法。

模糊综合评价法是指评价主体从影响评价指标的主要因素出发，根据判断对评价指标分别做出不同程度的模糊评价，然后通过模糊数学提供的方法进行运算，得出定量综合评价结果的一种定量分析方法。这一方法在分析对象具有模糊特性、对评价精度的要求不高等情景下具有明显优势。其具体步骤如下。

（1）建立综合评价的评价集。评价集中各要素对应的是评价指标可能的评价结果，比如对于财务指标来说，评价的结果可能是非常好、较好、一般、较差、非常差五种情况，那么可以定义评价集 V 为

$$V = \{v_1, v_2, v_3, v_4, v_5\} = \{非常好，较好，一般，较差，非常差\}$$

（2）建立综合评价的因素集。这一步需要确定要对哪些指标进行打分以完成绩效评价，可以定义因素集 U 为

$$U = \{u_1, u_2, u_3, u_4, u_5\} = \{低碳资产情况，低碳产品情况，企业碳生产力，\\低碳研发潜力，能源使用情况\}$$

（3）建立二级指标隶属矩阵。将二级指标的因素集与评价集相结合，便能得到评价的隶属矩阵，其中纵向为因素集，即评价指标，横向是评价集，即评价结果。将其矩阵化，可以得到隶属矩阵 $\boldsymbol{R}$。

U	V				
	v_1	v_2	v_3	v_4	v_5
u_1	0.2	0.3	0.1	0.2	0.2
u_2	0.3	0.2	0.1	0.3	0.1
u_3	0.4	0.1	0.2	0.1	0.2
u_4	0.1	0.1	0.4	0.2	0.2
u_5	0.1	0.4	0.1	0.1	0.3

$$R_1 = \begin{pmatrix} 0.2 & 0.3 & 0.1 & 0.2 & 0.2 \\ 0.3 & 0.2 & 0.1 & 0.3 & 0.1 \\ 0.4 & 0.1 & 0.2 & 0.1 & 0.2 \\ 0.1 & 0.1 & 0.4 & 0.2 & 0.2 \\ 0.1 & 0.4 & 0.1 & 0.1 & 0.3 \end{pmatrix}$$

在具体含义上，R_1 是某个一级指标或者说绩效评价中的某个维度，其由多个二级指标共同构成，而纵向的多行恰好体现了这样的层次关系，即这个一级指标的其他二级指标。具体来说，R_{11} =(0.2, 0.3, 0.1, 0.2, 0.2) 是指 R_1 中的第一行，其含义是 20% 的评价者对第一行对应的这个指标给出了"非常好"的评价。依此类推，30% 的"较好"、10% 的"一般"、20% 的"较差"、20% 的"非常差"。

由于多个二级指标共同构成一个一级指标，并且绩效评价过程中需要多个一级指标，这样就可以很自然地得到多个 R_i，它们被用来表示各个一级指标下的多个二级指标。

（4）确定权重并建立一级指标隶属矩阵。一般来说，评价体系包含两级指标，因此过程中需要分别确定二级指标权重和一级指标权重。指标权重的确定，需要借助层次分析法等方法，之前的章节已经做了具体介绍。这里假定 W_i 为每个二级指标对应于一级指标的权重。例如下面的 W_1。

$$W_1 = (0.35, 0.15, 0.1, 0.2, 0.2)$$

将权重矩阵与二级指标隶属矩阵做运算，即可得到一级指标隶属矩阵。

$$F_i = W_i R_i$$

以某个一级指标 F_1 为例，具体呈现其计算过程，即两个矩阵相乘。

$$F_1 = W_1 R_1 = (0.35 \quad 0.15 \quad 0.1 \quad 0.2 \quad 0.2) \begin{pmatrix} 0.2 & 0.3 & 0.1 & 0.2 & 0.2 \\ 0.3 & 0.2 & 0.1 & 0.3 & 0.1 \\ 0.4 & 0.1 & 0.2 & 0.1 & 0.2 \\ 0.1 & 0.1 & 0.4 & 0.2 & 0.2 \\ 0.1 & 0.4 & 0.1 & 0.1 & 0.3 \end{pmatrix}$$

$$F_1 = W_1 R_1 = (0.35, 0.15, 0.1, 0.2, 0.2) \begin{pmatrix} 0.2 & 0.3 & 0.1 & 0.2 & 0.2 \\ 0.3 & 0.2 & 0.1 & 0.3 & 0.1 \\ 0.4 & 0.1 & 0.2 & 0.1 & 0.2 \\ 0.1 & 0.1 & 0.4 & 0.2 & 0.2 \\ 0.1 & 0.4 & 0.1 & 0.1 & 0.3 \end{pmatrix}$$

同样地，需要进行多步计算，得到多个一级指标的隶属矩阵。

（5）基于一级隶属矩阵完成综合评价。由于最终的绩效评价结果是由一级指标直接得到的，很明显，各个一级指标间也有权重大小差异，计算出各个一级指标的权重后，重复上述的步骤便能够得到最终的评价结果。

$$F = WR$$

思考与练习

1. 绩效评价的基本构成要素有哪些?
2. 绩效评价与绩效管理有怎样的区别与联系?
3. 低碳绩效评价经历了怎样的发展历程?
4. 低碳绩效评价在设计原则、指标结构、评价内容上有哪些创新与突破?
5. 常用的指标筛选方法、权重确定方法有哪些?其基本步骤是什么?

附录 10.1

维度一:低碳绩效指标体系下的运营成效(见表 10-5~表 10-8)

表 10-5 运营成效下的低碳经济指标

二级指标	三级指标	指标属性	补充说明
低碳经济指标	总资产周转率	财务指标	资产相关
	总资产增长率	财务指标	
	总资产净利润率	财务指标	
	总资产投入增长率	财务指标	
	流动资产周转率	财务指标	
	净资产收益率	财务指标	
	资产负债率	财务指标	
	应收账户周转率	财务指标	
	低碳资产比率	财务指标	
	现金比率	财务指标	
	低碳资产收入率	财务指标	
	产品销售率	非财务指标	产品相关
	产品合格率	非财务指标	
	产品、服务准时率	非财务指标	
	绿色产品数量	非财务指标	
	低碳产品销售率	非财务指标	
	市场占有率	非财务指标	利润相关
	成本费用率	财务指标	
	利润增长率	财务指标	
	净利润增长率	财务指标	
	销售净利润率	财务指标	
	销售利润增长率	财务指标	
	主营业务利润率	财务指标	
	主营业务收入增长率	财务指标	
	低碳产品营业成本利润率	财务指标	
	生产柔性	非财务指标	生产相关
	低碳信息共享率	非财务指标	
	低碳信息流通速率	非财务指标	
	单位产品的能耗量	非财务指标	

(续)

二级指标	三级指标	指标属性	补充说明
低碳经济指标	单位产值的能耗量	非财务指标	生产相关
	单位产品能耗量增长率	非财务指标	
	单位产值能耗量增长率	非财务指标	
	单位工业增加值能耗量	非财务指标	
	企业碳生产力	非财务指标	
	企业生产能源强度	非财务指标	
	能源产出弹性指数	非财务指标	

表 10-6 运营成效下的低碳技术指标

二级指标	三级指标	指标属性	补充说明
低碳技术指标	低碳环保投资增长率	财务指标	研发投入
	低碳技术研发费用增长率	财务指标	
	低碳工艺或材料投入增长率	财务指标	
	环保资金投入变化率	财务指标	
	研发投入率	财务指标	
	低碳产品或服务增加的比例	非财务指标	技术产出
	研发投资回报率	财务指标	
	低碳研发投入回报率	财务指标	
	累计授权专利数量	非财务指标	
	人均低碳产品研发率	非财务指标	
	节能、低碳、环保产品认证率	非财务指标	
	科研开发人员占比	非财务指标	技术人员
	低碳技术研发人员比率	非财务指标	

表 10-7 运营成效下的低碳能源指标

二级指标	三级指标	指标属性	补充说明
低碳能源指标	特定资源消耗量(钢铁等)	非财务指标	能耗规模
	人均可再生非商品能源使用量	非财务指标	
	非化石能源占一次能源消费结构比重	非财务指标	能耗结构
	清洁能源使用率	非财务指标	
	资源综合利用率	非财务指标	综合利用
	能源节约率	非财务指标	

表 10-8 运营成效下的低碳设施指标

二级指标	三级指标	指标属性	补充说明
低碳设施指标	设备设施利用增长率	非财务指标	环境
	园区绿化覆盖率	非财务指标	
	绿色交通比重	非财务指标	交通

维度二：低碳绩效指标体系下的环境影响（见表10-9）

表10-9 环境影响相关指标

目标层	准则层	指标层	指标属性
企业低碳环境维度	环境影响	单位产品的二氧化碳排放量	非财务指标
		单位产值的二氧化碳排放量	非财务指标
		单位产品的其他温室气体排放量	非财务指标
		单位产值的其他温室气体排放量	非财务指标
		废弃物排放量	非财务指标
	环境治理	人均碳排放量	非财务指标
		碳排放达标率	非财务指标
		三废达标率	非财务指标
		废弃物回收率	非财务指标
		工业废弃物综合利用率	非财务指标
		特定温室气体排放减少量	非财务指标
		工业废水无害化处理率	非财务指标
		工业废弃物处理率	非财务指标
		工业废气去除率	非财务指标
	环境管理	是否通过 ISO 14000 认证	非财务指标
		低碳环保处罚率	非财务指标
		低碳环保处罚金额	财务指标
		环保奖项获取数	非财务指标

维度三：低碳绩效指标体系下的社会价值（见表10-10）

表10-10 社会价值相关指标

目标层	准则层	指标层	指标属性
企业低碳社会维度	产品责任	是否通过 ISO 9000 认证	非财务指标
		客户满意度	非财务指标
		顾客投诉率	非财务指标
		客户保持率	非财务指标
		顾客对低碳的认同度	非财务指标
	商业道德	税金实缴率	财务指标
		合同履约率	非财务指标
	劳动就业	就业人数	非财务指标
		就业增长率	非财务指标
		职工人均工资	财务指标
		员工低碳培训人次	非财务指标
		员工低碳培训费用率	财务指标
		员工低碳环保意识	非财务指标
	社会影响	捐赠收入比例	财务指标
		低碳公益活动投入	财务指标
		社会贡献率	非财务指标
		社会满意度	非财务指标

参 考 文 献

[1] BHATNAGAR R, CHANDRA P, GOYAL S K. Models for multi-plant coordination[J]. European journal of operational research, 1993, 67(2): 141-160.

[2] BÖTTCHER C F, MÜLLER M. Drivers, practices and outcomes of low-carbon operations: approaches of German automotive suppliers to cutting carbon emissions[J]. Business strategy and the environment, 2015, 24(6): 477-498.

[3] CUI L, JIANG X, ZHANG L, et al. Coordination mechanism for a remanufacturing supply chain based on consumer green preferences[C]//Supply Chain Forum: An International Journal. Taylor & Francis, 2023, 24(4): 406-427.

[4] DE SOUSA J A B L, JABBOUR C J C, SARKIS J, et al. Decarbonisation of operations management–looking back, moving forward: a review and implications for the production research community[J].International journal of production research, 2019, 57(15-16): 4743-4765.

[5] DESAI A, MITAL A. Sustainable product design and development[M]. Boca Raton: CRC Press, 2020.

[6] FIKSEL J R. Design for environment: a guide to sustainable product development[M]. 2nd ed.New York: McGraw Hill, 2009.

[7] WILSON F M A M, BEATRIZ L D S J A, KANNAN D, et al. Contingency theory, climate change, and low-carbon operations management[J]. Supply chain management: an international journal, 2017, 22(3): 223-236.

[8] LEE S Y. Corporate carbon strategies in responding to climate change[J]. Business strategy and the environment，2012(1): 33-48.

[9] GUIDE V D R, VAN WASSENHOVE L N. Closed-loop supply chains: practice and potential[J]. Interfaces, 2003, 33(6): 1-2.

[10] GUNGOR A, GUPTA S M. Issues in environmentally conscious manufacturing and product recovery: a survey[J]. Computers & industrial engineering, 1999, 36(4): 811-853.

[11] INDERFURTH K, TEUNTER R H. Production planning and control of closed-loop supply chains[J]. Econometric institute research papers, 2001.

[12] JIAO J, CHEN Y, LI J, et al. Carbon reduction behavior of waste power battery recycling enterprises considering learning effects[J]. Journal of environmental management, 2023, 341: 118084.

[13] KRIKKE H, PAPPIS C P, TSOULFAS G T, et al. Extended design principles for closed loop supply chains: optimising economic, logistic and environmental performance[C]//Quantitative approaches to distribution logistics and supply chain management. Springer Berlin Heidelberg, 2002: 61-74.

[14] ROGERS D S, RONALD T L. Going backwards: reverse logistics trends and practices[D]. Las Vegas: University of Nevada, 1999.

[15] SAVASKAN R C, BHATTACHARYA S, VAN WASSENHOVE L N. Closed-loop supply chain models with product remanufacturing[J]. Management science, 2004, 50(2): 239-252.

[16] SHI T, CHHAJED D, WAN Z, et al. Distribution channel choice and divisional conflict in remanufacturing operations[J]. Production and operations management, 2020, 29(7): 1702-1719.

[17] STOCK J R. Reverse logistics: white paper[R]. Chicago Council of Logistics Management, 1992.

[18] TANG C S, ZHOU S. Research advances in environmentally and socially sustainable operations[J]. European journal of operational research, 2012, 223(3): 585-594.

[19] THIERRY M, SALOMON M, VAN NUNEN J, et al. Strategic issues in product recovery management[J]. California management review, 1995, 37(2): 114-136.

[20] THOMAS D J, GRIFFIN P M. Coordinated supply chain management[J]. European journal of operational research, 1996, 94(1): 1-15.

[21] TRIDECH S, CHENG K. Low carbon manufacturing: characterisation, theoretical models and implementation[J]. International journal of manufacturing research, 2011, 6(2): 110-121.

[22] TSAY A A. Managing retail channel overstock: markdown money and return policies[J]. Journal of retailing, 2001, 77(4): 457-492.

[23] WANKE P F, JABBOUR C J C, ANTUNES J J M, et al. An original information entropy-based quantitative evaluation model for low-carbon operations in an emerging market[J]. International journal of production economics, 2021, 234: 108061.

[24] ZHANG Y, HONG Z, CHEN Z, et al. Tax or subsidy? Design and selection of regulatory policies for remanufacturing[J]. European journal of operational research, 2020, 287(3): 885-900.

[25] 汪. 产品设计与供应链：打造企业的设计竞争力 [M]. 刘劲松，译. 北京：人民邮电出版社，2021.

[26] 齐普金. 库存管理基础 [M]. 马常松，译. 北京：中国财政经济出版社，2013.

[27] 陈剑，蔡连侨. 供应链建模与优化 [J]. 系统工程理论与实践，2001（6）：26-33.

[28] 陈剑，黄朔，刘运辉. 从赋能到使能：数字化环境下的企业运营管理 [J]. 管理世界，2020，36（2）：117-128，222.

[29] 陈志祥. 生产与运作管理 [M]. 4版. 北京：机械工业出版社，2020.

[30] 邓雪，李家铭，曾浩健，等. 层次分析法权重计算方法分析及其应用研究 [J]. 数学的实践与认识，2012，42（7）：95-102.

[31] 杜彦斌，李聪波，李文婧. 面向生命周期的机械制造企业低碳运行过程模型 [J]. 现代制造工程，2016（9）：7-12.

[32] 范体军，李淑霞，常香云. 运营管理 [M]. 北京：科学出版社，2022.

[33] 付小康. 低碳环境下零售商的设施布局问题研究 [D]. 广州：华南理工大学，2021.

[34] 顾新建，顾复．产品生命周期设计：中国制造绿色发展的必由之路 [M]．北京：机械工业出版社，2017．

[35] 胡大伟，刘成清，胡卉，等．基于低碳视角的两阶段开放式选址路径问题：燃油车与电动车对比 [J]．系统工程理论与实践，2020，40（12）：3230-3242．

[36] 贾县民，屈亚美．低碳物流国内研究综述 [J]．包装工程，2022，43（15）：289-300．

[37] 简兆权，戴炳钦，卢荷芳，等．知识搜寻、知识吸收与服务创新：大数据能力的调节效应 [J]．科技管理研究，2022，42（17）：158-165．

[38] 江志刚，谢彬，朱硕，等．动态数据流驱动的再制造拆解工艺知识图谱构建方法 [J]．计算机集成制造系统，2024，30（3）：1-24．

[39] 蒋海青，赵燕伟，张景玲，等．低碳动态开放式选址：路径问题 [J]．计算机集成制造系统，2019，25（9）：2365-2376．

[40] 里兹曼，克拉耶夫斯基．运营管理基础 [M]．王夏阳，译．北京：中国人民大学出版社，2006．

[41] 兰洪杰．运营管理：原理、方法与物流实践 [M]．北京：机械工业出版社，2019．

[42] 黎富兵，何华．低碳经济对企业环境成本控制的影响及对策 [J]．中国注册会计师，2011（11）：113-117．

[43] 李柏洲，孙立梅．论企业成长力与企业竞争力的相互关系 [J]．科学学与科学技术管理，2004（11）：126-129．

[44] 李聪波，刘飞，曹华．绿色制造运行模式及其实施方法 [M]．北京：科学出版社，2011．

[45] 李聪波，马辉杰，李玲玲，等．面向不确定性的再制造车间设施动态布局方法 [J]．计算机集成制造系统，2015，21（11）：2901-2911．

[46] 李敏，王璟，等．绿色制造体系创建及评价指南 [M]．北京：电子工业出版社，2018．

[47] 李尧华，宋辉，朱凡凡．苏州市制造业全要素能源效率研究 [J]．经济研究导刊，2022（8）：40-43．

[48] 蔡斯，阿奎拉诺，雅各布斯．运营管理：原书第9版 [M]．任建标，等译．北京：机械工业出版社，2003．

[49] 林殿盛，张智勇，王佳欣，等．需求不确定下的低碳物流配送中心选址 [J]．控制与决策，2020，35（2）：492-500．

[50] 林明燕，张廷君．地方政府数据开放平台绩效评估指标体系实证研究 [J]．图书馆理论与实践，2019（12）：46-54．

[51] 刘利群．低碳经济下企业业绩评价体系的改进：基于平衡计分卡的研究 [J]．会计之友，2011（10）：52-56．

[52] 刘艳，王佩爽，张彬燕，等．考虑品牌优势的供应链最优再制造模式与区块链引入策略 [J]．计算机集成制造系统，2025，31（3）：1085-1101．

[53] 拉塞尔，泰勒．运营管理：创造供应链价值 [M]．邵晓峰，译．北京：中国人民大学出版社，2010．

[54] 雅各布斯，蔡斯．运营管理：原书第15版 [M]．苏强，霍佳震，邱灿华，译．北京：机械工业出版社，2020．

[55] 孟宪华，张鸿萍．运营管理 [M]．北京：经济科学出版社，2019．

[56] 倪星，余琴. 地方政府绩效指标体系构建研究：基于BSC、KPI与绩效棱柱模型的综合运用[J]. 武汉大学学报（哲学社会科学版），2009，62（5）：702-710.

[57] 尚雪梅，任晓莉，韩海燕，等. 铝合金材质在汽车轻量化中的应用及其成形技术探析[J]. 科技视界，2014（33）：116.

[58] 谭敏. 供应链视角下物流企业低碳化运营模式研究[J]. 商业时代，2014，633（14）：20-21.

[59] 王微，林剑艺，崔胜辉，等. 碳足迹分析方法研究综述[J]. 环境科学与技术，2010，33（7）：71-78.

[60] 王学良，乐小兵. 协同发展下区域低碳物流竞争力评价[J]. 商业经济研究，2020（6）：103-105.

[61] 王迎军. 供应链管理实用建模方法及数据挖掘[M]. 北京：清华大学出版社，2001：107-120.

[62] 史蒂文森，张群，张杰. 运营管理：原书第9版[M]. 北京：机械工业出版社，2008.

[63] 吴爱华，赵馨智. 生产计划与控制[M]. 2版. 北京：机械工业出版社，2019.

[64] 吴国新，高长春. 上海世博会运营风险管理研究[J]. 国际商务研究，2008（5）：58-63.

[65] 吴剑. 物流企业低碳发展影响因素与路径分析[J]. 商场现代化，2016（27）：90-91.

[66] 吴奇志，赵璋，金茂竹. 运营管理[M]. 北京：中国人民大学出版社，2016.

[67] 吴奇志，赵璋. 运营管理[M]. 2版，北京：中国人民大学出版社，2021.

[68] 谢京辞. 中国粮食国际物流的食物里程测度与碳排放研究[J]. 经济问题，2014（8）：103-108.

[69] 徐勇戈，张珍. 基于BIM的商业运营管理应用价值研究[J]. 商业时代，2013（18）：87-88.

[70] 薛岭，蒋馥. 供应链的模式与协调问题研究[J]. 系统工程理论方法应用，1998，7（3）：34-44.

[71] 杨珺，卢巍. 低碳政策下多容量等级选址与配送问题研究[J]. 中国管理科学，2014，22（5）：51-60.

[72] 杨亮，刘勤明，叶春明，等. 考虑能源效率的设备预防性维护策略[J]. 计算机集成制造系统，2024，30（4）：1422-1432.

[73] 杨冉冉，龙如银. 低碳经济背景下企业管理变革的思考[J]. 科技管理研究，2015，35（7）：235-239.

[74] 杨依如，蒋婷婷. 低碳经济视角下物流企业绩效评价体系设计：基于绩效棱柱及层次分析的综合方法[J]. 会计之友，2013（24）：31-34.

[75] 原磊. 国外商业模式理论研究评介[J]. 外国经济与管理，2007（10）：17-25.

[76] 张华歆. 逆向物流的网络结构和设计[J]. 上海海事大学学报，2004，25（4）：41-46.

[77] 赵春月. 加强企业运营管理的路径及方法[J]. 商场现代化，2023（1）：70-72.

[78] 赵晓敏，冯之浚，黄培清. 闭环供应链管理：我国电子制造业应对欧盟WEEE指令的管理变革[J]. 中国工业经济，2004（8）：48-55.

[79] 周志方，李祎，肖恬，等. 碳风险意识、低碳创新与碳绩效[J]. 研究与发展管理，2019，31（3）：72-83.

[80] 朱瑾，王兴元. 中国企业低碳环境与低碳管理再造[J]. 中国人口·资源与环境，2012，22（6）：63-68.

[81] 朱有志，周少华，袁男优. 发展低碳经济 应对气候变化：低碳经济及其评价指标[J]. 中国国情国力，2009（12）：4-6.

推荐阅读

中文书名	作者	中文书号	定价
公司理财（原书第13版）	斯蒂芬·A.罗斯（MIT斯隆管理学院）	978-7-111-74009-4	129.00
公司理财（英文版·原书第13版）	斯蒂芬·A.罗斯（MIT斯隆管理学院）	978-7-111-75460-2	159.00
公司理财（精要版·原书第12版）	斯蒂芬·A.罗斯（MIT斯隆管理学院）	978-7-111-64142-1	99.00
公司理财精要（亚洲版）	斯蒂芬·A.罗斯（MIT斯隆管理学院）	978-7-111-52576-9	59.00
公司理财（精要版）（英文版·原书第12版）	斯蒂芬·A.罗斯（MIT斯隆管理学院）	978-7-111-65678-4	119.00
公司理财习题集（第11版）	斯蒂芬·A.罗斯（MIT斯隆管理学院）	978-7-111-62697-8	59.00
财务管理（原书第16版）	尤金·F.布里格姆（佛罗里达大学）	978-7-111-74191-6	139.00
中级财务管理（原书第11版）	尤金·F.布里格姆（佛罗里达大学）	978-7-111-56529-1	129.00
财务管理精要（亚洲版·原书第3版）	尤金·F.布里格姆（佛罗里达大学）	978-7-111-57017-2	125.00
财务管理精要（英文版·原书第3版）	尤金·F.布里格姆（佛罗里达大学）	978-7-111-57936-6	129.00
高级经理财务管理：创造价值的过程（原书第4版）	哈瓦维尼（欧洲工商管理学院）	978-7-111-56221-4	89.00
国际财务管理（原书第9版）	切奥尔·尤恩	978-7-111-78227-8	79.00
管理会计（原书第17版）	雷·H.加里森（杨百翰大学）	978-7-111-75017-8	109.00
财务管理：以EXCEL为分析工具（原书第4版）	格莱葛·W.霍顿	978-7-111-47319-0	49.00
投资学（原书第10版）	滋维·博迪	978-7-111-57407-1	149.00

推荐阅读

中文书名	作者	书号	定价
公司理财（原书第13版）	斯蒂芬·A. 罗斯（Stephen A. Ross）等	978-7-111-74009-4	129.00
财务管理（原书第16版）	尤金·F. 布里格姆（Eugene F. Brigham）等	978-7-111-74191-6	139.00
财务报表分析与证券估值（原书第5版）	斯蒂芬·佩因曼（Stephen Penman）等	978-7-111-55288-8	129.00
会计学：企业决策的基础（财务会计分册）（原书第19版）	简·R. 威廉姆斯（Jan R. Williams）等	978-7-111-71564-1	89.00
会计学：企业决策的基础（管理会计分册）（原书第19版）	简·R. 威廉姆斯（Jan R. Williams）等	978-7-111-71902-1	79.00
营销管理（原书第2版）	格雷格·W. 马歇尔（Greg W. Marshall）等	978-7-111-56906-0	89.00
市场营销学（原书第13版）	加里·阿姆斯特朗（Gary Armstrong）菲利普·科特勒（Philip Kotler）等	978-7-111-62427-1	89.00
运营管理（原书第13版）	威廉·J. 史蒂文森（William J. Stevens）等	978-7-111-62316-8	79.00
运营管理（原书第15版）	理查德·B. 蔡斯（Richard B. Chase）等	978-7-111-63049-4	99.00
管理经济学（原书第12版）	S. 查尔斯·莫瑞斯（S. Charles Maurice）等	978-7-111-58696-8	89.00
战略管理：竞争与全球化（原书第12版）	迈克尔·A. 希特（Michael A. Hitt）等	978-7-111-61134-9	79.00
战略管理：概念与案例（原书第12版）	查尔斯·W. L. 希尔（Charles W. L. Hill）等	978-7-111-68626-2	89.00
组织行为学（原书第7版）	史蒂文·L. 麦克沙恩（Steven L. McShane）等	978-7-111-58271-7	65.00
组织行为学精要（原书第13版）	斯蒂芬·P. 罗宾斯（Stephen P. Robbins）等	978-7-111-55359-5	50.00
人力资源管理（原书第12版）（中国版）	约翰·M. 伊万切维奇（John M. Ivancevich）等	978-7-111-52023-8	55.00
人力资源管理（亚洲版·原书第2版）	加里·德斯勒（Gary Dessler）等	978-7-111-40189-6	65.00
数据、模型与决策（原书第14版）	戴维·R. 安德森（David R. Anderson）等	978-7-111-59356-0	109.00
数据、模型与决策：基于电子表格的建模和案例研究方法（原书第6版）	弗雷德里克·S. 希利尔（Frederick S. Hillier）等	978-7-111-69627-8	129.00
管理信息系统（原书第15版）	肯尼斯·C. 劳顿（Kenneth C. Laudon）等	978-7-111-60835-6	79.00
信息时代的管理信息系统（原书第9版）	斯蒂芬·哈格（Stephen Haag）等	978-7-111-55438-7	69.00
创业管理：成功创建新企业（原书第5版）	布鲁斯·R. 巴林格（Bruce R. Barringer）等	978-7-111-57109-4	79.00
创业学（原书第9版）	罗伯特·D. 赫里斯（Robert D. Hisrich）等	978-7-111-55405-9	59.00
领导学：在实践中提升领导力（原书第10版）	理查德·L. 哈格斯（Richard L. Hughes）等	978-7-111-76875-3	119.00
企业伦理学（原书第5版）	劳拉·P. 哈特曼（Laura P. Hartman）等	978-7-111-75705-4	79.00
公司治理：国际案例的视角	陈靖涵（Jean Jinghan Chen）	978-7-111-77626-0	79.00
国际企业管理：文化、战略与行为（原书第10版）	弗雷德·卢森斯（Fred Luthans）等	978-7-111-71263-3	119.00
商务与管理沟通（原书第12版）	基蒂·O. 洛克（Kitty O. Locker）等	978-7-111-69607-0	79.00
管理学（原书第2版）	兰杰·古拉蒂（Ranjay Gulati）等	978-7-111-59524-3	79.00
管理学：原理与实践（原书第10版）	斯蒂芬·P. 罗宾斯（Stephen P. Robbins）等	978-7-111-62225-3	69.00
管理学原理（原书第10版）	理查德·L. 达夫特（Richard L. Daft）等	978-7-111-59992-0	79.00

推荐阅读

中文书名	作者	书号	定价
创业管理（第6版）（"十二五"普通高等教育本科国家级规划教材）	张玉利 等	978-7-111-76200-3	59.00
数字创业	李雪灵 等	978-7-111-75837-2	59.00
创新创业基础（第2版）	刘志阳 等	978-7-111-77746-5	59.00
创新管理	杨治 等	978-7-111-76784-8	59.00
商业计划书：原理、演示与案例（第3版）	邓立治	978-7-111-77304-7	59.00
生产运作管理（第6版）	陈荣秋 等	978-7-111-70357-0	59.00
生产与运作管理（第5版）	陈志祥	978-7-111-74293-7	59.00
运营管理（第7版）（"十二五"普通高等教育本科国家级规划教材）	马风才 等	978-7-111-76991-0	59.00
战略管理（第3版）	魏江 等	978-7-111-77581-2	59.00
战略管理：思维与要径（第5版）（"十二五"普通高等教育本科国家级规划教材）	黄旭 等	978-7-111-75775-7	59.00
管理学（第2版）	郝云宏	978-7-111-60890-5	49.00
管理学	刘力钢 等	978-7-111-73899-2	69.00
组织行为学（第5版）	陈春花 等	978-7-111-76588-2	69.00
组织理论与设计（第2版）	武立东	978-7-111-77056-5	59.00
人力资源管理（第4版）	张小兵 等	978-7-111-73995-1	59.00
战略人力资源管理	唐贵瑶 等	978-7-111-60595-9	39.00
市场营销管理：需求的创造与传递（第5版）（"十二五"普通高等教育本科国家级规划教材）	钱旭潮 等	978-7-111-67018-6	49.00
管理经济学：理论与案例（第2版）（"十二五"普通高等教育本科国家级规划教材）	毛蕴诗 等	978-7-111-74913-4	59.00
基础会计学（第2版）	潘爱玲	978-7-111-57991-5	39.00
公司财务管理（第2版）	马忠	978-7-111-48670-1	65.00
财务管理	刘淑莲	978-7-111-50691-1	40.00
企业财务分析（第4版）	袁天荣 等	978-7-111-71604-4	59.00
数据、模型与决策：管理科学的数学基础（第2版）	梁樑 等	978-7-111-69462-5	55.00
企业伦理学（原书第5版）	苏勇 等	978-7-111-75705-4	79.00
商业伦理与企业社会责任	徐月华	978-7-111-77016-9	49.00
领导学	仵凤清 等	978-7-111-66480-2	49.00
管理沟通：成功管理的基石（第5版）	魏江 等	978-7-111-75491-6	59.00
管理沟通：理念、方法与技能	张振刚 等	978-7-111-48351-9	39.00
国际企业管理	乐国林	978-7-111-56562-8	45.00
国际商务（第4版）	王炜瀚 等	978-7-111-68794-8	69.00
项目管理（第2版）（"十二五"普通高等教育本科国家级规划教材）	孙新波	978-7-111-52554-7	45.00
供应链管理（第7版）	马士华 等	978-7-111-77992-6	59.00
企业文化（第4版）（"十二五"普通高等教育本科国家级规划教材）	陈春花 等	978-7-111-70548-2	55.00
数字经济学	孙毅	978-7-111-69505-9	59.00
企业碳中和管理	贾明	978-7-111-73909-8	79.00
企业低碳人力资源管理	王娟 等	978-7-111-77850-9	59.00